权威·前沿·原创

皮书系列为
"十二五""十三五"国家重点图书出版规划项目

创意城市蓝皮书
BLUE BOOK OF CREATIVE CITIES

总 编／张京成

·中国创意产业研究中心·

北京文化创意产业发展报告（2018）

BEIJING REPORT ON CULTURAL AND CREATIVE INDUSTRIES (2018)

主 编／张京成
副主编／沈晓平 刘光宇 王国华

社会科学文献出版社
SOCIAL SCIENCES ACADEMIC PRESS (CHINA)

图书在版编目(CIP)数据

北京文化创意产业发展报告.2018／张京成主编
.--北京：社会科学文献出版社，2018.11
（创意城市蓝皮书）
ISBN 978-7-5201-3834-5

Ⅰ.①北…　Ⅱ.①张…　Ⅲ.①文化产业－产业发展－
研究报告－北京－2018　Ⅳ.①G127.1

中国版本图书馆CIP数据核字（2018）第251388号

创意城市蓝皮书
北京文化创意产业发展报告（2018）

主　　编／张京成
副 主 编／沈晓平　刘光宇　王国华

出 版 人／谢寿光
项目统筹／恽　薇　冯咏梅
责任编辑／冯咏梅

出　　版／社会科学文献出版社·经济与管理分社（010）59367226
　　　　　地址：北京市北三环中路甲29号院华龙大厦　邮编：100029
　　　　　网址：www.ssap.com.cn
发　　行／市场营销中心（010）59367081　59367083
印　　装／三河市龙林印务有限公司

规　　格／开　本：787mm×1092mm　1/16
　　　　　印　张：22.25　字　数：337千字
版　　次／2018年11月第1版　2018年11月第1次印刷
书　　号／ISBN 978-7-5201-3834-5
定　　价／98.00元

皮书序列号／PSN B-2012-263-1/7

本书如有印装质量问题，请与读者服务中心（010-59367028）联系

▲ 版权所有 翻印必究

《创意城市蓝皮书》总序

张京成

城市是生产力发展到一定阶段的产物,并随着生产力的发展而不断升级。时至今日,伴随着工业文明的推进和文化的提升,以及服务业的大力发展,经济增长方式的转变和产业结构的调整正在推动一部分城市向着一个前所未有的高度迈进,这就是创意城市。

创意城市已经为众多有识之士所关注、所认同、所思考。在全球性竞争日趋激烈、资源环境束缚日渐紧迫的形势下,城市对可持续发展的追求,必然要大力发展附加值高、环境友好、成效显著的创意经济。创意经济的发展实质上就是要大力发展创意产业,而城市是创意产业发展的根据地和目的地,创意产业也正是从城市发端、在城市中集聚发展的。创意产业的发展又激发了城市活力,集聚了创意人才,提升了城市的文化品位和整体形象。

综观伦敦、纽约、东京、巴黎、米兰等众所周知的创意城市,其共同特征大都离不开创意经济。首先,这些城市都在历史上积累了一定的经济、文化和科技基础,足以支持创意经济的兴起和长久发展;其次,这些城市都已形成了发达的创意产业,而且能以创意产业支持和推进更为广泛的经济领域创新;最后,这些城市都具备了和谐包容的创意生态,既能涵养相当数量和水平的创意产业消费者,又能集聚和培养众多不同背景和个性的创意产业生产者,使创意经济行为得以顺利开展。

对照上述特征不难发现,我国的一些城市已经或者正在迈向创意城市,从北京、上海等一线城市,到青岛、西安等二线城市,再到义乌、丽江等中小城市,我们自2006年起每年编撰的《中国创意产业发展报告》一直忠实记录着它们的创意轨迹。今天,随着创意产业的蔚然成风,其中的部分城市已经积累了相当丰富的实践经验以及大量可供分析的数据与文字资料,对其进行专门研究的时机已经成熟。

因此,我们决定在《中国创意产业发展报告》的基础上,逐步对中国各主要创意城市的发展状况展开更加深化、细化和个性化的研究与发布,由此即产生了"创意城市蓝皮书",这也是中国创意产业研究中心"创意书系"的重要组成部分。希望这部蓝皮书能够成为中国每一座创意城市的忠实记录者、宣传推介者和研究探索者。

是为序。

Preface to the
Blue Book of Creative Cities

Zhang Jingcheng

City came into being while social productivity has developed into a certain stage and upgrades with the progress of the productivity. Along with the marching of industrial civilization, cultural development, the growth of the service industry, the transformation of economic growth and the adjustment of industrial structure, cities worldwide have by now entered an unprecedented stage as of the era of creative cities.

Creative cities have caught the attention from various fields these years. While the global competition for limited resources gets heated, sustainable development has become the only solution for cities, which brings creative economy of high added value and high efficiency into this historic stage. Creative industries is the parallel phrase to creative economy, which regards cities as the bases and the core of the development, and cities is also the place where creative industries started and clustered. On the other hand, creative industries helped to keep the city vigorous, attract more talents and strengthen the public image of the city.

From the experiences of world cities such as London, New York, Tokyo, Paris, and Milan, creative economy has been their common characteristic. First, histories of these cities have provided them with certain amount of economic, cultural and technological resources, which is the engine to start and maintain creative economy; second, all these cities have had sound creative industries which can function as a driving force for the innovation and economic growth of the city; finally, these cities have fostered harmonious and tolerant creative ecology through time, which conserves consumers of creative industries, while attracting more creative industries practitioners.

It can be seen that some Chinese cities have been showing their tendency on the way to become creative cities, such as large cities of Beijing and Shanghai, medium-size cities of Qingdao, Xi'an and even small cities of Yiwu and Lijiang, whose development paths have been closely followed up in our *Chinese Creative Industries Report* started in 2006. By now, some cities have had rich experiences, comprehensive data and materials worthy to be studied, thus the time to carry out a special research has arrived.

Therefore, based on *Chinese Creative Industries Report*, we decided to conduct a deeper, more detailed and more characteristic research on some active creative cities of China, leading to the birth of *Blue Book of Creative Cities*, which is also an important part of *Creative Series* published by China Creative Industries Research Center. We hope this blue book can function as a faithful recorder, promoter and explorer for every creative city of China.

北京文化创意产业发展报告（2018）
编委会

顾　问　郭广生　周茂非

主　任　谢　威　梅　松

委　员（按姓氏笔画排序）

丁　宁　丁学工　马　骐　丰春秋　王青俊
王冠宇　王勇刚　王　璇　王燕宇　方　燕
叶亮清　田彩云　史迎春　付冰洁　吕晓国
朱　培　向旭东　刘晓阳　江光华　池建宇
祁述裕　许玥姮　李小然　李岱松　李　晨
李道今　杨　光　肖永亮　肖　梦　吴晨生
吴　琼　岑运东　邹　蕊　张　锋　张　斌
陈少峰　陈玉龙　范　周　金元浦　周家雷
周　蕾　高　洁　郭　琪　海　宇　姬新军
黄　佩　曹　洁　韩娟娟　韩骏伟　戴　悦

主　编　张京成

副主编　沈晓平　刘光宇　王国华

主编简介

张京成 研究员，中国创意产业研究中心主任，文化创意产业标准化研究北京市重点实验室主任，北京市科学技术情报研究所总工程师，北京市文化创意产业顾问团专家，北京大学中国城市管理研究中心特约研究员，北京工业大学经济与管理学院兼职教授，澳大利亚昆士兰科技大学创意产业学院高级访问学者。主要研究领域为文化创意产业与科技政策，是国内最早研究创意产业的学者之一。2005年组建北京市科学技术研究院中国创意产业研究中心，出版了我国第一部创意产业蓝皮书，现已连续13年主持编写品牌出版物《中国创意产业发展报告》（中国经济出版社，2006～2018年）。先后主持完成国家软科学研究计划、北京市社会科学基金项目、北京市自然科学基金项目、北京市科技计划等国家级和省部级科研任务，以及科技部、中国科协、北京市科委、北京市文资办、北京市统计局等部门委托课题近百项，其中1项获得国家领导人批示，3项获得北京市科技进步奖，1项获得北京市哲学社会科学优秀成果二等奖。在国内外重要学术期刊上发表论文40余篇，自2011年起策划总编"创意城市蓝皮书"系列（社会科学文献出版社，2011～2018年），主编中国创意产业研究中心"创意书系"（包括研究系列、案例系列、翻译系列），出版研究成果30余本，在《人民日报》《科技日报》《经济日报》《北京日报》《中国青年报》等报纸上多次发表学术观点，作为业界专家接受中央电视台、凤凰卫视、上海第一财经电视等媒体采访，并多次公开报道。

摘　要

本报告以北京文化创意产业的整体发展、区域动态、专题研究等为基本内容，研究了2017年北京文化创意产业的总体运行状况，分析了国家文化产业创新实验区、市属行政区以及中关村国家级文化和科技融合示范基地等区域的发展情况，讨论了北京文化创意产业政策效应、空间集聚、文化"走出去"、京津冀影视基地联动发展、社会资本投资文化创意产业、文化科技融合等问题。全书共分为总报告、区域动态篇、专题研究篇三个部分。

总报告基于北京文化创意产业新的政策环境，分析了产业的机遇；描述了文化创意产业2017年的基本表现，并继续对2006年以来北京文化创意产业的发展特点进行了分析；对产业的区域布局与发展情况进行了分析，对产业的高端化、融合化发展成效进行了跟踪，并依据产业基础，结合经济、政策环境对产业发展趋势进行了展望。

区域动态篇运用翔实的数据、政策等资料对国家文化产业创新实验区和东城区、西城区、朝阳区、丰台区、石景山区、海淀区、门头沟区、房山区、通州区、怀柔区、平谷区以及北京中关村国家级文化和科技融合示范基地等区域的文化创意产业发展状况予以详细分析，分析产业发展态势，总结经验，剖析问题。

专题研究篇分别探讨了北京文化创意产业政策效应、空间集聚与行业经济增长、文创示范园建设、乡村地区创意旅游发展、数字创意产业发展的机遇与挑战、文化"走出去"的战略与路径、京津冀影视基地联动发展路径、移动游戏产业的创意劳动与协作生产、社会资本投资文化创意产业现状及引

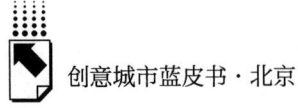

导对策、文化创意产业与科技融合发展现状及路径、北京与其他城市文化创意产业发展对比等主题。

关键词： 文化创意产业　区域动态　文创"走出去"　京津冀联动

Abstract

This report, focused on basic contents as Beijing cultural & creative industries' whole development, regional dynamic, policy effects, creative & creative industries' go-out strategy and the linkage of Beijing-Tianjin-Hebei, makes an overall research on the general operation of Beijing cultural & creative industries in 2017, analyzes the development of National Cultural Industry Innovation Experimental Areas, 11 districts and Zhongguancun National Culture and Science & Technology Integration Demonstration Base, and discusses issues including policy effects, spatial agglomeration, rural regions creative tourism development, creative & creative industries' go-out strategy, the linkage development of Beijing-Tianjin-Hebei film and TV industry bases, social capital investment and the integration of culture and science & technology in Beijing cultural & creative industries. The book is divided into three parts: General Report, Regional Development and Special Subjects.

General Report, based on the new policy environment of Beijing cultural & creative industries, analyzed the opportunity. It describes the basic performance of cultural and creative industry in 2017, and continues to analyze the development characteristics of Beijing's cultural and creative industry since 2006. It analyzes the regional layout and development of the industry, tracks the effects of high-end integrated development of the industry, and forecasts the development trend based on the combination of the industry foundation with the economy and policy environment.

Regional Development makes full use of detailed data and policies to analyze accurately on the development of national cultural industry innovative experimental areas and Dongcheng district, Xicheng district, Chaoyang district, Fengtai district, Shijingshan district, Haidian district, Mentougou district, Fangshan district, Tongzhou district, Huairou district, Pinggu district and Zhongguancun National

Cultural and Science & Technology Integration Demonstration base, and tries to find out developing trends, sum up experience and analyze problems.

Special Subjects respectively discuss topics as Beijing cultural & creative industries' policy effect, spatial agglomeration and industry growth, rural development, digital culture go-out strategy and path, the Beijing-Tianjin-Hebei film and television base, creative labor and collaboration of mobile game industry, social capital investment, the integrating path of culture and science & technology, and the comparison between Beijing and other cities.

Keywords: Cultural and Creative Industries; Regional Dynamic; Cultural and Creative Industries Going Global; Beijing-Tianjin-Hebei Integration

目 录

Ⅰ 总报告

B.1 北京文化创意产业发展与展望 ………………………………… 001
    一 文化创意产业政策环境进一步优化 ……………………… 001
    二 文化创意产业整体平稳增长 ……………………………… 007
    三 文化创意产业细分领域结构稳定 ………………………… 011
    四 区域发展各具特色 ………………………………………… 015
    五 文化创意产业发展趋势展望 ……………………………… 021

Ⅱ 区域动态篇

B.2 国家文化产业创新实验区：聚焦高端发展，强化创新引领，
    争当首都文化创新排头兵 …………………………………… 027
B.3 东城区：文化与金融融合更加紧密，文创"高精尖"
    特色凸显 ……………………………………………………… 044
B.4 西城区："一补两提升"，推动文化创意产业融合发展 ………… 051
B.5 朝阳区：文化引领，高端发展，助力首都全国文化中心建设 …… 059

B.6　丰台区：融合创新，提升品牌，推动文化丰台建设 …………… 066

B.7　石景山区：高端引领，融合创新，开创文化创意
　　 产业新局面 …………………………………………………… 077

B.8　海淀区：挖掘文化科技融合新动力，打造区域经济新支柱 …… 083

B.9　门头沟区：围绕文化中心建设，推进文化创意产业
　　 快速发展 ……………………………………………………… 095

B.10　房山区：集聚创新力量，加速产业发展 ……………………… 103

B.11　通州区：多渠道推动区内文创产业发展，深度调研老旧
　　　工业厂房拓展文化空间 …………………………………… 113

B.12　怀柔区：增强发展活力，建设具有全球影响力的影视
　　　产业示范区 ………………………………………………… 124

B.13　平谷区：文化赋能，驱动文化创意产业发展 ………………… 140

B.14　北京中关村国家级文化和科技融合示范基地：探索文化
　　　科技创新的新路径 ………………………………………… 155

Ⅲ　专题研究篇

B.15　北京市文化创意产业政策效应评价 …………………………… 171

B.16　空间集聚与行业经济增长
　　　——基于北京市文化创意产业的实证分析 ……………… 194

B.17　北京市文创示范园区引领全国城市文创空间建设 …………… 214

B.18　北京文化"走出去"的战略与路径 …………………………… 220

B.19　基于产业链视角探讨北京数字创意产业发展的机遇与挑战 … 239

B.20　北京乡村地区创意旅游发展研究 ……………………………… 251

B.21　京津冀影视基地联动发展路径探析 …………………………… 262

B.22 移动游戏产业的创意劳动与协作生产 …………………………………… 272
B.23 北京市社会资本投资文化创意产业现状及引导对策研究 ……… 283
B.24 北京文化创意产业与科技融合发展现状及路径研究 ………… 297
B.25 京沪穗杭文化创意产业发展对比分析 …………………………… 315

B.26 参考文献 ………………………………………………………… 328
B.27 附录 中国创意产业研究中心"创意书系"出版书目 ………… 331

CONTENTS

I General Report

B.1 Beijing: The Development and Trend of Cultural &
Creative Industries / 001
  1. *The Environment of Developing Cultural & Creative Industries has been Optimized* / 001
  2. *Cultural & Creative Industries Grew up Steadily* / 007
  3. *The Structure of Cultural and Creative Industries is Stable* / 011
  4. *Regions' Cultural & Creative Industries Development Distinctively* / 015
  5. *The Trends of Beijing's Cultural & Creative Industries* / 021

II Regional Development

B.2 National Cultural Industry Innovation Experimental Areas: Focused on High-end Development, Strengthening Innovation Leadership and Striving to be the Leader of Cultural Innovation in the Capital / 027

B.3 Dongcheng District: "Advanced and Sophisticated" Features are Becoming Increasingly Prominent, and the Integration of Culture and Finance is Deeper /044

CONTENTS

B.4　Xicheng District: One Make-up and Two Improvements to Promote the Integrating Development of Cultural & Creative Industries　/ 051

B.5　Chaoyang District: Culture Leading and High-end Development Help to the Construction of National Cultural Center of the Capital　/ 059

B.6　Fengtai District: To Promote the Construction of Cultural Fengtai by Integrating Innovation and Promoting Brands　/ 066

B.7　Shijingshan District: High-end Led, Integration and Innovation Created a New Situation of Cultural & Creative Industries　/ 077

B.8　Haidian District: To Build a New Regional Economical Pillar by Finding out a New Driving Force of Integrating Culture and Science & Technology　/ 083

B.9　Mentougou District: To Promote the Rapid Development of Cultural & Creative Industries by Centering in Constructing of Cultural Center　/ 095

B.10　Fangshan District: Gathering Innovation Power and Accelerating Industrial Development　/103

B.11　Tongzhou District: To Promote the Development of Cultural & Creative Industries through Multiple Channels and Conducted In-depth Researches on the Expansion of Cultural Space in Old Industrial Plants　/ 113

B.12　Huairou District: Enhancing Development Vitality to Build the World-influential Film and Television Industry Demonstration Area　/ 124

B.13　Pinggu District: The Culture Energizes the Development of the Cultural and Creative Industries　/140

B.14　Beijing Zhongguancun National Cultural and Science & Technology Integration Demonstration Base: To Explore a New Path of Cultural and Technological Innovation　/ 155

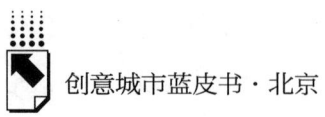
创意城市蓝皮书·北京

Ⅲ Special Subjects

B.15　Policy Effect Evaluation of Beijing Cultural & Creative Industries　/ 171

B.16　Spatial Agglomeration and Industrial Economic Growth
　　　——An Empirical Analysis Based on Beijing Cultural & Creative Industries　/ 194

B.17　Beijing Cultural & Creative Demonstration Parks Lead the Construction of Urban Cultural & Creative Space Nationwide　/214

B.18　Beijing Culture's Go-out Strategy and Path　/ 220

B.19　Discussing on Opportunities and Challenges of the Development of Digital Creative Industry in Beijing from the Perspective of Industrial Chain　/ 239

B.20　Research on Creative Tourism Development in Rural Areas of Beijing　/ 251

B.21　Analysis on the Joint Development Path of the Beijing-Tianjin-Hebei Film and Television Base　/ 262

B.22　Creative Labor and Collaborative Production of Mobile Game Industry　/ 272

B.23　Study on Beijing's Social Capital Investment in Cultural & Creative Industries Guiding Countermeasures　/ 283

B.24　Research on the Development Status and Path of the Integration of Cultural & Creative Industries and Science & Technology in Beijing　/ 297

B.25　Comparative Analysis on the Development of Cultural & Creative Industries of Beijing, Shanghai, Guangzhou and Hangzhou　/ 315

B.26　References　/ 328

B.27　Appendix: Book-list of "Creativity Series" Published by China Creative Industries Research Center (CIRC)　/ 331

总 报 告
General Report

B.1
北京文化创意产业发展与展望

张京成 沈晓平*

一 文化创意产业政策环境进一步优化

2017年,北京市贯彻落实习近平总书记两次视察北京重要讲话精神和北京市第十二次党代会精神,贯彻落实首都城市战略定位,坚持社会主义先进文化前进方向,进一步推进全国文化中心建设,出台了一系列政策措施,为文化创意产业的发展提供了更加有利的环境。

(一)党的十九大文化发展新思想为首都文化创意产业注入新能量

2017年10月18日,习近平总书记在党的十九大报告中指出,"中国

---

* 张京成、沈晓平,中国创意产业研究中心,北京市科学技术情报研究所。

特色社会主义进入新时代，我国社会主要矛盾已经转化为人民日益增长的美好生活需要和不平衡不充分的发展之间的矛盾"。未来，需要更好地推动人的全面发展和社会的全面进步。文化在人的全面发展中的作用十分重要，在中国特色社会主义新时代，文化建设、文化创意产业的地位更加重要。

党的十九大报告将文化自信置于基础性地位予以强调，指出"文化自信是一个国家、一个民族发展中更基本、更深沉、更持久的力量"，要"推动中华优秀传统文化创造性转化、创新性发展"。党的十九大报告将创新作为报告的主线，也将创新作为推动新时代文化发展的主线，在报告的第七大部分"坚定文化自信，推动社会主义文化繁荣兴盛"中明确指出要"激发全民族文化创新创造活力，建设社会主义文化强国"；在谈到推动文化事业和文化产业发展时，指出要"健全现代文化产业体系和市场体系，创新生产经营机制，完善文化经济政策，培育新型文化业态"。

从党的十九大报告对文化建设重要性的论述中可以看出，文化在国民经济中的重要性日益提升，文化建设已经是我国社会主义事业总体布局的重要组成部分。从党的十七大、十八大到十九大，国家对文化建设的重视程度日益提高，贯穿党的十九大报告的创新思想为文化创意产业发展注入了新的能量，也提出了更高的要求。

（二）优化市场发展环境的政策为文化创意产业提供了重要动力

良性的市场需求环境是文化创意产业发展的重要驱动力。2017年8月，国务院发布《关于进一步扩大和升级信息消费持续释放内需潜力的指导意见》（国发〔2017〕40号），在"提高信息消费供给水平"中提出，要"丰富数字创意内容和服务。实施数字内容创新发展工程，加快文化资源的数字化转换及开发利用。构建新型、优质的数字文化服务体系，推动传统媒体与新兴媒体深度融合、创新发展。支持原创网络作品创作，加强知识产权保护，推动优秀作品网络传播。扶持一批重点文艺网站，拓展数字影音、动漫游戏、网络文学等数字文化内容,丰富高清、互动等视频节目,培育形成一批拥有较强实力的数字创新企业。发展交互式网络电视(IPTV)、手机电视、有线电视网宽带服务等融合性业务。支持用市场化方式发展知识分享平台,打造集智创新、灵活就业的服务新业态"。为实现这些目标,制订了重点任务分工方案,为扩大文化创意产品消费、营造良好的市场环境提出了具体方向。

为发挥文化新消费的引领作用,2017年6月,北京市人民政府发布《关于培育扩大服务消费优化升级商品消费的实施意见》,在"培育扩大服务消费"中提出要"丰富文化消费",包括扩大文化新消费,创新影视、戏曲、音乐、美术、舞蹈、书画等的创作、传播与消费方式,壮大动漫网络游戏、移动音乐、网络视频、微电影等新业态,打造一批文化品牌,拓展新媒体文化消费;加强国际文化交流,发挥对外文化平台作用,提升国际性文化活动的影响力,提升传统文化的国际吸引力;拓展文化消费空间,培育400~500家品牌知名度高、具有示范引领作用的实体书店,规范提升文化娱乐场所;强化文化惠民消费;等等。此外,也指出要"扩大旅游消费",提出要打造全球旅游消费目的地,扩展旅游新消费,提升乡村旅游品质,改善旅游消费环境,等等。这些措施有助于扩大文化创意产业消费,优化北京文化创意产业发展环境。

文化创意产业的发展离不开人力资源,文化创意人才是保证文化创意产业顺利发展的重要支柱。2017年12月,北京市人民政府出台《关于优化人才服务促进科技创新推动高精尖产业发展的若干措施》(京政发〔2017〕38号),提出要"加大文化创意人才引进力度",指出在京注册运营、近三年年均营业收入在3亿元以上(含)且年均税后净利润在2000万元以上(含)的文化创意企业,其高管和专业技术人才满足三年工作年限且做出贡献的,可申请办理人才引进。文件同时指出,广播影视、新闻出版、文物保护、文化艺术等行业国家级奖项获奖人和国家级文化创意人才培养工程入选人,可申请办理人才引进。社会贡献较大的自由撰稿人、知名媒体人、文化传承人、艺术经纪人、展览策划人和文化科技融合人才等，可申请办理人才引进。这些措施为首都文化创意产业人才队伍建设提供了良好的政策保障。

（三）推动产业发展的政策有效引导了文化创意产业的发展

老旧工业厂房、仓储用房及相关工业设施承载着近现代北京工业发展的历史记忆，是传承发展历史文化、促进城市有机更新的重要载体和宝贵资源。保护利用老旧厂房是拓展文化创意产业空间、发展文化创意产业的重要途径，有利于提升城市文化品质。2017年12月，北京市人民政府办公厅发布《关于保护利用老旧厂房拓展文化空间的指导意见》，提出了保护利用的工作原则，即坚持保护优先，科学利用；坚持需求导向，高端引领；坚持政府引导，市场运作。该指导意见还指出，要扎实做好保护利用基础工作，开展普查登记，科学评估认定，编制专项规划，促进多元利用，并提出了完善保护利用相关政策和健全保障措施。

为进一步推动北京市构建高精尖经济结构，2017年12月，北京市经济和信息化委员会出台了《北京高精尖产业设计中心认定管理办法》。北京高精尖产业设计中心每年认定一次，规定了基本认定条件，在管理上，指出北京市经济和信息化委员会通过发展规划和相关政策等手段，支持北京高精尖产业设计中心的建设和发展。

软件和信息服务业是北京文化创意产业的支柱领域，其发展速度和质量在较大程度上决定着文化创意产业的整体速度和质量。2017年12月，北京市正式出台了加快科技创新发展高精尖产业系列政策，《北京市加快科技创新发展软件和信息服务业的指导意见》便是其中之一。该指导意见提出了创新驱动、融合提升、协同开放、国际视野的基本原则，并提出了发展目标，即"到2020年，进一步巩固并提升软件和信息服务业在全市经济发展中的支柱地位，基本形成与科技创新中心功能定位相适应的创新型产业发展格局"。主要任务包括加强技术创新，推进融合创新，坚持开放创新，等等。

休闲农业和乡村旅游作为文化休闲娱乐服务的一部分，是北京文化创意产业的有机构成。2017年8月，北京市农村工作委员会、北京市发展和改革委员会等联合发布《关于加快休闲农业和乡村旅游发展的意见》（京政农发〔2017〕30号），提出了"休闲农业和乡村旅游产业规模不断扩大，接待人次、经营收入年均增长5%和8%以上，到2020年，分别达到5000万人次和60亿元；产业布局更加科学合理，产业结构明显优化，产品内容更加丰富，发展质量明显提高，形成京津冀休闲农业协同发展新格局"的发展目标。为实现目标，制定的主要任务包括：加强基础设施建设，改善休闲旅游环境；创新产品，优化休闲农业结构；推进资源整合与产业集聚，优化区域布局；加强宣传推介，培育知名品牌；强化培训服务，优化创业环境。为保证任务落实，制定的保障措施包括：完善用地制度，加强政策集成，拓宽融资渠道，提升公共服务。

2017年6月，北京市文化局发布《北京市优秀群众文化项目扶持办法》，对在基层群众文化艺术创作与文化活动开展等方面取得优异成绩的文化团队、原创作品、品牌活动等优秀群众文化项目予以支持，资金来源为北京市基层公共文化建设资金，每两年扶持一批优秀文化团队、优秀原创作品、优秀品牌文化活动。

（四）文化体制改革的政策有效释放了文化创意产业发展活力

文化创意产业的发展活力来源于改革的不断深化，为加快文化改革发展步伐，推动市属国有文化企业健康发展，促进全国文化中心建设，北京市人民政府办公厅于2017年11月发布《关于深化市属国有文化企业改革的意见》（京政办发〔2017〕45号），提出了市属国有文化企业改革的总体目标，即"2020年底前基本完成市属国有文化企业分类改革任务，实现国有文化资本布局结构更加优化、有文化特色的现代企业制度基本建立、国有文化资产监管体制更加完善的总体目标，打造一批具有国际影响力、核心竞争力的大型骨干文化企业"。在具体部署上，提出了三个要求：一是提出调整优化国有文化资本布局结构，要求推进资产重组和资源整合，积极推进混合所有制改革，做强做优文化主业，拓宽国有文化企业投融资渠道；二是提出加快建立具有文化特色的现代企业制度，要求推进公司制股份制改革，规范法人治理结构，建立健全两个效益相统一的评价考核机制，完善企业薪酬分配制度，加强人才队伍建设；三是提出加强国有文化资产监督管理，要求强化国有文化资产监督管理机构职责，建立健全国有文化资产监管制度，有效防范国有资产流失。为保障任务顺利实施，文件同时提出建立深化改革保障机制，包括加强和完善党对国有文化企业的领导，加大财税政策支持，完善房屋土地政策，营造良好改革氛围，等等。

（五）文物管理政策有助于文化保护利用和文化遗产保护传承

为推进文化文物保护工作，国务院办公厅于2017年9月发布《关于进一步加强文物安全工作的实施意见》（国办发〔2017〕81号），提出五项重点任务。一要健全落实文物安全责任制。要求明确地方政府主体责任，强化部门监管责任，落实文物管理使用者直接责任，完善责任落实机制。二要加强日常检查巡查，严厉打击违法犯罪。要求强化日常检查巡查，严厉打击文物犯罪，惩治法人违法行为。三要健全监管执法体系，畅通社会监督渠道。要求提高监管执法能力，引导社会力量参与。四要强化科技支撑，提高防护能力。要求完善安全防护设施，加强信息平台建设。五要加大督察力度，严肃责任追究。要求加强督察，严肃追责。

北京市人民政府于2017年12月出台了《关于进一步加强文物工作的实施意见》，提出了文物工作的具体目标，即"到2020年，文物基础工作水平全面提升，重点领域文物保护实现突破性进展，'首都风范、古都风韵、时代风貌'的城市特色充分彰显，文物事业在传承中华优秀传统文化、传承北京历史文脉、弘扬社会主义核心价值观、提升市民文化素养和城市文明程度中的重要作用得到充分发挥"。该实施意见提出，要加强重点领域文物保护，包括：加强世界文化遗产保护，加强历史文化名城保护，加强"三个文化带"建设保护，加强大遗址保护，加强革命文物和近现代重要史迹保护，加强城乡建设中的文物保护，加强可移动文物保护，加强京津冀文物协同保护，等等。

二 文化创意产业整体平稳增长

（一）产业规模稳步扩大，但增长速度趋缓

2017年，北京文化创意产业实现增加值3908.8亿元（初步核算），比上年增长9.2%，占北京GDP的比重为14.0%。2017年北京文化创意产业活动单位收入合计为20806.7亿元，比上年增长16.3%；资产总计为42390.6亿元，比上年增长11.8%；从业人员平均人数为206.0万人，比上年增长4.0%（见表1）。

表1 2006~2017年北京文化创意产业基本情况

年份	增加值（亿元）	资产总计（亿元）	收入合计（亿元）	从业人员平均人数（万人）
2006	823.2	6161.0	3614.8	89.5
2007	1008.3	7260.8	4601.6	102.5
2008	1346.4	8275.1	5439.6	107.0
2009	1489.9	9535.3	5985.7	114.9
2010	1697.7	11166.3	7442.3	122.9
2011	1989.9	12942.6	9012.2	140.9
2012	2205.2	15575.2	10313.6	152.9
2013	2578.1	18234.2	11657.1	161.7
2014	2826.3	26441.8	13982.0	191.6
2015	3253.8	31893.9	15877.8	202.3
2016	3581.1	37921.3	17885.8	198.1
2017	3908.8	42390.6	20806.7	206.0

资料来源：相关年份《北京统计年鉴》和北京市统计局网站。

自2006年以来，北京文化创意产业增加值逐年稳步增长，占北京GDP的比重逐步提高并趋稳，由2006年的10.1%提高至2017年的14.0%（见图1）。

2017年，北京文化创意产业增加值增速（按可比价格计算）为4.1%，低于GDP增速（6.7%），这一增速也是2006年以来的最低值。

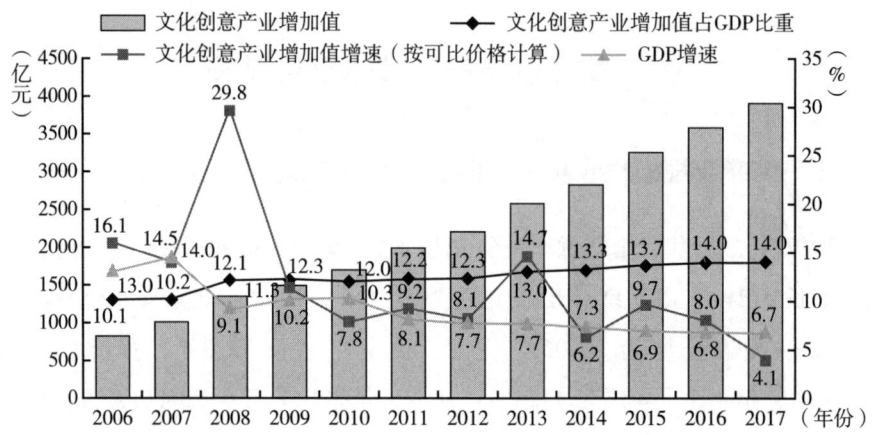

图1　北京文化创意产业增加值及其增速、占GDP比重

注：关于GDP增速，2015年和2016年数据采用含研发支出的修订数据，2014年及此前数据采用修订前数据。

资料来源：根据北京市统计局公开数据测算，可比价格增速根据第三产业缩减指数计算。

（二）规模以上文化创意产业收入和就业比重继续回升

规模以上文化创意产业创造了大部分资产和产出。2017年，北京规模以上文化创意产业收入合计为17972.9亿元，比上年增长18.1%；利润总额为1322.6亿元，比上年增长20.8%；应缴税金为690.9亿元，比上年增长17.9%；就业人数为135.6万人，比上年增长7.9%。从占比看，规模以上文化创意产业收入占比和就业占比继续回升。2017年，北京规模以上文化创意产业收入占比为86.4%，就业占比为65.8%（见图2）。规模以上单位是文化创意产业创收的主要力量。

（三）文化创意企业数量有所减少

2017年，北京拥有文化创意企业300658家，比2016年减少0.76%。从近年来文化创意企业数量的增速看，2009～2015年一直保持10%以上的增速，2016年增速降为8.76%，2017年则为负增长（见表2）。

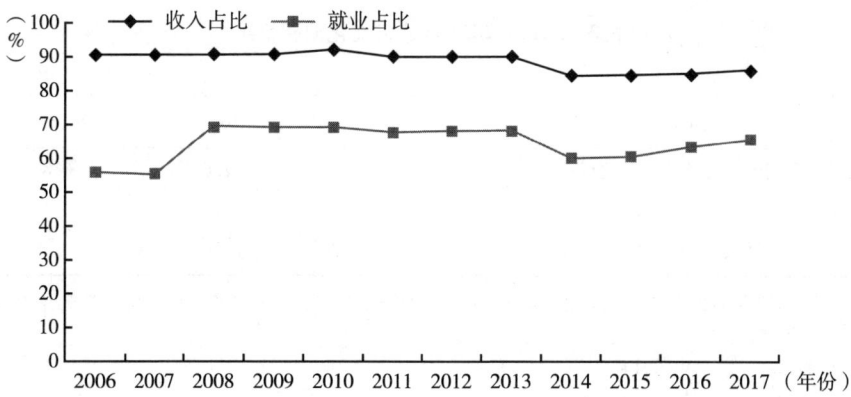

图 2　北京规模以上文化创意产业收入占比和就业占比变动情况

资料来源：北京市统计局年度统计资料。

表 2　2009～2017 年北京文化创意企业数量及其增速

年份	数量（家）	增速（%）
2009	116379	13.70
2010	130389	12.04
2011	145929	11.92
2012	163089	11.76
2013	183982	12.81
2014	228701	24.31
2015	278549	21.80
2016	302949	8.76
2017	300658	-0.76

资料来源：北京文投大数据有限公司。

（四）文化消费潜力有待进一步挖掘

2017 年北京文化消费对地区经济增长的贡献率为 0.8%，虽然比 2016 年的 -2.6% 有显著提高，但是文化消费的潜力仍然有待进一步挖掘。2015～2017 年，全市居民家庭人均文化和娱乐消费支出占人均消费支出的比重没有提高，反而有所下降，分别为 7.7%、6.6%、6.5%（见表 3）。

表3 2015~2017年北京文化消费情况

单位：%

指标	2015年	2016年	2017年
文化消费对地区经济增长的贡献率	—	-2.6	0.8
全市居民家庭人均文化和娱乐消费支出占人均消费支出的比重	7.7	6.6	6.5

注：2017年居民家庭人均文化和娱乐消费支出数据根据"2017年全市居民人均消费支出实际增长3.7%"推算。

资料来源：北京市统计局。

分行业看，文艺演出消费方面，2017年，全市140家营业性演出场所共演出24557场，吸引观众1076万人次，实现演出收入17.17亿元，三项指标与上年相比均有小幅增长，消费市场规模保持平稳。大中型剧场的演出已成为行业品牌，2017年，全市48个主要艺术剧场共演出14617场，占总演出场次的60%；吸引观众676万人次；实现演出收入8.96亿元，占总演出收入的52%。[1]

电影消费方面，截至2017年12月底，北京城市影院累计放映电影273.71万场，较上年同期增加45.36万场，增长19.86%；观影人数为76.36百万人次，较上年同期增加7.63百万人次，增长11.10%；票房收入为33.95亿元，较上年同期增加3.67亿元，增长12.12%。[2]

休闲旅游方面，2017年，北京市旅游区（点）收入累计达82.7亿元，同比增长7.2%。其中，门票收入为49.5亿元，同比增长4.2%；商品销售收入为3.0亿元，同比增长13.5%。[3]

---

[1] 《北京市2017年文化发展概况》，北京市文化局网站，http://whj.beijing.gov.cn/bjwh/zwgk0/bmdt/tjsj/427668/index.html。

[2] 《2017年12月份广播影视创收收入情况》，北京市新闻出版广电局（北京市版权局）网站，http://xwgdj.beijing.gov.cn/zwxx/xytj/201805/t20180510_4407.html。

[3] 《旅游区（点）活动情况》，北京市旅游发展委员会网站，2018年2月11日，http://lyw.beijing.gov.cn/xxgk/tjxx/lstjxx/2017/lyqdhdqk/397401.htm。

三 文化创意产业细分领域结构稳定

（一）多数行业实现稳定增长，文化艺术服务和设计服务领域收入有所下降

2017年，文化创意产业九大领域的资产、收入、就业人数等各方面均保持稳定增长。2017年，文化创意产业九大领域中，多数实现了收入的稳定增长，收入增长最快的是软件和信息技术服务，比上年增长27.1%；广告和会展服务收入增速（19.1%）高于文化创意产业收入整体增速。资产增长最快的行业也是软件和信息技术服务，比上年增长33.3%；广告和会展服务（26.4%）、艺术品生产与销售服务（2.9%）、设计服务（1.4%）三个领域的资产也有所增长（见表4）。

表4 2017年北京文化创意产业九大领域基本情况

领域	资产（亿元）	比上年增长（%）	收入（亿元）	比上年增长（%）	就业人数（万人）	比上年增长（%）
文化艺术服务	1116.3	-17.0	469.1	-6.7	8.9	-13.7
新闻出版及发行服务	2411.1	-3.3	1010.9	9.5	10.7	-3.4
广播电视电影服务	3642.4	-1.5	1005.4	0.3	8.0	-1.2
软件和信息技术服务	22390.4	33.3	8914.1	27.1	107.7	9.5
广告和会展服务	3449.8	26.4	3036.0	19.1	19.1	10.3
艺术品生产与销售服务	1216.7	2.9	1449.2	9.0	3.4	6.9
设计服务	1583.5	1.4	752.5	-0.7	16.2	11.3
文化休闲娱乐服务	1767.0	-3.8	1258.2	0.4	14.3	4.9
文化用品设备生产销售及其他辅助服务	4813.5	-23.3	2911.1	13.8	17.7	-18.3
文化创意产业	42390.6	11.8	20806.7	16.3	206.0	4.0

资料来源：北京市统计局官网。

2017年,文化艺术服务、新闻出版及发行服务、广播电视电影服务、文化休闲娱乐服务、文化用品设备生产销售及其他辅助服务五个领域的资产为负增长,其中文化用品设备生产销售及其他辅助服务领域降幅最大,达到23.3%,原因是该领域部分业态为疏解业态;其次是文化艺术服务领域,资产比上年下降17.0%。

文化艺术服务和设计服务领域的收入有所下降。其中,文化艺术服务领域收入比上年下降6.7%,设计服务领域收入比上年下降0.7%。

(二)软件和信息技术服务业依然是文化创意产业的绝对支柱行业

软件和信息技术服务业的资产和收入仍然占文化创意产业的最高份额。2017年,软件和信息技术服务业的资产合计为22390.4亿元,比上年增长33.3%,占文化创意产业全部资产的52.8%;收入合计为8914.1亿元,比上年增长27.1%,占文化创意产业总收入的42.8%;就业人数为107.7万人,占文化创意产业总就业人数的52.3%(见图3)。

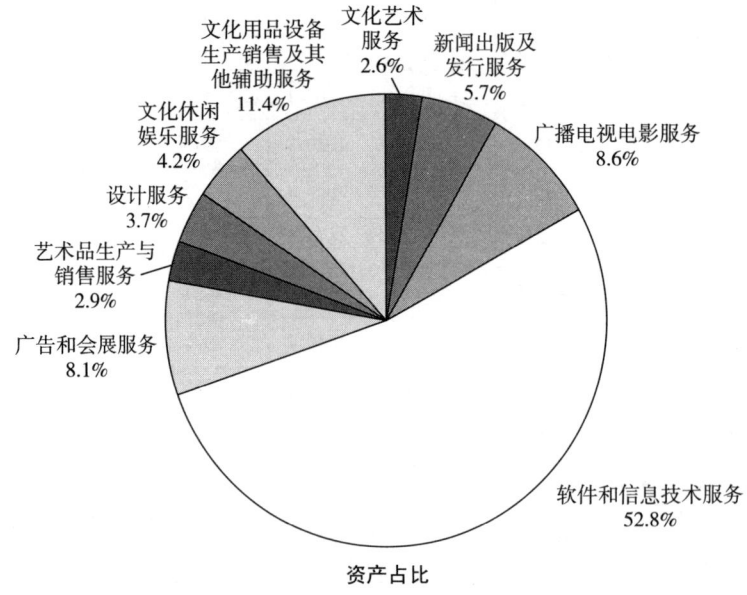

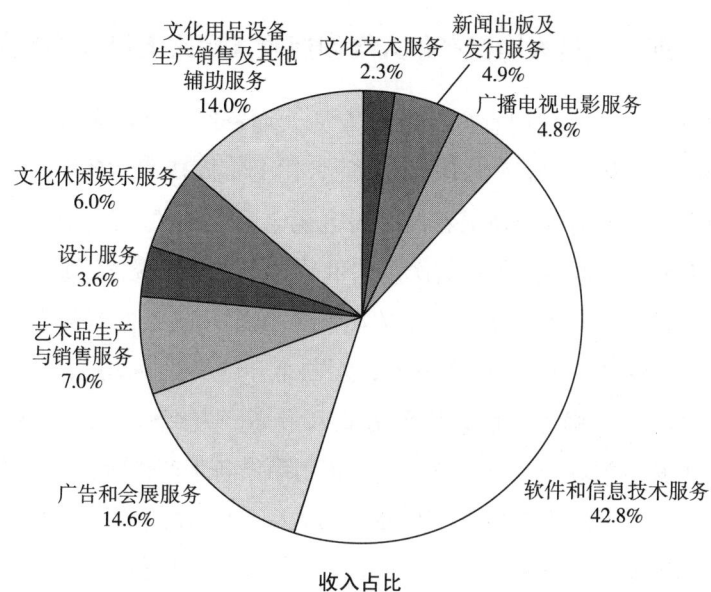

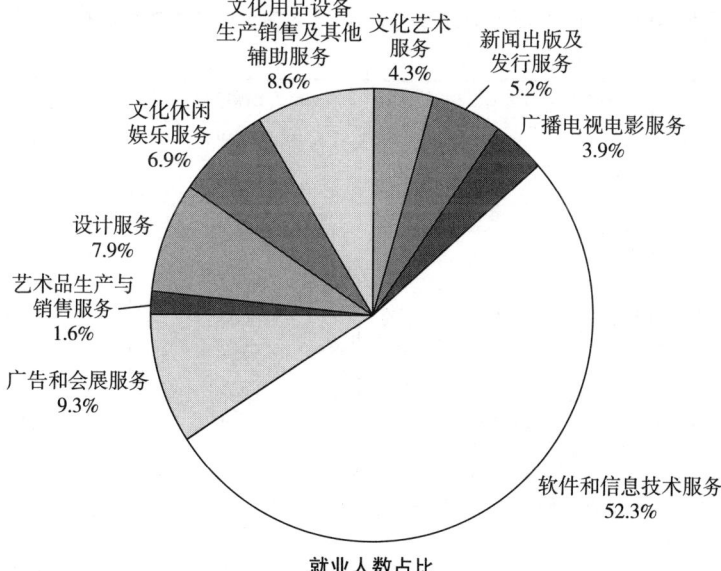

图 3　2017 年北京文化创意产业九大领域资产、收入、就业人数占比

资料来源：北京市统计局官网。

（三）就业人员人均资产和人均创造收入均比上年有所提高

2017年，北京文化创意产业就业人员人均资产为205.8万元，比上年提高7.5%；人均创造收入为101.0万元，比上年提高11.9%。

从就业人员人均资产情况看，广播电视电影服务领域的人均资产最高，为452.9万元，略低于上年；其次是艺术品生产与销售服务领域，人均资产为360.5万元，略低于上年；文化休闲服务和设计服务领域的人均资产较低，分别为123.8万元和97.7万元，均略低于上年。人均创造收入方面，艺术品生产与销售服务领域人均创造收入最高，为429.4万元，略高于上年，远高于其他领域，是排名第二的文化用品设备生产销售及其他辅助服务领域（164.8万元）的2.6倍；人均创造收入较低的两个领域仍然是设计服务和文化艺术服务，分别为46.4万元和52.5万元（见表5）。

表5　2016年北京文化创意产业九大领域人均资产及人均创造收入情况

单位：万元

领域	人均资产	人均创造收入
文化艺术服务	124.9	52.5
新闻出版及发行服务	225.4	94.5
广播电视电影服务	452.9	125.0
软件和信息技术服务	208.0	82.8
广告和会展服务	180.7	159.0
艺术品生产与销售服务	360.5	429.4
设计服务	97.7	46.4
文化休闲娱乐服务	123.8	88.1
文化用品设备生产销售及其他辅助服务	272.4	164.8
文化创意产业	205.8	101.0

资料来源：根据北京市统计局公开数据测算。

（四）主要领域规模以上单位收入实现稳定增长，就业微幅增长

从规模以上法人单位发展情况看，2017年，北京市规模以上文化创意产业实现收入合计16196.3亿元，同比增长10.8%。九大领域中有5个领域收入

超过1000亿元，分别为软件和信息技术服务（7015.8亿元）、文化用品设备生产销售及其他辅助服务（2502.2亿元）、广告和会展服务（1998.1亿元）、艺术品生产与销售服务（1249.2亿元）、文化休闲娱乐服务（1051.6亿元）。有3个领域收入的同比增幅在10%以上，分别为设计服务（20.9%）、软件和信息技术服务（16.7%）、文化艺术服务（11.1%）（见表6）。

表6　2017年北京市规模以上法人单位收入及就业人数情况

领域	收入（亿元）	同比增长（%）	就业人数（万人）	同比增长（%）
文化艺术服务	323.4	11.1	5.7	0.6
新闻出版及发行服务	853.2	8.2	7.7	-1.0
广播电视电影服务	867.2	3.9	5.5	-0.8
软件和信息技术服务	7015.8	16.7	68.1	0
广告和会展服务	1998.1	8.1	6.5	-5.6
艺术品生产与销售服务	1249.2	2.1	1.9	1.3
设计服务	335.6	20.9	9.3	21.7
文化休闲娱乐服务	1051.6	1.0	8.4	-2.3
文化用品设备生产销售及其他辅助服务	2502.2	6.7	12.0	-5.6
文化创意产业	16196.3	10.8	125.1	0.3

资料来源：北京市统计局月季度数据表。

其中，规模以上设计服务业收入同比增长20.9%，就业人数同比增长21.7%，是文化创意产业九大领域中收入和就业人数增速最快的领域。规模以上软件和信息技术服务业收入的绝对值最高，为7015.8亿元，同比增长16.7%。规模以上文化艺术服务业收入的绝对值最低，为323.4亿元，同比增长11.1%。

四　区域发展各具特色

近年来，北京16个区的文化创意产业在延续和巩固区域发展优势的基础上，通过疏解与调整非首都功能、推动"文化创意+"行动，逐渐形成了新的发展特点。2017年，北京16个区和经济技术开发区规模以上文化创意产业均实现了不同程度的发展，大部分区的收入、利润及税收均比上年有所增长，其中门头沟区虽然总量占比很小，但各项速度指标均名列前茅，特别是利润增长6倍多。从具体指标来看，有12个区的利润总额、10个区的应缴税金、13个区的从业人员平均人数较上年有所增长，北京经济技术开发区各项指标表现较为理想（见表7）。

表7 北京市各区规模以上文化创意产业的收入、利润、税收、就业情况

各区	收入			利润			税收			就业		
	收入合计（万元）	占比（%）	比上年增长（%）	利润总额（万元）	占比（%）	比上年增长（%）	应缴税金（万元）	占比（%）	比上年增长（%）	从业人员平均人数（人）	占比（%）	比上年增长（%）
核心区												
东城区	20295528	11.3	2.2	1179938	8.9	7.0	512467	7.4	-14.8	90412	6.7	2.8
西城区	11449551	6.4	8.9	1085392	8.2	5.4	515357	7.5	17.5	113159	8.3	8.5
中心城区												
朝阳区	37543772	20.9	19.7	2338536	17.7	80.8	1184037	17.1	18.5	290463	21.4	11.6
海淀区	77252047	43.0	20.9	7057583	53.4	17.3	3847971	55.7	27.4	643937	47.5	5.7
丰台区	4638219	2.6	23.0	332291	2.5	40.4	171719	2.5	3.4	44632	3.3	13.6
石景山区	5105919	2.8	37.2	646781	4.9	68.9	166652	2.4	14.9	34342	2.5	17.5
城市副中心												
通州区	1885928	1.0	21.7	28853	0.2	-58.8	37409	0.5	-22.6	11325	0.8	-7.5
新城及地区												
房山区	660970	0.4	44.3	22301	0.2	118.2	22894	0.3	26.5	6317	0.5	13.1
顺义区	1896479	1.1	31.6	113461	0.9	-5.3	64416	0.9	4.7	15886	1.2	14.4
昌平区	1822015	1.0	12.1	-149059	-1.1	-135.1	86888	1.3	-14.3	23889	1.8	7.9
大兴区	1002322	0.6	16.6	44033	0.3	12.6	30981	0.4	39.7	12291	0.9	18.0
生态涵养区												
门头沟区	355753	0.2	91.6	32874	0.2	663.0	15263	0.2	100.7	2795	0.2	35.9
怀柔区	1078507	0.6	6.9	104090	0.8	39.6	25503	0.4	-18.1	6067	0.4	-2.1
平谷区	741300	0.4	31.1	74341	0.6	3.1	44806	0.6	-14.9	8226	0.6	54.4

续表

各区	收入			利润			税收			就业		
	收入合计（万元）	占比（%）	比上年增长（%）	利润总额（万元）	占比（%）	比上年增长（%）	应缴税金（万元）	占比（%）	比上年增长（%）	从业人员平均人数（人）	占比（%）	比上年增长（%）
密云区	485864	0.3	31.7	36835	0.3	77.1	23052	0.3	36.7	7901	0.6	16.8
延庆区	139290	0.1	28.1	-1384	-0.01	-136.8	4629	0.1	-12.0	3373	0.2	-9.0
北京经济技术开发区	13375446	7.4	22.1	279378	2.1	355.5	155144	2.2	23.5	40526	3.0	6.0
全 市	179728910	100	18.1	13226244	100	20.8	6909188	100	17.9	1355541	100	7.9

（一）由东城区和西城区组成的核心区是全国文化中心的核心承载区，产业发展较为稳定

由东城区和西城区组成的核心区面积约为92.5平方公里，是北京建设全国文化中心的核心承载区，是历史文化名城保护的重点地区，《北京城市总体规划（2016～2035年）》对其功能定位与发展目标的要求是"保护古都风貌，传承历史文脉"和"有序疏解非首都功能，优化提升首都功能"，对其文化功能布局的要求则是"突出两轴文化功能，加强老城整体保护，打造沿二环路的文化景观环线"和"重塑首都独有的壮美空间秩序，再现世界古都城市规划建设的无比杰作"。这种区域功能定位要求东城区和西城区的文化创意产业依托深厚的历史文化资源优势，借助金融和现代信息技术的支持，着力打造"高精尖"文化创意产业体系，以文化创意产业的转型升级支持非首都功能疏解。

近年来，由东城区和西城区组成的核心区文化创意产业收入增幅趋于稳定，2017年东城区和西城区规模以上文化创意产业收入分别比上年增长2.2%和8.9%，核心区规模以上文化创意产业收入合计占全市的17.7%，比2016年的20%有小幅下降；利润总额占全市的17.1%，比2016年的19.5%有小幅下降；应缴税金占全市的14.9%，比2016年的17.8%有小

幅下降；从业人员平均人数占全市的15.0%，比2016年的15.3%略微下降。

从发展特点看，东城区文化与金融融合更为紧密，文化创意产业"高精尖"特色进一步凸显，产业融合、联动、集聚、创新的趋势进一步增强。西城区文化创意产业服务体系逐步完善，支柱产业的地位日趋稳固，文化与科技持续深度融合，文化创意产业成为新的经济增长极。

（二）中心城区是全国文化中心的集中承载地区，产业比重占有绝对优势

按照《北京城市总体规划（2016~2035年）》，北京的中心城区包括东城区、西城区、朝阳区、海淀区、丰台区、石景山区，总面积约为1378平方公里，是全国文化中心的集中承载地区，是疏解非首都功能的主要地区。其中，《北京城市总体规划（2016~2035年）》对海淀区和石景山区的要求是"不断优化科技创新服务环境，提升科技创新和文化创意产业发展水平"；对朝阳区的要求是"提升区域文化创新力和公共文化服务能力，塑造创新引领的首都文化窗口区"，"朝阳区南部应将传统工业区改造为文化创意与科技创新融合发展区"；对丰台区的要求是建设成为"科技创新和金融服务的融合发展区""历史文化和绿色生态引领的新型城镇化发展区"。这种区域功能定位要求朝阳区、海淀区、丰台区、石景山区四区充分借助科技创新，加快文化创意产业的创新发展，加快产业提质增效。

2017年，除东城区和西城区外的中心城区文化创意产业收入比2016年有较大幅度的提升，朝阳区、海淀区、丰台区、石景山区四区规模以上文化创意产业收入合计为12454.0亿元，占全市的69.3%，分别比2016年增长19.7%、20.9%、23.0%、37.2%；利润总额为1037.5亿元，占全市的78.4%，分别比2016年增长80.8%、17.3%、40.4%、68.9%；应缴税金合计为537.0亿元，占全市的77.7%；从业人员平均人数为101.3万人，占全市的74.8%。

其中，朝阳区文化传媒、广告会展等高端产业优势明显，创新程度高、

科技含量高、附加值高的行业发展迅速，文化创意产业成为全区经济转型升级发展的新引擎。朝阳区收入和利润紧随海淀区之后，2017年收入为3754.4亿元，占全市的20.9%；利润为233.9亿元，占全市的17.7%。

海淀区软件和信息技术服务业稳居文化创意产业的主导地位，集聚效应日益增强，是引领全市文化与科技融合发展的排头兵。海淀区文化创意产业收入和利润占有绝对优势，2017年规模以上文化创意产业收入为7725.2亿元，占全市的43.0%；利润为705.8亿元，占全市的53.4%。

丰台区广告和会展服务业以及文化用品设备生产销售及其他辅助服务业快速发展；石景山区动漫网游优势突出，数字影视持续强化成为新动能，科技与文化深度融合促进了广播电视电影服务业的快速发展，成为石景山区文化创意产业的新生力量。2017年，丰台区和石景山区文化创意产业的收入分别占全市的2.6%和2.8%，利润分别占全市的2.5%和4.9%，虽然份额较小，但增长幅度大，有较大的发展潜力。

（三）城市副中心以挖掘、保护、传承大运河为依托，推进文化创意产业发展

北京城市副中心的外围控制区为通州区，按照《北京城市总体规划（2016~2035年）》的要求，城市副中心要"深入挖掘、保护与传承以大运河为重点的历史文化资源"，"通过恢复历史文脉肌理，置入新的城市功能，古为今用，提升北京城市副中心文化创新活力"，从而建设成为"古今同辉的人文城市"。

通州区文化创意产业初步形成了以文化用品设备生产销售及其他辅助服务、广告和会展服务、设计服务等为代表的产业体系。目前，北京城市副中心正在建设中，通州区规模以上文化创意产业体量相对来说并不大，2017年规模以上文化创意产业收入比2016年增长21.7%，占全市的1.0%；利润比2016年下降58.8%，占全市的0.2%；应缴税金比2016年下降22.6%，占全市的0.5%；从业人员平均人数比2016年下降7.5%，占全市的0.8%。

未来,随着城市副中心建设的推进,优质文化创意产业资源将逐步流入,通州区文化创意产业将以大运河文化带建设为契机,实现文化创意产业的加速发展。

(四)新城及地区的文化创意产业增速较快,规模以下企业发展活跃

房山区、顺义区、昌平区、大兴区等新城及地区,是承接中心城区适宜功能、服务保障首都功能的重点地区。《北京城市总体规划(2016~2035年)》在昌平区的功能定位中明确提出建设"特色历史文化旅游和生态休闲区",在房山区的功能定位中明确提出建设"历史文化和地质遗迹相融合的国际旅游休闲区"。

与中心城区相比,这四个新城及地区规模以上文化创意产业整体规模相对不大,但增速较快。2017年房山区、顺义区、昌平区、大兴区[①]规模以上文化创意产业收入分别比2016年增长44.3%、31.6%、12.1%、16.6%,占全市的0.4%、1.1%、1.0%、0.6%;利润分别占全市的0.2%、0.9%、-1.1%、0.3%;应缴税金分别占全市的0.3%、0.9%、1.3%、0.4%;从业人员平均人数分别占全市的0.5%、1.2%、1.8%、0.9%。

房山区文化创意企业数量和规模增长较快,2017年共有文化创意企业7044家,比2016年新增1261家。其中,规模以上文化创意企业仅有56家,规模以下文化创意企业是主体,活力较大。

(五)生态涵养区的文化创意产业增速较快,发展特色突出

门头沟区、怀柔区、平谷区、密云区、延庆区以及昌平区和房山区的山区属于生态涵养区,是首都重要的生态屏障和水源保护地,《北京城市总体规划(2016~2035年)》对其功能定位是"建设宜居宜业宜游的生态发展示范区,展现北京历史文化和美丽自然山水的典范区"。与中心城区相比,

---

① 不含北京经济技术开发区。

这五个区的文化创意产业整体规模也相对不大，但2017年的增速较快，门头沟区的收入增速甚至高于新城及地区，平谷区、密云区的收入增速也比较快。

2017年，门头沟区、怀柔区、平谷区、密云区、延庆区规模以上文化创意产业收入分别比2016年增长91.6%、6.9%、31.1%、31.7%、28.1%，占全市的0.2%、0.6%、0.4%、0.3%、0.1%；利润分别占全市的0.2%、0.8%、0.6%、0.3%、-0.01%，其中门头沟区、怀柔区、平谷区、密云区利润分别比2016年增长663.0%、39.6%、3.1%、77.1%；应缴税金分别占全市的0.2%、0.4%、0.6%、0.3%、0.1%；从业人员平均人数分别占全市的0.2%、0.4%、0.6%、0.6%、0.2%。

门头沟区加强长城文化带和西山永定河文化带旅游配套服务设施建设，形成了以文化用品设备生产销售及其他辅助服务业为主导，以广播电视电影服务和文化休闲娱乐服务为支撑，以广告和会展服务、软件和信息技术服务为重点的文化创意产业体系。

怀柔区影视产业示范区集聚效应凸显，拥有中影基地和北京电影学院新校区这两个在全球影视界都占有一定分量的核心资源，加之首都北京拥有的占全国70%以上的影视人才、制作公司和技术装备机构力量，怀柔区影视优势独特。

平谷区文化创意产业正处于成长阶段，经过近年来的大力发展，音乐、文化旅游、创意农业、艺术交易等相关产业均实现了较大发展，为全区文化创意产业实现突破发展奠定了良好的基础。

五　文化创意产业发展趋势展望

（一）文化创意产业处于重要战略机遇期

《国民经济和社会发展第十三个五年规划纲要》提出，文化产业到"十三五"期末要成为国民经济的支柱性产业，产业增加值要占到整个国家增加值的5%以上。在政策刺激、改革深化、消费升级、转型提速、产业融合等系列利好因素的推动下，文化创意产业将成为中国经济新常态下成长性最好的产业之一。

未来，文化创意产业将进入提升发展质量、提高两个效益的关键时期。需要在三个方面发力：一是扩大有效供给，进一步创新内容生产，推出更多内容精品，引领消费需求；二是化解过剩产能，减少低端、重复供给，全面提升质量效益；三是加快转型升级，以提高核心竞争力为中心，拓展有效供给，催生新的需求，实现文化创意产业融合创新发展。

（二）文化创意产业借助科技创新拓展发展空间

北京软件和信息服务业的体量规模不断扩大，增速持续加快，科技对文化创意产业其他领域的渗透更加深入，北京文化创意产业科技引领和科技融合发展趋势更加清晰。动漫游戏是文化与科技融合的典型领域。2017年，北京动漫游戏产业产值约为627亿元，同比增长20%，出口额约为116.09亿元，同比增长93%，全国演艺之都、动漫网游之都的地位进一步彰显。[①]

此外，文化旅游与互联网融合加速。旅游产业的互联网升级成为新趋势，多元、跨界发展成为业态主流，个性化、品质化产品成为旅游业布局的重点。文化娱乐与互联网融合加速，互联网在当前已成为整个文化娱乐产业的基础设施，互联网与文化娱乐产业融合发展的时代已到来，未来文化娱乐产业的常态将是"互联网+文化娱乐"的"大文娱"。

今后，北京文化创意产业的发展在较大程度上需要依赖科技创新对文化开发的支撑作用。文化创意产业是文化与科技融合的产物，科技是文化创意产业发展的重要支撑。鉴于传统文化产业增长空间受限，未来，北京文化创意产业新的增长空间将主要依赖科技支撑力提升，文化与科技创新资源的互动衔接将有效带动北京文化创意产业的进一步发展。其中，"互联网+"是

---

① 《北京市2017年文化发展概况》，北京市文化局网站，http：//whj. beijing. gov. cn/bjwh/zwgk0/bmdt/tjsj/427668/index. html。

文化创意产业增长的新动力，北京文化创意产业的进一步发展提升，有赖于云计算、大数据、4G网络等新技术在产业内部的广泛应用，文化创意产业领域科技创新的快速发展，将不断为产业发展注入新的动力。

（三）文化与资本融合更加紧密

除了银行信贷，还可以投资基金、保险以及进行上市融资，文化创意企业可选择的融资渠道越来越多，金融机构也以开放合作的态度不断创新文化金融服务。目前，北京文化创意产业已基本形成包括债券融资、银行信贷融资、社会投资、资本市场融资等在内的多层次、多渠道、多元化的投融资体系。

2017年，中资银行对北京文化创意产业人民币贷款余额达到1408.5亿元，同比增长7.0%[1]；北京市文资办专项资金以项目贷款贴息等形式共支持文化创意企业655家。2017年，北京新上市文化创意企业5家，比2016年增加3家；新上市文化创意企业首发募集资金71.6亿元，比2016年高出15.6亿元。其中，中国科技出版传媒股份有限公司和中国出版传媒股份有限公司在沪市主板上市，实际首发募集资金分别为8.3亿元和25亿元；北京元隆雅图文化传播股份有限公司和北京科蓝软件系统股份有限公司分别在中小板和创业板上市，实际首发募集资金分别为2.3亿元和2亿元。截至2017年底，A股沪深主板、中小板、创业板共有48家文化创意企业上市融资，首发募集资金总规模达到500亿元。[2]

（四）文创品牌活动渐成气候

北京的文化"走出去"工程一直引领全国，出自北京的"全国文化企业30强"以及国家文化出口重点企业、项目多年居全国首位。

近年来，北京发展壮大了一批优秀的对外文化企业，2017～2018年北

---

[1] 《央行发布北京货币信贷数据报告》，搜狐网，2018年1月19日。
[2] 数据来源于北京文投大数据有限公司。

京拥有国家文化出口重点企业68个,占全国的23%,呈现逐年递增趋势;2017~2018年北京拥有国家文化出口重点项目36个,占全国的33%。其中,北京的核心文化服务贸易主要是动漫游戏出口、图书版权输出和影视出口。出口地区比较广泛,涵盖亚太地区、日本、美国、欧洲、澳大利亚等。

国际性品牌活动方面,北京国际设计周、北京国际电影节、北京国际音乐节和中国戏曲文化周等文化品牌已经形成了较强的国际影响力。其中,北京国际设计周已步入国际A类设计活动行列,自2009年首届创办起,截至2017年底已成功举办了八届,每年吸引国内外学术专家、机构代表、设计师超过2000人,观众超过500万人次,注册媒体百余家,是可持续发展的、具有国际影响力的创意设计公共服务平台,也是亚洲规模最大的设计周。

北京国际电影节自2011年创办以来,在参赛参展影片质量、嘉宾星光度及国际影响力等方面持续提升,是北京文化创意领域最具国际影响力的大型文化活动之一,是电影市场的风向标、国际交流的大平台、城市文化的新品牌。电影节期间电影市场的签约金额从2011年第一届的27.94亿元增加到2017年第七届的174.58亿元,2011~2017年累计签约金额达749.53亿元,是亚洲最大的电影市场之一。[①]

北京国际音乐节创办于1998年,是国际著名的音乐节之一。第二十届北京国际音乐节于2017年10月举行,在为期22天的时间里上演了29场演出,涵盖歌剧、交响乐、教堂音乐会、儿童音乐会以及漫步系列音乐会。北京国际音乐节不仅为推动音乐文化的发展做出了贡献,而且已经成为国际化和专业化的文化活动,推进了世界文化艺术的交流和繁荣。

中国戏曲文化周从2017年开始举办,每年举办一次。2017年9~10月举办的首届中国戏曲文化周以"中国梦·中华魂·戏曲情"为主题,采取本土文化与国际文化相结合、专业性与群众性相结合、线上与线下相结合的方式开展活动,除国内戏曲院团的精彩演出外,还有中东欧16个国家

---

① 《第八届北京国际电影节简介》,2018第八届北京国际电影节网站,http://www.bjiff.com/gydyj/gywm/。

的异域演出,既满足了市民的文化需求,也推动了中国戏曲文化的国内外传播。

(五)文化消费支撑较为脆弱,需从供给和需求两方面发力

居民文化消费支出对北京地区经济增长的贡献、文化消费支出占消费支出的比重表现都不理想,这说明文化消费对文化创意产业的支撑脆弱。这种现象的产生,除文化消费指标统计调查范围存在的问题外,一方面是由于居民文化消费意愿与能力的问题,另一方面是由于文化供给端的问题。

因此,解决文化消费的问题,需要从消费者和生产者,即需求和供给两方面入手。需求方面,要进一步增加居民收入,提高文化消费购买力;完善文化基础设施,营造文化消费的良好氛围;同时,要加强文化消费者权益保护。供给方面,要进一步实施文化市场的供给侧结构性改革,引导文化市场主体扩大有效供给。

以互联网为核心的新媒体和新技术发展带来了社会生产和生活方式的变革,势必对首都文化消费产生较为深远的影响。"互联网+文化消费"可以打破地域空间的概念,延长消费者的文化消费半径,消除地区性文化消费差异,减少地域风俗、地区经济社会发展水平等因素的限制,推动北京文化消费成为新的经济增长点。随着居民收入水平的不断提高和互联网技术的日益发展,"互联网+文化消费"将成为北京文化消费内容的重要组成部分。[①]

(六)受经济周期影响,产业发展仍会有一定的波动

虽然北京经济近年来持续快速增长,居民的生活水平稳步提高,文化消费成为新的消费热点,文化创意产业市场加速繁荣,但经济周期性波动放缓、波动幅度减弱等经济发展新特征仍无法改变经济周期性波动的内在规律,经济的周期性波动势必在一定程度上影响文化创意产业的发展,使产业的增速产生一定的波动。

---

① 刘敏:《关于首都文化消费的现实思考》,《中国经贸导刊》(理论版)2017年第17期。

中国特色社会主义进入新时代，经济增长已由高速增长阶段转向高质量发展阶段，当前处在转变发展方式、优化经济结构、转换增长动力的关键期。发展方式转换、经济放缓和周期性波动对文化创意产业发展构成一定的压力，而且这种宏观环境的压力仍将持续较长时间，需要文化创意产业分析机遇、寻找出路。

区域动态篇

Regional Development

B.2
国家文化产业创新实验区：
聚焦高端发展，强化创新引领，
争当首都文化创新排头兵

丰春秋 王勇刚 薛琳 陈君 刘成磊*

近年来，北京大力实施文化创新、科技创新"双轮驱动"发展战略，文化创意产业蓬勃发展。2014年7月，为深入贯彻落实党的十八大、十八届三中全会和习近平总书记视察北京工作时的重要讲话精神，围绕首都"四个中心"的城市战略定位，特别是围绕全国文化中心建设，文化和旅游部（原文化部）与北京市采取部市战略合作的方式，共同规划建设了全国首个国家文化产业创新实验区（以下简称文创实验区），以制度创新为着力点，大胆实践，先行先试，改革创新，进一步提升首都文化产业规模化、集

---

* 丰春秋、王勇刚、薛琳、陈君、刘成磊，北京朝阳国家文化产业创新实验区管理委员会。

聚化、专业化、高端化水平，进一步服务北京市疏解非首都功能、构建"高精尖"经济结构。2017年文创实验区全面贯彻党的十九大精神，以习近平新时代中国特色社会主义思想为指导，围绕落实首都城市战略定位、建设国际一流的和谐宜居之都，谋划推进各项工作，按照全国文化中心建设"一核一城三带两区"总体框架，持续强化文化资源集聚优势，创新推进文化创意产业转型升级，实现了在经济规模、产业升级、品牌培育、重点项目、社会效益和国际影响方面的全方位提升。

一　产业概况

2017年，文创实验区文化创意产业整体保持快速发展态势，产业规模逐渐扩大，梯次化产业结构越发凸显，产业地位日趋稳固，产业效率指标表现抢眼，已成为朝阳区文化创意产业提质增效的重要引擎。

（一）产业规模：经济效益快速提升

2017年，文创实验区文化创意产业发展活力持续释放，产业规模稳步扩大，各项指标不断攀升。截至2017年底，文创实验区文化创意产业规模以上单位共计1243家，相比2016年增加了175家，同比增长16.39%，共吸纳从业人员124346人，相比2016年增长了10.15%，优秀企业和人才加快集聚。2017年全部规模以上文化创意企业共实现收入1776.09亿元，同比增长15.65%，创造利润58.29亿元，增幅高达27.72%（见图1）。文创实验区文化创意产业经营业绩稳步增长，盈利能力大幅提升，已成为朝阳区文化创意产业创新驱动的重要策源地。

（二）产业结构：梯次化结构愈加巩固

从收入结构来看，两极分化较为明显。广告和会展服务、文化用品设备生产销售及其他辅助服务、文化休闲娱乐服务、软件和信息技术服务四大行

国家文化产业创新实验区：聚焦高端发展，强化创新引领，争当首都文化创新排头兵

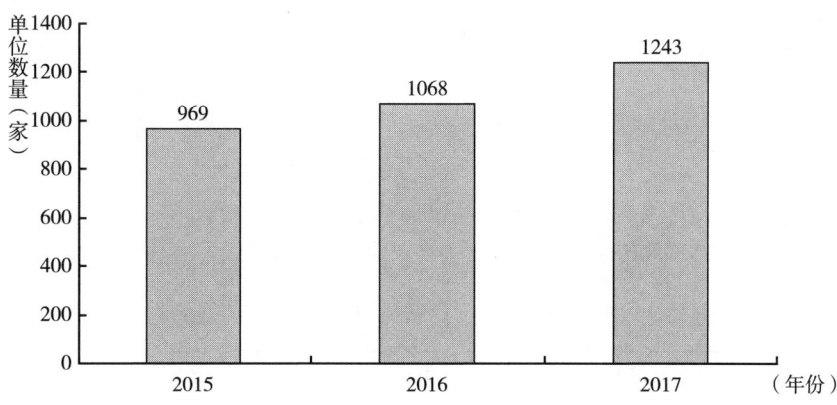

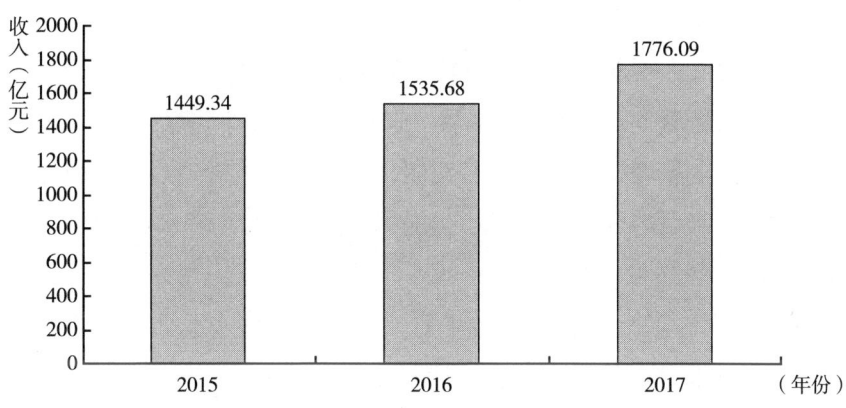

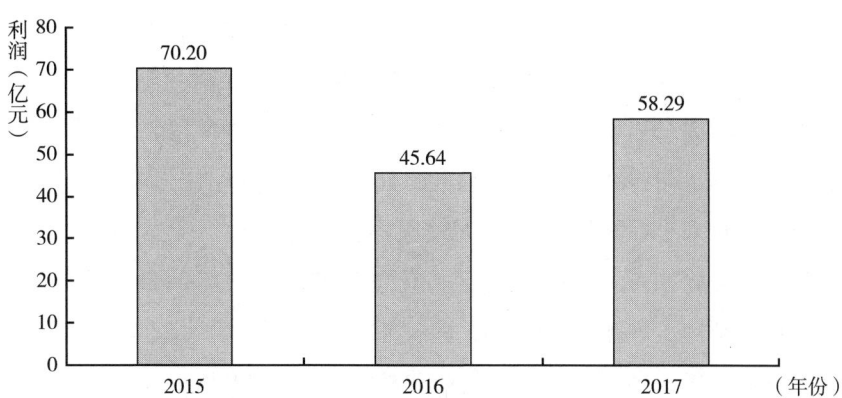

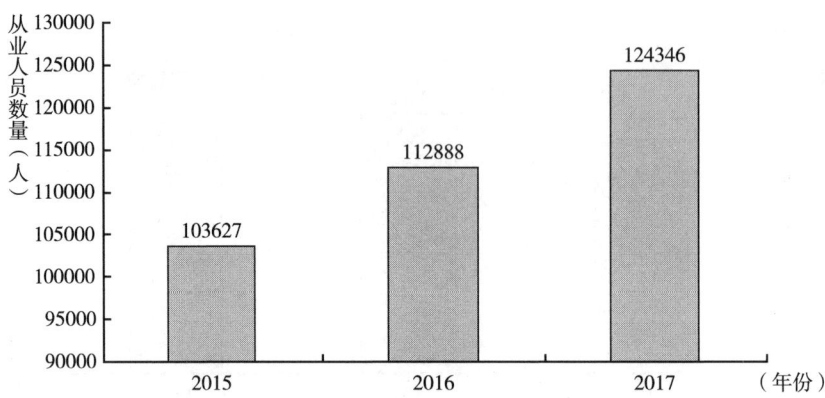

图1 2015~2017年文创实验区文化创意产业主要指标

业在文化创意九大行业中经营规模较为突出,收入合计占比超过75%。其中,广告和会展服务业领先优势明显,收入占比高达30.75%,是文创实验区文化创意产业发展的中坚力量。新闻出版及发行服务、广播电视电影服务、艺术品生产与销售服务、文化艺术服务以及设计服务五大行业收入占比均不足10%,其中设计服务业收入水平最低,占比仅为0.54%,发展效能有待提升(见图2)。从变化趋势来看,九大行业收入水平"七升二降"。2017年,除文化休闲娱乐服务和设计服务两大行业外,文化创意产业其余七大行业收入水平均实现不同程度的提升。其中,文化用品设备生产销售及其他辅助服务业收入增加值最高,同比增加83.28亿元,收入排名由第四位升至第二位;其次是新闻出版及发行服务业和艺术品生产与销售服务业,收入分别同比增加59.62亿元、45.95亿元。在经济增速换挡、商业模式变革等形势背景下,2017年文化休闲娱乐服务业收入规模同比下降30.19亿元,设计服务业收入小幅下降0.73亿元(见图3)。

从利润结构来看,文创实验区文化创意产业形成了明显的"三二四"梯次化产业结构。广播电视电影服务、软件和信息技术服务、广告和会展服务三大行业利润水平较为领先,是文化创意产业创造利润的绝对主体,三大行业利润占比逾九成。文化艺术服务、文化用品设备生产销售及其他辅助服

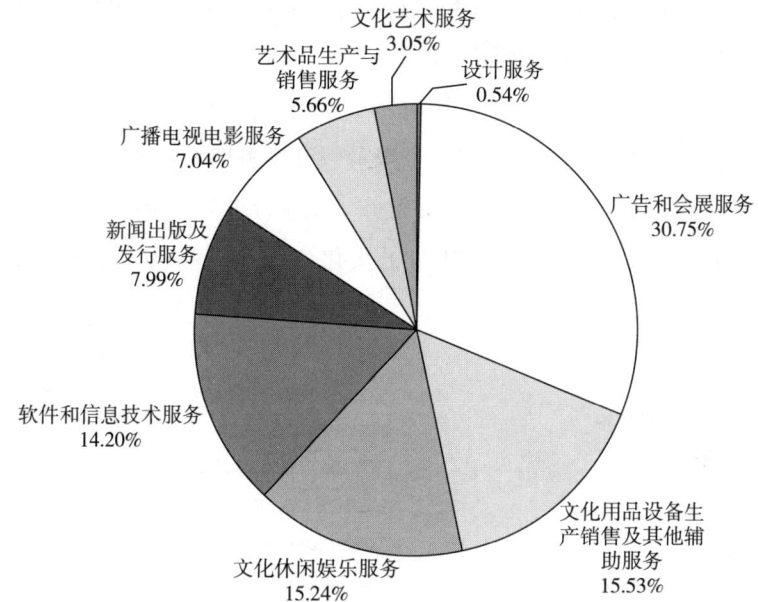

图2 2017年文创实验区文化创意产业九大行业收入占比

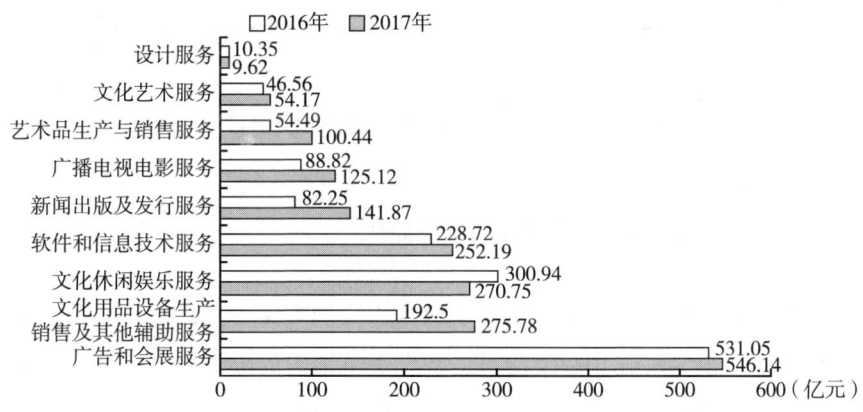

图3 2016~2017年文创实验区文化创意产业九大行业收入情况

务利润水平相对接近，2017年分别实现利润7.03亿元、6.17亿元。设计服务、艺术品生产与销售服务、文化休闲娱乐服务以及新闻出版及发行服务四个行业则处于亏损状态。从变化趋势来看，九大行业利润水平"五升四降"。文化休闲娱乐服务、软件和信息技术服务、广播电视电影服务、文化用品设备生产销售与其他辅助服务以及文化艺术服务五大行业2017年利润水平均实现同比增长，增长幅度均超过4亿元；新闻出版及发行服务、艺术品生产与销售服务、广告和会展服务以及设计服务四大行业利润水平呈同比下降态势，2017年新闻出版及发行服务、艺术品生产与销售服务以及设计服务三大行业利润由盈转亏，制约了文化创意产业整体利润水平的提升（见图4）。

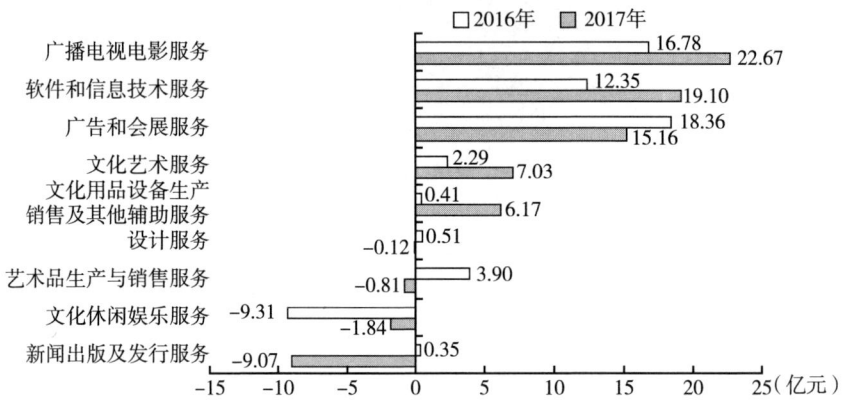

图4　2016~2017年文创实验区文化创意产业九大行业利润情况

（三）产业地位：支撑作用不断强化

作为首都发展文创产业的重要承载区，文创实验区文化创意产业在朝阳区整体发展中的支柱作用越发凸显，在全市范围内的影响力逐渐扩大。从全区范围来看，2017年文创实验区文化创意产业规模以上单位数量、收入、从业人员数量占朝阳区对应指标的比重分别为47.86%、47.31%、42.81%，对朝阳区文创产业发展的贡献巨大（见图5）。2017年文创实验区文化创意产业规模以上单位总收入、从业人员数量占全市的比重分别为9.88%、9.17%，经济贡献作用抢眼。

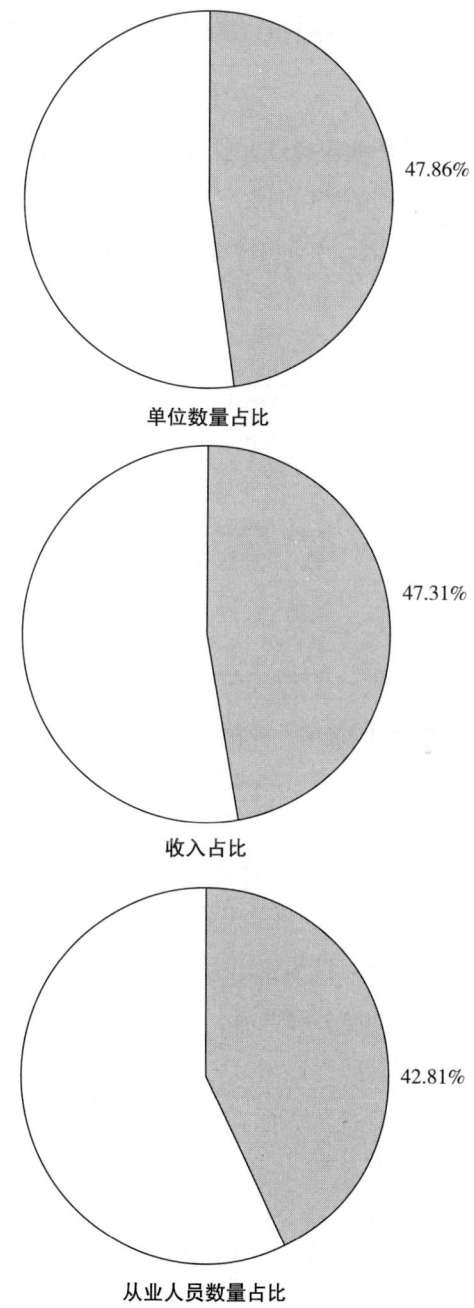

图5 2017年文创实验区文化创意产业主要指标占朝阳区比重

（四）产业效率：发展质量优势凸显

从单位面积土地收入来看，文创实验区以78平方公里的面积，实现了1776.09亿元的文化创意产业规模以上单位收入，单位面积土地收入高达22.77亿元/平方公里，接近朝阳区文化创意产业相应指标的3倍，同样远超北京文化创意产业单位面积土地收入，土地资源综合利用效率优势明显（见图6）。

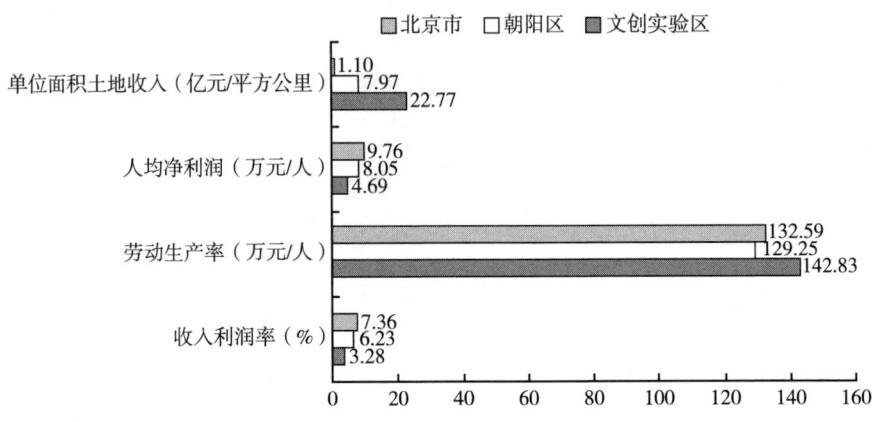

图6 2017年文创实验区、朝阳区和北京市文化创意产业效率指标

从劳动生产率来看，2017年文创实验区规模以上文化创意产业劳动生产率为142.83万元/人，高于朝阳区129.25万元/人、北京市132.59万元/人的水平，这表明文创实验区文化创意从业人员生产效率较高，人才经营管理能力、专业技术能力较为突出。

从收入利润率和人均净利润来看，文创实验区文化创意产业正处于新旧动能转换、由粗放扩张转向提质增效的关键阶段，对新技术、新业态投入的力度逐渐加大，占用企业富余资金空间较多，因此收入利润率、人均净利润小幅低于全区、全市平均水平。

二 创新举措

文创实验区作为首都文化创意产业高端引领、创新驱动、协同发展路径的"试验田",为了在文化中心建设特别是"两区"建设上求突破、树标杆、做示范,自成立以来,立足自身发展实际和面临的新形势、新机遇、新要求,秉承文化自觉,坚定文化自信,集成优势资源,围绕文创产业重点领域强化改革创新,持续探索具有示范意义和推广价值的文化创新发展新模式、新政策、新服务,取得了显著成效。

(一)改革体制机制,引领产业发展方向

文创实验区以蔡奇书记在推进全国文化中心建设中坚持"四抓"的重要指示为着力点,围绕朝阳区建设"三区"战略目标,在部、市、区三级联动的建设协调机制下,统筹推进文创实验区规划建设。一是以贯彻新发展理念为引领,围绕推进"五位一体"总体布局和"四个全面"战略布局,完善文化发展要素供给,落实国家和北京市的一系列政策措施,积极推进文化供给侧结构性改革。二是持续推进政府、行业组织、企业共治共建的工作体系,与中国文化产业协会达成战略合作,以信用为标准,创新开展文化行业评价工作,充分发挥行业协会、社会组织等的桥梁和纽带作用,凝聚发展合力。三是优化文创产业扶持机制,在深化落实文创产业发展促进政策的基础上,用好专项扶持资金,支持文创企业参与国家高新技术企业认定,以助推重点领域跨越式发展,引领文创产业发展方向。

(二)优化政策环境,形成集成创新优势

以激发文创产业发展活力为目标,文创实验区坚持"问题导向"与"需求导向",加强政策集成创新。一是优化政策落地实施环境,加强政策宣传解读。开展"政策大讲堂""精准服务促发展"等系列活动,增进企业对相关政策的了解和运用,为政策先行先试营造优良环境。二是深化政策集成创新优势,推动顶层设计、文化科技、文化金融、文化市场准入等政策集成创新。制定《推进国家文化产业创新实验区建设行动计划》,紧密对接全国文化中心"一核一城三带两区"建设;编制《文创企业认定高新技术企业工作指南》,助力文化科技融合发展;出台《朝阳区促进国家文化产业创新实

验区建设发展引导资金管理办法（试行）》，落实"政策十五条"，实施"蜂鸟计划"，提供多元融资解决方案；制定《北京市朝阳区文化创意产业发展指导目录》，推动高端业态集聚，严格产业准入；形成《国家文化产业创新实验区发展总结报告（2014~2017）》，系统梳理总结文创实验区成立三年来的发展成效和经验启示，为全国文化创意产业发展提供可推广的经验。

（三）健全市场体系，营造良好发展生态

文创实验区充分发挥新一轮服务业扩大开放的综合试点区的积极作用，优化营商营文环境，加强文化法治环境建设，激发文化市场活力。一是创新搭建行政审批服务平台，设立CBD、双桥两个企业登记服务站，简化行政审批流程；编制发布北京市首个《文创企业行政审批事项办理指南》，提高企业办事效率。二是成立北京市首个文化创意领域知识产权保护分中心，下设5个工作站；推动全国首个国家级版权监测中心平台、全国首个国家版权创新基地、北京文化产权交易中心影视产权交易平台、北京版权保护中心等多个平台项目落户文创实验区，形成功能较为完备的知识产权保护体系。三是推进"智慧实验区"建设，建立文创企业大数据信息系统，打造文创实验区信息服务平台、宣传推介平台、孵化创新平台等公共服务体系，为文创产业融合、创新、协同发展提供良好的服务环境。

（四）完善金融服务，加速产业创新升级

针对文创企业普遍存在的"融资难、融资贵"问题，文创实验区积极探索构建文化金融服务新模式，开创"信用筑基、政策架桥"的金融服务体系。一是设立100亿元的朝阳区文化创意产业发展引导基金，并分设"文化科技融合发展""京津冀文化产业协同发展"等5只子基金，以政府引导资金吸引和撬动社会资本注入重点文创领域。二是建设北京市首个文化金融服务中心，打造线上线下相结合的"文化金融服务超市"，延长文创实验区文化金融服务链条。三是吸引更多专业机构力量"加码"文化金融服务体系，与4家银行、7家信用评级机构及8家担保机构达成战略合作，支

持北京银行在文创实验区成立文创专营支行。四是文创实验区企业信用促进会在13个文创园区建立了信用工作站，区域融资环境显著改善。截至2017年底，已发展会员200家，帮助文创企业降低融资成本28.3%。

（五）加快人才培养，强化高端智力支持

为聚集文化创意产业优秀人才，营造良好创新创业环境，文创实验区依托各类人才政策，探索建立优秀人才培养、引进、认定、激励等服务体系。一是落实"海聚工程""凤凰计划"及高端商务人才等人才政策，推动朝阳区10项外籍人才新政落地。2015~2017年，已有90余家文化科技类企业人才获得"凤凰计划"的认定和资助。二是联合北京朝阳海外学人中心、中国与全球化智库、真格基金等共同打造归国创业"一站式"服务平台——北京朝阳海外学人创业大会（OTEC），促成"人才、项目、技术、市场、资本、政策、场地、服务"全面对接，营造海外学人创新创业生态圈。三是落实中央《关于加强中国特色新型智库建设的意见》，打造"1＋N"高端智库体系，形成专家指导文创实验区建设的长效机制，发挥专家顾问的决策咨询、桥梁纽带和引领示范作用。

（六）创新发展模式，打造产城融合示范

以"坚持双效统一、互促共享原则"为抓手，文创实验区积极推广城市更新新模式，引领产业事业融合发展，优化区域发展环境。一是坚持"以产兴城、以城促产、产城融合"的文化发展理念，全力实施"基础设施、环境建设、产业发展、公共服务、社会治理"五大提升工程，城市品质显著提升。二是深化区域党建工作，把党的建设与区域发展统筹考虑、谋划和推进。截至2017年底，文创实验区内共成立党组织791个，覆盖企业近2000家，重点文创企业的党组织覆盖率达到84.6%。不断加强园区企业党建工作，在莱锦、郎园Vintage等重点文创园区设立党建工作站，社会治理体系日益健全。三是推广和复制通过旧工业厂房改造利用、传统商业设施升级、有形市场腾退转型三种以文创产业发展促进城市更新的成功模式，盘

活存量产业空间资源，加快由空间拓展换增量转向疏解功能谋发展，倒逼产业结构转型升级、城市功能优化调整，实现"腾笼换鸟"、涅槃重生。

（七）推动区域协同，构建共赢联动格局

文创实验区充分发挥区域文化资源要素集聚和产业外溢效应，围绕重点产业延伸拓展服务链、供应链，服务区域文创产业协同发展。一是打造京津冀三地文化产业协同发展引擎，与中国文化产业协会共同建设成立京津冀文化产业协同发展中心，培育协同发展内生动力。二是推动建立区域间产业合理分工和上下游联动机制，引导国安、北汽等企业在天津、河北等地拓展品牌运营，与天津生态城国家动漫园、迁安文创共享产业园开展战略合作。三是积极开展与北京市其他文创产业功能区及全国其他区域在文创产业发展上的交流合作，2015~2017年，共接待各级文创产业官方参观考察团205批次10215人次，为全国文创产业发展起到良好的示范带动作用。

三　发展思路

在新的时代节点上，文创实验区需要抢抓产业发展风口，全力深化改革创新，提高资金、人才、知识产权等要素供给水平，扩展文创产业发展空间，激发文创企业发展活力，强化高端业态引领，促进文化贸易和国际交流大发展、大繁荣，努力建设成为京津冀文化产业协同发展的枢纽中心、全国文化市场中心和国际文化交流中心。

（一）强化精细管理，护航政策先行先试

强化政策引领功能。充分结合部、市、区三级政府的重要指示，立足文创实验区发展实际，促进上级政策的先行先试，积极贯彻落实北京市在文化创意园区、老旧厂房保护利用等方面的相关政策，大力开展具有示范作用、引领效果的先行先试政策试点，深化"一区一试点"改革，在文化金融、文化消费、文化贸易、文化保税等方面积极争取上级支持，立足文化科技、

文化土地、市场准入等领域开展政策创新，力争成为文化创新与文化政策先行先试的桥头堡和试验田。

建设高端文创智库。打造文创实验区高端文创智库，组建由文创领域学术界、业界专家以及专业咨询机构组成的智库体系，围绕大运河文化带建设、全国文化中心建设等主题，开展常态性、专题性统计分析和政策研究，为文创实验区的建设发展提供研究参考。依托文创智库的研究优势，立足首都文创产业发展的趋势与战略机遇，谋划下一步文创实验区向引领区功能升级的发展路径。

实施大数据精细化管理。借鉴美国硅谷指数、中关村指数的编制思想，遵循独立客观、资源开发原则，探索建立一套能够全面反映和深入刻画文创实验区发展水平的体系模型，构建定期追踪、统计监测、动态反馈机制，为创新引导文创产业提质增效提供抓手。健全文创实验区官网、App功能，建立文创实验区运营管理"云中心"，导入工商税务、资金申报、政策传递、业务对接、空间租赁、信用评估等多维信息要素，实现文创实验区管委会与文创企业、文创园区的精准对接，提高精细化管理水平，引导高端文创资源要素聚合。

（二）完善要素供给，重塑产业服务生态

建设文化金融高地。推动建设文创实验区文化金融服务中心，积极推动朝阳区文创产业发展基金投入运作，促进文化金融产品创新，支持文创企业充分利用定增、并购、债券、ABS、票据等直接融资工具扩大融资规模，鼓励金融机构开展无形资产融资租赁以及文化产品保险服务；加大对文创企业的信贷支持力度，鼓励商业银行建立文创分行或支行，针对中小文创企业定制信贷产品，开发知识产权、艺术品质押以及文化消费信贷模式。充分发挥文创实验区企业信用促进会的信用宣传、信用服务、信用监督三大职能，建立健全文创实验区企业信用数据库，完善文创实验区信用体系。进一步优化文创实验区建设发展引导资金评审程序，创新资金政策宣传方式，定期举办政策解读会，充分借助新媒体传播渠道，提高资金政

策知名度；提高资金审批效率，精简资金审批流程，为文创企业抢抓发展机遇提供资金保障。

健全人才服务机制。持续推进人才引进，深入贯彻落实北京市"海聚工程"、朝阳区"凤凰计划"等人才政策，建立健全文创人才信息库，定期调研区内文创企业人才需求类别及规模，着力引进文创产业发展急需的高素质人才，推动公租房、共有产权房、科研支持等保障政策向文创人才倾斜。加强文创人才培育，支持文创企业、高校、科研院所联合建立人才培养基地，为高层次人才提供国际学术会议和技术交流活动机会，定期举办人才研修培训班，培养一批国际化、高素质、复合型文创人才，夯实文创实验区创新发展的智力基础。

打造知识产权功能矩阵。加大对知识产权申报、保护、质押、交易的扶持力度，营造鼓励创新、支持原创的社会氛围。鼓励文创企业开展商标权、著作权、专利权的开发与申报；以文创实验区12330知识产权保护服务分中心、中国版权协会版权监测中心平台、国家版权创新基地为依托，增加知识产权保护服务工作站设立数量，与律师事务所或知识产权专业机构开展合作，通过"线上+线下"相结合的方式为文创企业提供知识产权保护、侵权、诉讼领域的咨询服务；鼓励文创企业开展知识产权质押，探索建立科学的知识产权评估机制，建立健全风险分担和补偿机制；发挥北京文化产权交易中心影视产权交易平台的机制作用，建立健全知识产权交易市场，支持知识产权中介机构发展，畅通文创科研成果应用转化通道，激发文创企业的创新研发热情。

（三）拓宽文化空间，赋能重点企业发展

提升文化空间承载能力。打造文化空间资源数据库，摸清文创园区、众创空间发展底数，着力引入旗舰型、功能型、平台型文创项目。鼓励园区申报认定北京市文化创意产业园区，加快打造品牌示范园区，支持文创园区加强基础配套设施建设，开展政策咨询、行业培训、法律咨询、市场营销等公共服务，形成一批功能提升、创意集聚的文创园区。引导工业存量遗产转型

发展文创产业，追踪更新工业厂房数据库，把握园区动态需求，立足行政审批、发展规划、主导业态、企业布局等方面加大扶持力度，形成旧工业厂房改造利用的文创实验区模式。发挥众创空间的创新孵化作用，深入贯彻落实"大众创业、万众创新"，鼓励众创空间立足地产租赁和创业孵化等基础服务，广泛拓展投资对接、模拟路演、品牌宣传等附加功能；支持申报认定国家级、市级众创空间，鼓励品牌化众创空间试水连锁化经营，实现经营模式输出，提升文创实验区的创新孵化能力。

激发文创企业发展活力。完善对"蜂鸟企业"的认定和管理机制，优化和细化认定程序，提高多层次融资支持水平，完善人才保障程度，提供资源对接、知识产权、政策咨询等立体化服务，鼓励"蜂鸟企业"加强文化科技创新和内容版权化。深化与上交所、深交所的战略合作，加快建设上市培育基地，鼓励文创企业登陆资本市场，坚持"储备一批、股改一批、辅导一批、上市一批"的动态发展思路，开通文创企业上市"绿色通道"，打造多层次、高水平、有活力的文创资本市场；提高已上市企业发展质量，协助对接战略投资者，鼓励面临发展瓶颈的传统企业转型布局文创产业。充分发挥"独角兽"企业的龙头引领和产业链协同作用，以创意设计、数字文化、文化传媒等高附加值产业为导向，重点引进一批竞争力强、产业协同效果突出的文创"独角兽"企业，提升文创实验区的品牌辐射力，充实上市企业和"独角兽"企业的"战略储备库"。

（四）培育高端业态，推动产业融合向纵深发展

加快"高精尖"结构构建。聚焦高端功能定位，坚持"高精尖"发展战略，深入贯彻落实《北京市朝阳区文化创意产业发展指导目录（2016年版）》，严控文创市场准入，着力集聚高端业态、高端环节、高端功能，提升产业发展能级。围绕科技含量高、创意程度高、附加值高的移动新媒体、数字娱乐、数字出版等"高精尖"领域，针对内容原创、成果转化、品牌培育、市场推广等核心环节，强化创意孵化、科技服务、资源对接等高端功能，加快构建文创实验区"高精尖"经济结构。

深化"文化+"发展战略。促进文化与科技、商务、旅游等业态融合发展，释放经济发展新动能。推进"文化+科技"融合，把握"互联网+"发展契机，利用人工智能、区块链、大数据、超高清等科技要素创新文化传播渠道和交互方式，借助文化内容开拓科技应用场景，促进文化与科技的双向交互融合，强化文化对科技的软支撑作用、科技对文化发展的引领作用，推动数字出版、大数据营销、互联网泛娱乐产业等融合业态的变革式发展。推进"文化+商务"融合，依托北京商务中心区（CBD）的商业集聚优势，营造商业领域的文化氛围，推进文创商业街区建设，鼓励商业与文化娱乐设施相结合；挖掘中华"老字号"的商业价值，推动更多文创实验区"老字号"入选"北京礼物"；鼓励文创企业在演艺、动漫、游戏、票务领域加强与电子商务的融合。推进"文化+旅游"融合，坚持"文化为魂，旅游为体"，提升中国紫檀博物馆、高碑店民俗文化街等旅游资源的发展能级，充分挖掘民俗文化、工艺美术等传统文化资源的旅游开发价值，在文旅融合时代背景下为文创实验区发展培育新动能。

（五）发力文化出海，彰显高端品牌形象

加快文化贸易发展。依托中国（北京）国际服务贸易交易会，充分发挥文创实验区作为首批北京市服务贸易示范基地的引领示范作用，鼓励园区企业参加境内外国际化文化展会，扩大文化贸易规模，优化文化贸易结构，发力文化精品出海。拓展文创企业"走出去"渠道，鼓励网络游戏、影视娱乐、数字出版类文创企业以新设、收购、参股等方式在境外设立分支机构，布局国际化营销网络；引导文创企业加大内容创新力度，开发面向国际市场、体现文创实验区特色的文化精品，在内容翻译、当地经济环境解读、市场开拓等方面予以支持。促进国际先进服务"引进来"，满足人民群众日趋升级的文化需求，吸引海外优质文创企业总部入驻，强化文创实验区跨国公司总部集聚优势。

促进文化交流繁荣。充分运用海外文化节、文化展览、旅游推介等活动平台，定期开展海内外成果交流展示，评选并组织园区、众创空间、企业的

核心管理人员和技术人员赴日本、美国等文化发达国家学习访问，邀请海外知名作家、艺术家、导演、文化学者召开讲座，推动中外文化交流互鉴，打造全方位、多层次、宽领域的文化交流模式，充分展示文化自信，助推文创实验区品牌的国际化传播。

塑造高端文化品牌。深入挖掘文创实验区的文化历史资源，精心制作文化宣传相关视频、歌曲、H5 页面，充分利用全媒体资源进行输出和宣传，打造多媒体宣传矩阵，展示文创实验区既富含文化底蕴又大胆创新的品牌形象。整合现有文化活动品牌，提升国家文化产业创新实验区发展论坛、"智汇三三"高端沙龙系列活动、"精准服务促发展"系列活动的内涵品质，扩大品牌活动的知名度和国际影响力。借助北京文博会、CBD 商务节等活动平台，适时发布文创实验区在产业促进政策、公共数字平台、重点园区项目等方面的重大成果，彰显文创实验区文化品牌的影响力。

B.3
东城区：文化与金融融合更加紧密，文创"高精尖"特色凸显

向旭东*

一 东城区文化创意产业发展现状

东城区文化资源丰富，文创产业发展基础较好，十多年来坚持实施"文化强区"战略，文创产业一直保持较高增速。近年来，东城区紧紧围绕"疏解整治促提升"工作主线，持续打造"高精尖"经济结构，文化创意产业发展态势良好，产业规模在北京市各区中位列第三。文化创意产业增加值占GDP的比重不断上升，2017年达到14.3%。全区限额以上文创企业实现收入2029.9亿元，占全市的12.5%，位居全市第三。文化艺术服务、文化休闲娱乐服务、新闻出版及发行服务、艺术品生产与销售服务等行业在全市保持领先水平①，2017年行业总体收入分别占全市收入的21.8%、19.2%、25.7%、56.6%。2017年，东城区新增2家上市文化公司、8家新三板挂牌文化公司。

（一）产业保持持续较快发展

2014~2017年，东城区文化创意产业保持平稳较快的发展势头，年

---

* 向旭东，东城区文化发展促进中心主任。
① 根据北京市2015年12月30日发布的《文化创意及相关产业分类》，文化创意产业包括文化艺术服务、新闻出版及发行服务、广播电视电影服务、软件和信息技术服务、广告和会展服务、艺术品生产与销售服务、设计服务、文化休闲娱乐服务、文化用品设备生产销售及其他辅助服务九大类。

均增速达 9.8%，持续实现较快增长，充分发挥了拉动新经济增长的引擎作用。2017 年，东城区文化创意产业增加值比上年增长 8.3%，对全区经济增长的贡献率达到 16.5%，高于全区经济增速 2 个百分点。

（二）"高精尖"特色日益凸显

2018 年，东城区文化创意产业"高精尖"特色进一步凸显，产业融合、联动、集聚、创新的趋势进一步增强。在 2018 年第十届"全国文化企业 30 强"评选中，东城区内的中国出版集团、中国教育出版传媒集团和保利文化集团入选。在 2016 年第二届"首都文化企业 30 强、30 佳"评选中，东城区分别有 10 家、6 家企业入选，入围企业在坚持主流价值导向、落实国家规划战略、履行社会责任等方面表现突出，成效显著。

（三）文化与金融融合更加紧密

东城区文化创意产业与金融业增加值占 GDP 比重近四成，且文创企业中，内容生产企业占比较高，占据产业链核心环节。据东城区文化发展促进中心抽样统计，区内内容生产企业占文创企业总数的 20.4%，占据产业主导地位，具备产业优势；在创建国家文化与金融合作示范区的过程中，东城区吸引了大量文化金融机构的关注和参与，2017 年新设文化创意产业市场主体 789 家，新设金融行业市场主体 30 家。

二 东城区推动文化创意产业发展的主要工作

（一）推进文化体制改革，完善"大文化"工作格局

出台《东城区实施"文化强区"战略推进全国文化中心建设行动计划（2017~2020 年）》，成立东城区推进全国文化中心建设领导小组，下设"一办六组"，明确产业组三项重点任务。发挥东城区文化创意产业联席会作用，根据工作需要召开联席会商议产业发展工作。

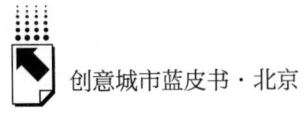

（二）落实完善产业政策，构建"高精尖"经济结构

编制《"十三五"时期东城区文化创意产业发展规划》，明确产业布局。落实东城区文创专项资金支持政策，2016年共有29个项目获得2208.15万元专项资金支持，2017年专项资金评审工作正在进行，共有196个项目申报，100个项目通过专家立项评审。完成"文菁计划"政策研究，针对优秀文创企业制订专项扶持计划。研究制定文化金融支持政策。筹备搭建文创产业线上综合服务平台，进行文创产业信用评价体系前期调研。

（三）创建国家文化与金融合作示范区，打造特色文化名片

创建国家文化与金融合作示范区取得积极进展。编制示范区创建方案并通过北京市推进全国文化中心建设领导小组办公室审议。2017年11月23日，北京市政府批复同意东城区创建国家文化与金融合作示范区。2018年1月，北京市文资办牵头向文化部（现为文化和旅游部）、中国人民银行、财政部报送示范区创建申报材料。下一步文化和旅游部将会同中国人民银行、财政部组织专家对示范区创建方案进行评估。筹备设立东城区文化创意产业引导基金。举办"2017北京文创产业投融资年会暨文化金融合作峰会"，发布文化金融发展报告。与上交所签订战略合作协议，共建文创企业上市培育基地。推进文创银行落地东城区，2017年10月，东城区首家文创专营支行北京银行雍和文创专营支行揭牌，随后华夏银行、杭州银行、北京农商银行分别挂牌成立北京文创产业管理部、北京文化金融事业部和文创金融服务中心。研究完成北京文化金融服务中心建设方案。

（四）推进重点项目建设，优化产业空间布局

支持嘉德艺术中心项目建设，2017年嘉德艺术中心开业运营。扎实推进北京国际戏剧中心征收项目。指导隆福寺地区业态规划，隆福大厦装修改造完成并启动招商。支持永外城国际文化创意产业园建设筹备，支持世纪天

鼎转型升级。青龙文化创新街区项目有序推进，完成街区改造提升概念性规划，与歌华集团、丹麦企业代表签署青龙项目合作框架协议。引进保利影业投资有限公司和光大文化投资有限公司入驻东城区。2018年初，东城区与故宫博物院签署全面战略合作协议，将把故宫博物院近现代文物馆、文创馆、冰窖餐厅等项目落地隆福寺、前门等地区。

（五）积极打造品牌文化活动，提升东城区文化影响力

举办"地坛庙会走出去"品牌文化活动，2017年成功举办"地坛庙会台北之旅""地坛庙会莫斯科之旅"。完成历年北京文博会东城展区工作，连续4年获得"最佳展示奖"和"最佳组织奖"，2017年文创企业签约金额达9.8亿元。参与历届北京市文化创意创新创业大赛、北京惠民文化消费季、北京国际设计周等活动。2016年、2017年连续两年获得北京惠民文化消费季"优秀组织单位"。继续开展"骑迹东城""券游东城"等文化旅游活动，旅游文创产品不断丰富。做强"戏剧东城"品牌，2017年推出五大戏剧节，共上演剧目145部。连续三年编制《东城区文创产业发展报告》（白皮书）。

（六）主动服务文创企业园区，搭建展示交流平台

积极推荐区内文创企业参加国家、北京市各项评选。近年来保利文化集团、中国对外文化集团、中国教育出版传媒集团、中国出版集团4家企业成功入选"全国文化企业30强"。为区内企业提供上市指导服务。2017年中国科技出版传媒集团有限公司、中国出版传媒股份有限公司实现主板上市。编辑发行《东城创意家》杂志，为区内企业提供展示平台，2017年共出刊4期。启动东城区文化创意产业公共服务平台（线上）搭建工作，一期工程包含东城区文化创意产业专项资金申报系统、东城文化创意产业网和"文化东城"微信公众服务号，2018年10月正式上线运营。规范化管理"创意+"微信群，畅通政企对接渠道。举办5期东城区文创企业高端人才研修班，累计培训东城区文创企业中高层管理者500余人。

三 文化创意产业发展环境分析

从国家导向来看,党的十九大报告提出要满足人民过上美好生活的新期待,必须提供丰富的精神食粮,推动文化事业和文化产业发展。健全现代文化产业体系和市场体系,创新生产经营机制,完善文化经济政策,培育新型文化业态。2018年全国"两会"期间,《文化产业促进法》被正式列入立法规划。

从北京市来看,有序疏解非首都功能,将为全市文化创意产业发展提供新的战略空间。一是建立工作机制。2017年,北京市成立推进全国文化中心建设领导小组,设立"一办八组",其中产业发展组由市文资办和市旅游委牵头负责。明确了"一核一城三带两区"的文化中心建设总体框架,为优化全市文化创意产业发展布局明确了方向。二是明确产业定位。2016年市委宣传部牵头制定出台了《北京市文化创意产业发展指导目录(2016年版)》,第一次对文化创意产业规定了限制发展和禁止发展的领域。三是制定产业政策。2017年9月,北京市委、市政府印发了《关于率先行动改革优化营商环境实施方案》,从加大奖励力度、减轻税费负担、优化办事流程等方面,把北京打造成开放型经济新体制的"排头兵"。随后,北京市委、市政府分别印发了《关于保护利用老旧厂房拓展文化空间的指导意见》《关于加快市级文化创意产业示范园区建设发展的意见》《关于促进首都文化金融发展的意见》《北京市引进人才管理办法(试行)》等政策文件。2018年6月,北京市委、市政府印发《关于推进文化创意产业创新发展的意见》,为文创产业发展进一步指明了方向。

四 东城区推动文化创意产业发展下一步的工作思路

下一步,东城区将在推进全国文化中心建设的过程中,以创建国家文化与金融合作示范区为契机,进一步推动文化与金融、商业、体育、科技、商务深度融合,全力打造"文化+"高端服务业总部集聚区。具体包括以下几个方面。

(一)抓政策,营造良好营商环境

大力布局东城区文创产业的优势板块,补充完善区内产业政策,满足文创产业市场主体多元化需求。修订东城区文创专项资金管理办法,完成2017年、2018年文创项目征集、评审工作,积极支持文创企业拓展新项目、新领域。探索建立"补贷投"联动等金融服务创新模式,为文创企业融资提供综合解决方案,鼓励金融资源向文创产业集聚。举办"2018北京文化金融合作峰会",继续发布东城区文创产业年度白皮书和文化金融白皮书。

(二)抓项目,优化升级空间载体

落实《关于保护利用老旧厂房拓展文化空间的指导意见》等文件,推进老旧工业厂房、腾退空间等拓展为文创园区。支持区内文创园区争创市级文创产业园区、示范园区,完善区内文创园区评价体系,进一步提升"胡同创意工厂"品牌。开展国家文化与金融合作示范区空间、业态规划布局研究。充分挖掘区内空间资源潜力,培育文化金融业态,引进文化金融龙头企业。支持王府井街区转型发展,推动文化体验、商业商务和旅游休闲深度融合。积极推进故宫博物院近现代文物馆、故宫文创馆等项目在隆福寺和前门地区落地。支持永外城、世纪天鼎等空间转型升级为文化创意产业园区。

(三)抓龙头,发挥示范带动作用

继续招大引强,通过一事一议等方式引进在行业发展中起到示范作用的龙头企业和"独角兽"文创企业。制订和实施"文菁计划",通过加强对有成长潜力企业的发掘和服务,培育文创行业未来的龙头企业。发挥好区内中央文化单位和行业龙头企业等资源优势,激发其创新活力,推出一批代表国家水准、体现首都特色、实现两效统一的文化产品和服务。加深与龙头企业的沟通与合作,实现资源共享,让企业参与到东城区文化发展中。积极推动航星园影视科技创新中心建设,依托光线传媒、好莱坞影视中心等驻园区企业,打造涵盖剧本创作、摄制发行、衍生品开发等环节的电影全产业链。

(四)抓平台,整合盘活行业资源

搭建文创企业和项目库大数据服务平台,实现产业动态监测。建立东城区文创产业信用促进会,构建文创企业信用评级体系。推进北京文化金融服务中心等平台项目落户东城区,提升文创企业融资、上市服务水平。升级北京市文化产权交易中心,逐渐形成以文化资产评估、确权、结算、交易、投融资为重点的文化产权交易产业链,掌握文创产品和服务的定价权与话语权。

(五)抓队伍,建设文创人才高地

大力引进和培养文化创意产业领域的顶尖人才以及文化与金融、科技、体育、商业、商务等业态融合的复合型人才。制定人才队伍建设中长期规划,完善人才认定办法,明确东城区文化创意人才引进、培养方向。制定实施《关于建设东城区人才发展高地的实施意见(2018~2022年)》《东城区集聚人才"集贤计划"实施方案(2018~2022年)》,聚焦打造文化金融、非遗老字号等六大人才发展高地,分层分类制定引才育才政策,形成人才集聚效应。进一步提升人才住房、子女教育、就医等服务保障能力,优化人才发展环境,增强区域人才吸引力。

B.4
西城区："一补两提升"，推动文化创意产业融合发展

岑运东[*]

西城区地处古都中轴线西翼，作为北京建城和建都的肇始之地，历史文化资源丰富，金融业高度发达，文化创意产业蓬勃发展，高新技术产业潜力巨大，各类商业繁荣兴旺。古老与现代相互交融，科学与人文交相辉映。在50.7平方公里的西城区境内，历史文化资源丰富，传统文化底蕴深厚。全区共有历史文化保护区18片，不可移动文物181处，国家级、市级和区级非物质文化遗产162项。辖区内皇家宫苑、王府私邸、故居会馆、寺观坛庙、民俗市井星罗棋布，是皇城文化、民俗文化、宗教文化、缙绅文化等各种文化高度融合的区域。

一 文化创意产业总体情况

2017年，西城区按照"发展质量要提高、人口规模要适度、管理水平要精细、城市环境要最好"的要求，产业发展进入重要转型调整时期。产业发展格局基本形成，产业服务体系逐步完善，支柱产业的地位日趋稳固，成为新的经济增长极。

截至2017年末，西城区共有规模以上文化创意产业单位689家，在九大领域实现收入899.4亿元，实现利润总额91.5亿元。其中，现代服务业仍占主导地位，583家现代服务业法人单位实现收入628.2亿元，同比增长

---

[*] 岑运东，西城区产业发展促进局局长。

6.5%，实现利润总额73.6亿元，同比增长10.5%。2017年西城区规模以上文化创意产业九大领域收入占比情况见图1。

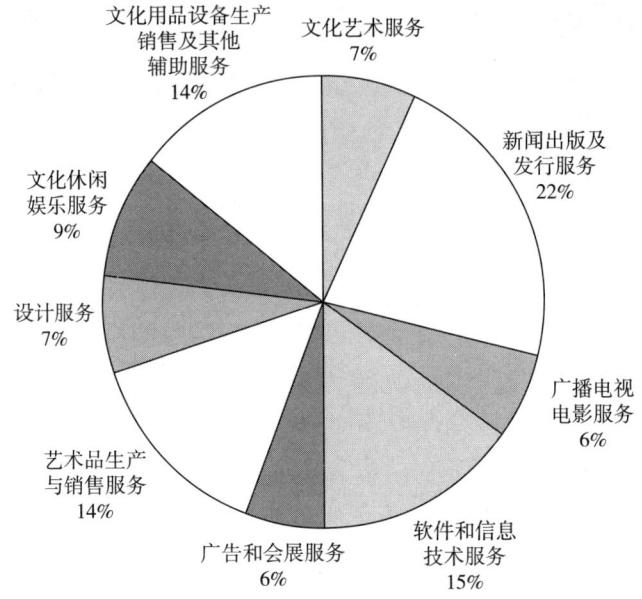

图1　2017年西城区规模以上文化创意产业九大领域收入占比情况

二　文创产业发展特点

（一）新闻出版及发行服务领域

2017年，新闻出版及发行服务业实现收入199.0亿元，占规模以上文化创意产业收入的22.1%，位居九大领域之首。实现利润总额24.5亿元，占规模以上文化创意产业利润总额的26.8%。从2015～2017年的数据来看，整个领域中规模以上单位数量和从业人员数量趋于稳定，收入和利润呈现稳中有升的态势（见图2）。

（二）软件和信息技术服务领域

顺应"互联网+""文化创意+"发展趋势，文化与科技持续深度融合，

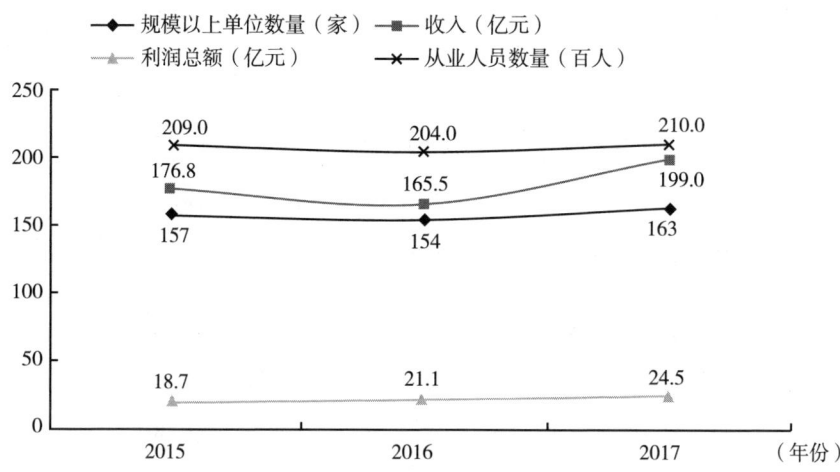

图 2　2015～2017 年新闻出版及发行服务领域主要指标情况

软件和信息技术服务业继续保持较快增长,体量规模上的引领地位进一步提升。2017 年,软件和信息技术服务领域实现收入 136.0 亿元,实现利润总额 35.9 亿元。从 2015～2017 年的数据来看,整个领域规模以上单位数量和从业人员数量基本稳定,收入和利润总额呈现稳中有升的态势(见图 3)。

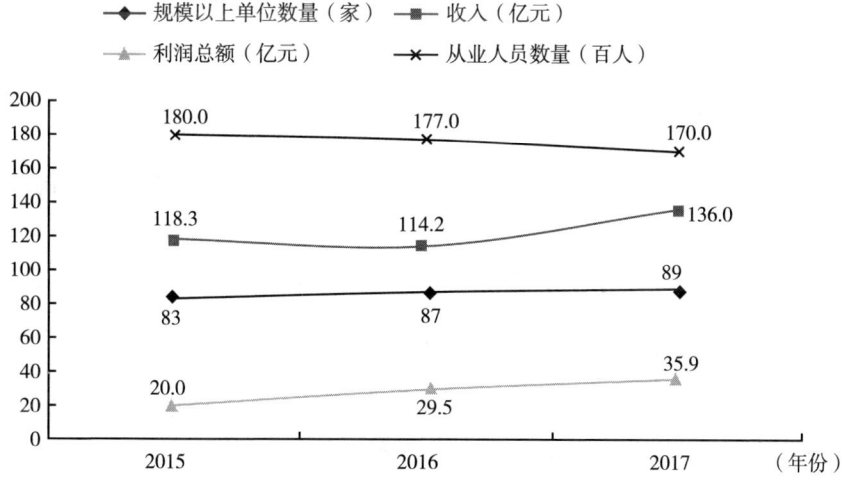

图 3　2015～2017 年软件和信息技术服务领域主要指标情况

（三）设计服务领域

西城区为推动跨地区文化产业协作，为企业出京发展创造条件、提供优质空间，引导高端要素向外辐射，促进区域合作。工程设计类企业在政策引领下加速飞地发展，扩大业务覆盖范围，带动设计服务领域迅猛发展。2017年设计服务领域实现收入65.9亿元（见图4）。

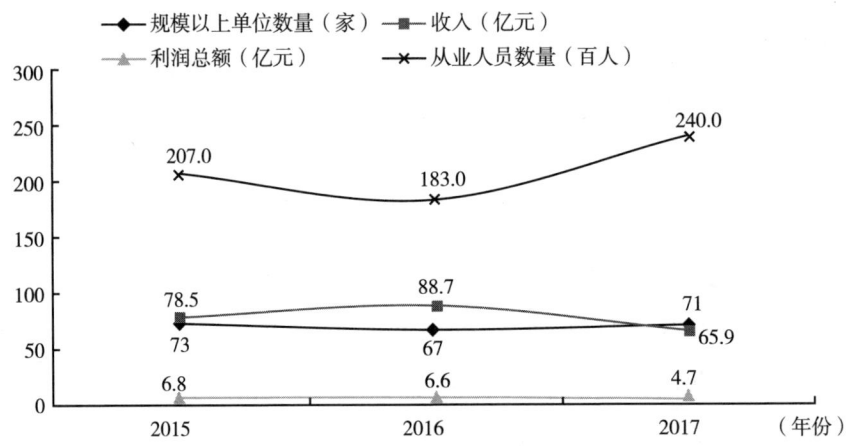

图4　2015～2017年设计服务领域主要指标情况

（四）艺术品生产与销售服务领域

受生肖纪念币等相关艺术品销量下降等因素影响，艺术品生产与销售服务领域收入、利润总额均明显下滑，在文化创意产业中的支撑地位明显变弱。2017年，艺术品生产与销售服务领域实现收入129.7亿元；受金价波动影响，利润总额持续下行，为9.6亿元（见图5）。

三　产业发展思路

深入学习贯彻党的十九大精神，以推进全国文化中心建设为主线，以

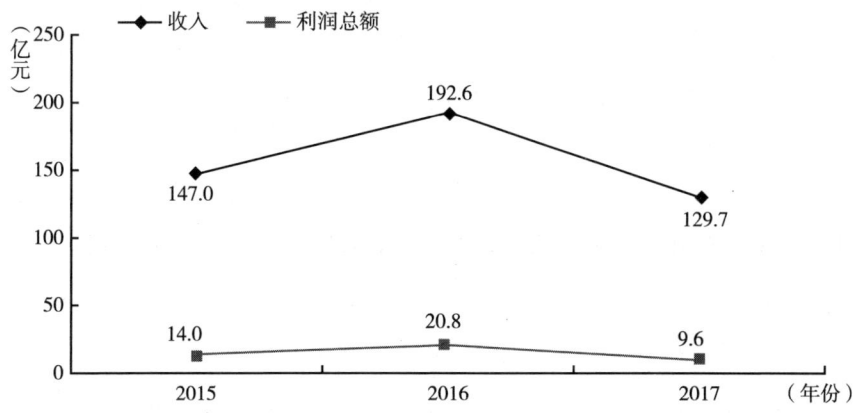

图 5　2015～2017 年艺术品生产与销售服务领域主要指标情况

"一补两提升"为工作重点，聚焦创新驱动、价值驱动、效益驱动、人才驱动，着力构建"高精尖"经济结构，促进文化创意产业与其他产业融合、联动发展，构建具有西城特色的文化创意产业发展体系。以补政策、服务、机制等短板为基础，勤奋务实开创工作新局面；以提升效益为核心，提高产业承载能力和竞争力；以提升品质为目标，提高文创产业影响力和品牌知名度。

（一）夯实基础，以需求为导向，通过对产业规律性的认识推动产业健康发展

一是以规划、计划和政策制定为先导，谋划长远发展。编制《西城区文化创意产业发展三年行动计划（2018～2020年）》，明确文化创意产业发展定位、发展目标、重点任务及保障措施。加快编制《关于促进西城区文化创意产业创新发展若干政策》，围绕文创园区建设、文创企业培育、文化金融、文化品牌、领军人才、优化营商环境六个方面制定专项扶持政策，切实发挥政策的导向作用，推动文化创意产业健康、快速发展。

二是优化企业服务，提升文创园区的发展品质。加强学习与交流，举办

西城区文创园区培训会，组织调研考察活动；不断优化营商环境，协助天宁1号产业园区开展一期招商工作，继续提升西什库31号、西海48、新华1949等文创园区的发展品质，积极培育西皇城根21号、北京印钞有限公司等一批新兴文创园区。

三是完善人才支撑体系，为产业发展提供人才保障。推荐20余人次参加北京市举办的首都文化创意产业投融资培训、北京文化创意产业高级人才研修班等人才培训；2人次入选"首都文创杰出人物"；1人、2个团队项目、1个集体项目获2017年度西城区优秀人才培养资助。

（二）以疏解非首都功能为契机，实现"腾笼换鸟"，构建"高精尖"产业结构

一是开展西城区存量资源全面摸底调查工作。形成《西城区存量资源调查数据汇总》《西城区存量资源调查分析报告》，通过调查共筛选出117个项目，建筑面积总计139万平方米。其中，闲置项目79个，共计59万平方米；疏解项目11个，共计38万平方米；升级项目27个，共计42万平方米。根据有一定规模、产权相对集中的原则，筛选出42个重点闲置项目，共计47万平方米，加强存量空间资源的集中优化配置，进一步增强首都核心功能。

二是加强产业研究，构建"高精尖"产业结构。开展北展地区升级改造及发展定位研究，形成了《北展地区升级改造项目产业专题研究》《北展地区升级改造项目产业导入研究》《北展地域升级改造项目产品发展定位》三个研究报告。

（三）树立品牌意识，打造具有影响力的品牌文化活动，彰显区域文化魅力

构建历史与现代共生、中西方文化交融、可持续发展的文化生态，打造具有当代中国文化特色的创意产业活动。

一是围绕"欢享中国式新生活"，通过"设计改变生活""阅读丰富生活""艺术创造生活""历史传承生活""城市美好生活""美食品味生活"等板块，举办了北京坊新春文化坊会。

二是以"匠心营造·中国式新生活"为主题，为企业搭建国际化的宣传推介平台，全面展示西城区文化创意产业发展全貌。

三是举办以"文化消费、惠民惠企"为主题的第五届西城区惠民文化消费季活动，推出"都市艺术嘉年华""当代小剧场戏曲艺术节"等特色展演活动，北京天桥艺术中心和大栅栏及东琉璃厂文保区被评为北京十大文化消费地标。

四是以"汇智共享·中国式新生活"为主题，推出大栅栏"设计更新中国城市、设计点亮中国生活"、白塔寺"新邻里关系"、什刹海"院落共生的城市家园"、天桥艺生活四个主题街区。

（四）凝聚发展共识，统筹各方资源，促进产业融合发展

一是组织召开西城区文商旅产业融合发展联席会，牵头制定了《西城区文商旅产业融合发展联席会议工作制度》《西城区促进文商旅融合发展相关资金管理办法》，促进文商旅融合发展。

二是制定了《西城区推进全国文化中心建设产业组工作方案》《产业发展组落实北京市推进全国文化中心建设工作项目库》，按照"细化、量化、项目化、具体化"的工作要求，提出顶层设计与综合协调、文化内容、文化旅游、文化金融、文化科技、文化功能区建设等重点任务。

三是西城区政府与北京服装学院签署战略合作框架协议，双方本着"资源共享、创新同步、优势互补、注重实效、共谋发展"的原则，建立战略性、紧密型的全面合作关系，为产业发展提供智力及人才支撑。

四是促进重大项目落地。着力打造"投联网西城系统"平台，促进区域空间资源与项目有效对接。2017年全年平台累计发布楼宇出租信息300余条、软文宣传4份、网上信息推送5000余人次、写字楼趋势双月分析报告3份。筹备第二十一届京港会，征集金融、文化创意、高新技术等产业项目18个，总金额为282.475亿元。

（五）积极推动京津冀文创产业协同发展，探索跨区共建共享新模式新格局

从跨区域合作提高产业辐射能力的角度出发，推动京津冀产业一体化和跨地区文化产业协作，实现扬长避短、优势互补、资源共享的新格局，并从政策、资金、项目等方面达成广泛合作。

一是积极开展京津冀协同发展背景下的交流合作创新机制研究，并组织北京内联升鞋业有限公司、北京市文物公司等11家企业，与河北省固安县政府及当地企业开展交流宣介活动；与河北省石家庄投资促进局联合举办"京津冀合作交流，打造城市PARK"活动。

二是作为主宾城区举办以"协力协同、共荣共赢"为主题的第五届京津冀文化创意产业合作暨项目推介会。

（六）打破"千园一面"，构建"一园一品"，打造特色化、精品化文创园区

充分发挥西城区的区位、资金、交通、信息等综合优势，打造产业特色鲜明、服务体系完善、示范效应突出、产业辐射能力强的品牌园区。明确园区的主导产业和发展特色。以品牌建设为着力点，提升园区发展品质，构建"一园一品"。

为促进文创产业的发展，2013年西城区政府确定了文化艺术、新闻出版、设计服务、艺术品交易、旅游休闲娱乐五个行业为区域发展重点，推动了北京天桥演艺区等多个重点园区的建设，认定了首批区级文化创意产业园区。2017年，西城区推动天宁1号文化科技创新园、西什库31号文化创意产业园完成升级改造，成为西城区文创产业园区的新生力量。

B.5
朝阳区:文化引领,高端发展,助力首都全国文化中心建设

杨 光*

2017年是党的十九大胜利召开之年,是深入贯彻落实习近平总书记北京重要讲话精神、落实首都城市战略定位、建设国际一流的和谐宜居之都的重要一年。作为全国文化中心建设核心区、首都文化发展大区和文化资源聚集区,朝阳区以国家文化产业创新实验区为重要抓手,围绕文化创意产业发展的体制机制、政策环境、金融服务等不断加大改革创新力度,产业发展环境日益优化,高端文化要素加快集聚,新兴文化业态迅速崛起,在疏解非首都功能、构建"高精尖"经济结构、推动京津冀文化产业协同发展、服务首都全国文化中心建设等方面发挥了重要作用。

一 产业发展概况

2017年,朝阳区文化创意产业规模逐步扩大,效益持续提升,产业结构及空间布局不断优化,已成为全区重要的支柱产业和经济转型升级发展的新引擎。

(一)产业规模逐步扩大,高端资源加速集聚

截至2017年12月底,朝阳区文化创意产业企业注册数达86611家,全年新增文创企业14364家,其中新增注册资本在1亿元以上的文创企业有

---

* 杨光,朝阳区委宣传部。

138家，注册资本在5000万元以上的文创企业有499家，注册资本合计达431.1亿元。2017年，全区规模以上文创企业单位数量为2597家，同比增长17.4%；规模以上文创企业资产合计5668.4亿元，同比增长11%；规模以上文创企业从业人员数量基本保持稳定。朝阳区培育了万达电影、蓝色光标、宣亚国际、掌阅科技等182家（含新三板170家）上市文创企业，其中2017年新增36家（含新三板33家）；集聚了阿里音乐、猫眼微影、一点资讯、得到App、映客等27家"独角兽"企业，涌现了一批植根于"互联网+"领域的特色产业孵化器和众创空间，区域核心竞争力日益增强。

（二）产业效益持续提升，支柱地位更加巩固

2017年，朝阳区规模以上文创企业实现收入3754.4亿元，同比增长19.7%，占北京市规模以上文创企业收入的23.2%；实现利润总额233.9亿元，同比增长80.8%。其中，文化休闲娱乐服务、广告和会展服务、文化艺术服务三个行业收入占北京市的比重分别为52.5%、44.4%、40.5%，文化创意产业已经成为朝阳区重要的支柱产业，影响力和竞争力持续增强。

（三）产业结构优化升级，融合业态发展迅速

进入新时代，朝阳区文化创意产业在规模不断壮大的同时，产业结构持续优化，内生动力不断增强，文化传媒、广告会展等高端产业优势明显，创新程度高、科技含量高、附加值高的行业发展迅速。

从九大行业收入结构来看，软件和信息技术服务、广告和会展服务、文化休闲娱乐服务、文化用品设备生产销售及其他辅助服务四大行业占据主导地位，收入合计占全区收入的比重达到79.9%。其中，软件和信息技术服务业收入领先，占比达到28.5%，较2016年上升0.7个百分点，是朝阳区文化创意产业中的领军行业。新闻出版及发行服务、广播电视电影服务、艺术品生产与销售服务、文化艺术服务、设计服务五个行业收入占比均不足10%，其中设计服务业收入占比最低，仅为2.4%，发展水平有待进一步提升。

从九大行业利润情况来看，软件和信息技术服务业实现利润126.97亿元，占全区文化创意产业的比重达54.3%，较2016年上升10.5个百分点，明显领先于其他行业。文化用品设备生产销售及其他辅助服务、广播电视电影服务两个行业在朝阳区文化创意产业中占据较大比重，分别达到12%和11%，其中广播电视电影服务业虽然收入不高，但利润总额居九大行业第三位，利润率显著高于其他行业。广告和会展服务、文化艺术服务、文化休闲娱乐服务、设计服务、艺术品生产与销售服务、新闻出版及发行服务六个行业的利润总额占比均不足10%。

从九大行业资产结构来看，软件和信息技术服务业资产为1968.3亿元，占全区文化创意产业总资产的比重达31.2%，在九大行业中居首位。文化用品设备生产销售及其他辅助服务业资产为1199.3亿元，占全区文化创意产业总资产的比重为21.2%，在九大行业中居第二位。广告和会展服务业资产为746.2亿元，占全区文化创意产业总资产的比重为13.2%，在九大行业中居第三位。文化艺术服务、设计服务、艺术品生产与销售服务三个行业资产占全区文化创意产业总资产的比重均不足5%。

（四）产业布局不断优化，集群效应日益明显

2017年，朝阳区基本形成了以国家文化产业创新实验区为主轴，以奥林匹克公园文化体育融合功能区、大山子时尚创意产业功能区、潘家园古玩艺术品交易园区等文化创意产业功能区为重点，以众多文创园区（基地）为支撑的"一轴、三区、多基地"的文化创意产业发展布局。国家文化产业创新实验区通过旧工业厂房改造利用、传统商业设施升级、有形市场腾退转型等方式共转型升级了32个文创园区，截至2017年底，已聚集了50余个知名文化创意产业园区。奥林匹克公园文化体育融合功能区立足奥运场馆和国家会议中心等设施，重点承办国际国内重大体育赛事与主题展览、文化演艺、民众参与体验等活动，基本形成了以文化会展、文化体育、文化旅游等为主导的特色产业体系。大山子时尚创意产业功能区以798艺术区、751北京时尚设计广场等7个文化创意产业园区为支撑，形成了以当代文化艺

术、设计创意、文化休闲等业态为主导的文化创意产业体系,以当代艺术和时尚设计为特色的文化创意产业功能不断强化。潘家园古玩艺术品交易产业功能区以潘家园古玩艺术品交易园区为核心,引导北京古玩城、华夏古玩城等周边市场转型升级发展,吸引艺术品鉴赏、评估拍卖等中介机构入驻,不断提升交易功能。

二 主要创新举措

2017年,朝阳区坚持宏观谋划和政策先行,聚焦高端发展,深化产城融合,不断加大改革创新力度,进一步推进全区文化创意产业提质增效升级发展。

(一)加快体制机制创新,推进产业发展迸发活力

朝阳区紧密围绕首都全国文化中心建设发展大局,强化顶层设计,积极探索有利于文化建设和文化创意产业创新发展的统筹协调机制。2017年9月,朝阳区成立了由区委书记任组长、区长任第一副组长的推进全国文化中心建设领导小组,制定了《朝阳区全面加强文化建设的意见》等"1+6"政策文件[①],明确工作抓手和职责分工,形成了区委、区政府统筹领导,宣传部门牵头,政府部门实施,社会力量参与的大文化工作格局。此外,朝阳区还引进中国文化产业协会、中国广告协会、中国版权协会等行业组织,建立了共治共建共享工作体系。

(二)加强政策先行先试,推动政策体系集成创新

一是积极争取上级政策支持,推动北京市服务业扩大开放综合试点政

---

① "1+6"政策文件即1个意见、6个行动计划。1个意见,即《朝阳区全面加强文化建设的意见》;6个行动计划,即《朝阳区培育和践行社会主义核心价值观行动计划》《朝阳区深化公共文化服务体系示范区建设行动计划》《朝阳区保护与传承优秀传统文化行动计划》《朝阳区推进国家文化产业创新实验区建设行动计划》《朝阳区推进对外文化交流行动计划》《朝阳区大运河文化带保护建设行动计划》。

策、重点企业外汇管理改革试点政策、文化消费试点政策、影视及文化产品保税政策、"蜂鸟企业"外籍人才引进相关政策、知识产权服务及快速维权相关政策共6项政策在文创实验区率先落地。二是完善规划引导、政策促进体系，出台《文化创意企业申请高新技术企业认定指南》《朝阳区文化创意产业发展三年行动计划（2017~2019年)》等，落实全区文化创意产业发展引导资金政策和实验区"政策十五条"，积极支持企业发展。三是加强文创领域政策措施研究，相继开展了"朝阳区文化创意产业融合发展战略研究""国家文化产业创新实验区数字创意产业发展研究""英国创意经济发展对朝阳区建设国家文化创新实验区的启示""文化产业'营改增'政策影响分析""文化'三里屯'建设研究"等课题研究，探索文创产业政策落地的方式方法和创新举措。

（三）深入推进腾笼换鸟，拓展新型城市文化空间

在充分挖掘和利用城市存量空间资源的基础上，朝阳区积极引导文化创意产业园区转型升级，探索以文化创意产业发展促进城市更新的新模式。一方面，以老旧工业厂房为主，对全区范围的存量工业资源进行摸底调查，设计编制了《朝阳区老旧厂房转型升级特色文化产业园区手册》《国家文化产业创新实验区空间资源项目手册》，加强可用土地资源与产业空间管理统筹。另一方面，采取规划引导、政策保障、精准服务等发展举措，推动存量空间资源通过工业厂房改造利用、传统商业设施升级、有形市场腾退转型等方式改造升级为文化创意产业园区。截至2017年底，朝阳区已有41家老旧工业厂房共计211.1万平方米完成改造升级，12家老旧工业厂房正在改造过程中，建筑规模为53.07万平方米。

（四）聚焦服务质量提升，助力产业生态优化升级

一是整合各类金融资源，创新文化金融服务模式。设立总规模为100亿元的文化创意产业发展引导基金，发挥财政资金的撬动作用，拓宽文化企业投融资渠道；与多家银行、担保机构、信用评级机构合作，引导金融机构设

立"蜂鸟贷""三全三优"等系列金融产品,提供快捷金融服务;策划设立北京市首个文化金融服务中心,打造线上线下相结合的"文化金融服务超市"。二是加强文化法治环境建设,完善知识产权保护体系。成立北京市首个文化创意产业领域知识产权保护服务中心,引进全国首个版权创新基地、国家级版权监测服务平台,与中国版权协会、北京文化产权交易中心影视产权交易平台等共同形成文创实验区知识产权保护体系框架;组建知识产权专业委员会,以铜牛电影产业园为试点打造知识产权特色园区,探索园区服务与知识产权服务融合发展新模式。三是以企业需求为导向,打造精准服务体系。针对文创产业发展中重点关注的政策、法规、金融等热点问题,举办"精准服务促发展"系列服务活动,全面助力文创企业发展。

(五)加强人才队伍建设,构建文创领军人才高地

依托各类人才政策,不断强化文创领域高端人才队伍支撑,建立高端人才培养、引进、认定、激励、服务体系。积极落实"千人计划""海聚工程""凤凰计划""国际高端商务人才评定"等人才政策,推动朝阳区10项外籍人才新政落地。2017年,朝阳区文创领域创业类高层次人才占"凤凰计划"创业类高层次人才的30%,文化人才战略储备进一步加强。持续开展"朝阳区文化创意产业高级经营管理培训班"等精准化人才培训服务,使文创产业管理人员和从业人员的能力素养得到有效提升。此外,朝阳区不断加强人才工作研究,通过"朝阳区文化创意人才调研报告""朝阳区新媒体从业人员现状调研与统战对策研究"等课题研究,梳理朝阳区文创人才队伍现状,找准推进人才工作的重要发力点,打开人才队伍建设的新思路。

(六)深化文化交流互鉴,扩大朝阳文创品牌影响

一是主动融入京津冀文化产业协同发展大局,采取"政府支持、协会主导、市场运作"的运营模式,推动建立全国首个京津冀文化产业协同发展中心,搭建京津冀文化产业协同发展的线上线下公共服务平台;引导国安创客、北京齿轮厂等企业在天津、河北等地拓展品牌运营,与天津国家动漫

产业综合示范园开展战略合作，推进建立区域间产业分工和联动机制。二是借助展会、论坛等互动交流平台，加强朝阳区文创产业的宣传推介。积极组织企业参与2017年京交会、北京惠民文化消费季、北京市"三创"大赛评选等活动，圆满完成第十二届北京文博会朝阳展区展览展示，举办2017年国家文化产业创新实验区发展论坛、"智汇三三"高端沙龙等系列品牌活动，搭建文创企业交流合作与政、企、学沟通平台，朝阳区文创产业社会关注度和品牌影响力不断提升。

当前和今后一段时期，朝阳区将围绕推进全国文化中心建设的部署要求，结合落实新版北京城市总体规划，以国家文化产业创新实验区为重要抓手，突出文化引领，聚焦高端发展，深化产业融合，加强区域协同，促进国际交流，不断培育文化创意产业发展新动能，努力在全国文化中心建设特别是"两区"（公共文化服务体系示范区和文化创意产业引领区）建设上，求突破、树标杆、做示范，争取成为首都全国文化中心建设的核心区，为北京建设国际一流的和谐宜居之都做出新贡献。

B.6
丰台区：融合创新，提升品牌，推动文化丰台建设

韩骏伟*

2017年，丰台区按照北京市推进全国文化中心建设的整体战略部署，围绕首都"全国政治中心、文化中心、国际交往中心、科技创新中心"功能主承载区的定位，贯彻落实文化强区战略，着力构建大文化工作格局，推动文化创意产业又好又快发展，努力构建"高精尖"文化创意产业体系。文化创意产业作为丰台区发展的三大主导产业之一，2017年保持平稳向好发展态势，文创要素资源进一步集聚，区域功能进一步巩固提升，为把丰台建设成为充满活力、内涵彰显的首都文化强区贡献力量。

一 丰台区文化创意产业发展的资源优势

丰台区作为首都中心城区和首都核心功能主承载区，位于北京市南部，东面与朝阳区接壤，北面与东城区、西城区、海淀区、石景山区接壤，西北面与门头沟区、西南面与房山区、东南面与大兴区接壤。丰台区东西长35.3公里，南北宽15公里，总面积为306平方公里，其中平原面积约为224平方公里。北京的"母亲河"——永定河由北向南把丰台区分为河东、河西两个区域。

（一）历史文化资源深厚

丰台区共有汉唐以来的历史文物遗存400余处。丰台区曾是辽金时期的都

---

* 韩骏伟，丰台区委宣传部常务副部长。

城所在、莲花池、卢沟桥、宛平城、享誉世界的金中都、燕京八景之一的"卢沟晓月",共同构成了丰台区悠远的历史文脉。拥有王佐太平鼓、花乡少林旱船、南苑花跋拷鼓、双石老会等22个非物质文化遗产。深厚的历史文化资源不仅见证了古都北京的沧桑巨变,而且彰显了人文丰台的独特魅力。

(二)生态环境优美

丰台区拥有良好的生态资源,空气质量较好,城市绿化覆盖率达到47%,水域面积达8平方公里。区内有北京园博园、北宫国家森林公园等8个城市森林公园,永定河、凉水河、晓月湖、园博湖、青龙湖等河流湖泊,与即将建设的北京南苑森林湿地公园,形成了完整的"山、水、林、田、湖"生态格局,为水岸文化产业带和生态休闲旅游区的建设提供了条件。

(三)区位优势明显

丰台区与东城、西城、朝阳、海淀等8个区接壤,南中轴纵贯南北,南二环、南三环、南四环、南五环横贯东西。南苑机场、北京西站、北京南站、丰台火车站坐落于此,11条高速公路和城市快速路穿行而过,地铁4号线、5号线、9号线、10号线、14号线、16号线贯穿丰台区。即将建成启用的首都第二机场城市航站楼也位于丰台区,20多分钟便可直达新机场。

(四)发展空间广阔

丰台区土地面积居城六区第三位,全区还有相当面积的可利用建设用地,主要集中在南三环、南四环沿线的黄金地段。特别是丽泽金融商务区还有可利用空间,是北京三环内最后一块成规模的开发区域。另外,丰台区还有二七机车厂、二七车辆厂、二七通信工厂、北方车辆制造厂、北方车辆研究所等单位的大量闲置工业厂房,为文化创意产业项目提供了优质的物理空间。

(五)人才资源丰富

以中国中车、中国中铁、中国通号为代表的轨道交通知名企业,以航天一院、航天三院为代表的航天科技尖端企业汇聚丰台区,丰台区已经成为国内轨道交通、航天科技龙头企业分布最多、规模效益最显著、研发实力最强的区域之一,拥有科技、航天、戏曲、文化等各类专业技术人员超过16万人,成为北京市第二大智力资源密集区。

二 丰台区2017年文化创意产业发展概况

2017年,在重点行业收入保持稳定增长的带动下,丰台区文化创意产业保持营业收入持续增长、利润总额快速增长的良好发展态势。

(一)丰台区文化创意产业发展总体情况

1. 营业收入持续增长

2017年,丰台区文化创意产业实现营业收入463.8亿元,同比增长23%。在文化创意产业九大领域中,有7个领域的营业收入实现增长,其中6个领域实现两位数以上的增长,分别是广告和会展服务,增长55.4%;文化用品设备生产销售及其他辅助服务,增长55.4%;软件和信息技术服务,增长26.0%;文化休闲娱乐服务,增长24.6%;文化艺术服务,增长21.3%;广播电视电影服务,增长17.1%。

2. 利润总额快速增长

2017年,丰台区文化创意产业实现利润总额33.2亿元,比上年同期增长40.4%。其中,软件和信息技术服务业利润总额增长持续领先,实现利润总额22.1亿元,同比增长41.7%,对文化创意产业利润总额增长的贡献率达到了68%。

3. 吸纳从业人员数量增加

2017年,丰台区文化创意产业从业人员数量为4.5万人,比上年同期增长13.6%。其中,文化用品设备生产销售及其他辅助服务业从业人员数量增加最多,达3665人。

（二）丰台区文化创意产业各领域运行特点

从九大领域看，丰台区文化创意产业营业收入呈现"七升两降"态势，整体运行平稳。其中，除艺术品生产与销售服务、设计服务两个行业的营业收入比上年同期下降外，其余行业均实现增长。

1. 软件和信息技术服务业发展稳定

2017年，软件和信息技术服务业实现营业收入235.6亿元，占丰台区文化创意产业营业收入的比重为50.8%，是丰台区文化创意产业第一大领域，同比增长26%；实现利润总额22.1亿元，占丰台区文化创意产业利润总额的比重为66.5%，同比增长41.7%。其中，从业人员数量、税金、资产等指标均位列九大领域之首，是丰台区文化创意产业的重要组成部分。

2. 文化用品设备生产销售及其他辅助服务业快速发展

2017年，文化用品设备生产销售及其他辅助服务业实现营业收入62.5亿元，是丰台区文化创意产业第二大领域，同比增长55.4%，增幅列九大领域首位，拉动文化创意产业营业收入增长5.9%。其中，文化商务服务和文化用品设备的销售拉动该领域营业收入快速增长，文化商务服务实现营业收入37亿元，同比增长52.4%，而其中的知识产权服务实现营业收入32.6亿元，同比增长56.2%。

3. 广告和会展服务业发展迅速

2017年，广告和会展服务业实现营业收入17.7亿元，同比增长55.4%，增速与文化用品设备生产销售及其他辅助服务业并列第一，拉动文化创意产业营业收入增长1.7%。其中，广告服务增长较快，同比增长68%，会展服务同比增长26%。

三 丰台区推进文化创意产业发展的举措

2017年，丰台区坚持以规划为引领、以政策为保障、以项目为抓手、以园区为重点、以企业为支撑、以人才为依托，不断强化服务能力，着力优化产业结构，坚持集聚发展战略、融合发展战略、创新发展战略、特色发展战略、品牌发展战略，以文促业，持续推进区域文化创意产业又好又快发展。

（一）推进全国文化中心建设工作，加强文创产业统筹协调

全国文化中心是首都重要的城市战略定位，为推进全国文化中心建设，北京市成立了推进全国文化中心建设领导小组。丰台区积极响应市级要求，成立丰台区推进全国文化中心建设领导小组，下设"一办四组"，具体包括西山永定河文化带建设组、文化内涵挖掘组、文化建设组和产业发展组四个小组，全面推进各项工作。其中，产业发展组站在全区高度，落实领导小组各项任务，设立专人负责制度，协调区内文化资源，指导全区文创产业发展方向。

（二）紧抓顶层设计，完善产业政策规划体系

1. 加强文创相关规划研究

丰台区为贯彻落实《北京市"十三五"时期加强全国文化中心建设规划》，加强全区文化建设的顶层设计，研究制定了《关于加强文化丰台建设的实施意见（审议稿）》，明确提出夯实共同思想基础、提升丰台城市形象、完善公共文化服务等"五大重点任务"以及包括卢沟桥、宛平城文化提升工程，长辛店老镇文化复兴工程，国家戏曲文化中心建设工程等在内的"八大重点工程"；指出要保护好、传承好、利用好历史文化遗产，加强首都文化研究，重点推进古都文化、红色文化、京味文化、创新文化等的研究阐释和挖掘利用。

2. 传承保护优秀传统文化

丰台区依托戏曲、节庆、文物、非遗、园林、中医药等中华优秀传统文化优势资源和区域特色，编制了《丰台区传承中华优秀传统文化实施方案（审议稿）》。从传承戏曲文化、节庆文化、文物保护、非遗文化、景观艺术、中医药文化等方面细化重点工作，明确了资源单位、示范点（校）及

其重点工作，提出文化进校园、文化进社区、文化树品牌等具体推广方式，为打造传承和发展中华优秀传统文化的"丰台样本"提供了有效途径。

3. 完善文创产业政策体系

从国家、北京市、丰台区三个维度，对文创产业相关政策进行系统梳理和更新，修订了《丰台区文化创意产业政策汇编》和《丰台区文化创意企业服务手册》，研究修改了《丰台区文化创意产业专项资金管理办法》。在市级相关政策的基础上，建立企业信息库，并对区内规模以上文创企业进行实地走访调研，分发调查问卷，了解人才政策需求。围绕融资等政策需求，发放问卷100多份，了解企业政策需求。有针对性地开展文创园区认定、文创与科技融合、人才支持办法等相关政策的研究。

4. 注重"文化+"研究

通过前期的广泛调研和深入研究，开展"丰台区关于推进文化创意和设计服务与相关产业融合发展实施意见"课题研究工作，立足丰台区文化创意和设计服务实际，提出与相关产业融合发展的路径和举措，充分发挥文化创意和设计服务在推动区域经济发展中的价值和功能。

5. 开展文创基金研究工作

丰台区积极探索基金服务文化创意产业的新模式和新路径，与文资租赁等市级单位沟通，协调区内相关单位，积极推动设立丰台区文化创意产业引导基金，初步形成了《丰台区文化创意产业引导基金工作方案》。

（三）盘活空间资源，助力文创空间建设

1. 梳理全区空间资源

积极梳理全区空间资源，形成丰台区老旧厂房、办公写字楼、商业用房、文化设施用房、仓库等空间资源库，实现了对辖区内老旧厂房等建筑空间、绿地、公共服务设施用地等土地资源的信息化管理。

2. 开展招商引资对接活动

围绕"疏解整治促提升"中心工作，积极开展招商引资，针对大红门地区6家疏解腾退的市场空间资源开展招商对接活动。同时，开展丰台区文

化空间和文创项目招商系列对接活动,盘活旧有存量资源,助力疏解转型。

3. 全面推进文创园区建设

积极推进贝壳京工时尚创新园、中车二七厂1897科技文化创新城等园区项目建设,开展航天文化产业园前期论证,推动国家数字出版基地等列入市级重点产业项目。推动睿思众创空间、永乐文化创客等一批文创众创空间落地,促进产业集聚发展,营造文化创意产业发展的良好氛围。

(四)强化人才支撑,稳步建设人才队伍

1. 加强文创人才课题研究

丰台区牢固树立人才优先发展理念,开展"丰台区'十三五'时期文创人才发展规划"课题研究工作,通过广泛调研文化创意企业人才,梳理各级文创人才管理开发政策,厘清文创产业人才发展现状和政策需求,初步明确了"十三五"文创人才队伍建设的总体目标、发展思路和重点任务,为下一步有针对性地制定产业人才扶持政策和人才集聚政策提供指导。

2. 创新人才培训模式

联合区内文创园区和优秀文创企业,开展"创意训练营"活动,从投融资、税收改革、人才政策等方面进行指导和交流,为企业提供平等开放的交流平台。拓展人才培训渠道,组织文创主管机构负责人和优秀文创企业参加市级对外文化贸易骨干人才培训和首都文化创意产业投融资培训,提升文创产业知识素养。

3. 挖掘优质人才项目

丰台区不断加大对文化创意产业的支持力度,大力扶持创新创业项目,成功举办了"2017丰台区青年文化创新创业大赛暨北京市文投会杯第二届北京市文化创意创新创业大赛(丰台赛区)",吸引了文化领域创新创业青年人才100余人来到丰台,关注丰台。开展2017年度丰台区人才工作项目与丰台区文创产业领军人才优秀成果展示,通过挖掘行业领军人物,总结交流先进经验,助力行业人才的培育和集聚。

4. 优化人才发展环境

依托丰台区"十三五"时期文创人才规划研究，制定《丰台区文创人才管理办法》，完善人才制度体系。梳理汇总人才相关政策，为产业人才的培育、发展、集聚提供指导。加强典型人才经验宣传，报送"优化人才发展环境，为文创产业发展'加把劲'"经验材料，生动展示文创人才队伍建设的创新实践和成功经验，营造文创产业人才发展的良好氛围。

（五）开展特色活动，打造区域文化名片

1. 成功举办"2017中国戏曲文化周"活动

2017年9月29日、10月1~6日，"2017中国戏曲文化周"在北京园博园成功举行。活动期间，7天共接待游客近20万人次，观看自媒体直播的网民达到185万人次，新浪微博"中国有戏"话题阅读量达到2025.6万人次。中国戏曲文化周是中央《关于实施中华优秀传统文化传承发展工程的意见》和《关于支持戏曲传承发展的若干政策》出台后举办的首次国家级戏曲文化活动，既是弘扬中华优秀传统文化、扎实推进戏曲传承发展的有力举措，也是激发戏曲文化生机与活力的应时之举，作为发展中华优秀文化的有力抓手，中国戏曲文化周已成为传统文化"活起来"的首都范本。

2. 深入挖掘历史文化资源

依托长辛店历史文化资源，开展长辛店历史与文化课题研究，利用好红色资源、发扬好红色传统、传承好红色基因，目前已经形成《长辛店：中国共产党在北京的重要发源地》《长辛店地名：微观历史与隐形文脉》《长辛店文化遗产的历史地位与时代价值》等成果性文章。举办"铭记历史 不忘初心"——纪念全民族抗战爆发80周年主题党日活动，推出红色主题系列展览和抗战主题话剧《宛平人家》文艺演出等活动，弘扬红色文化，提升卢沟桥、宛平城地区的影响力和知名度，为宛平城－卢沟桥特色文化片区建设营造良好的社会环境。围绕西山永定河文化带，积极做好卢沟桥国家文化公园课题研究，前期已赴宛平城、卢沟桥、园博园、京杭大运河杭州段等地开展专题调研，积极对接北京市"西山永定河文化带发展规划研究"

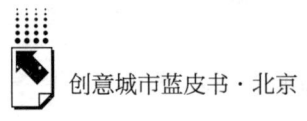

课题组,努力推动将卢沟桥国家文化公园工作纳入文化带布局。

3. 建设特色文化平台

通过中国手工艺传习基地、伯鸿书店、宛平记忆等一批传统文化传承创新示范点建设,打造中华传统文化传承创新平台。聚合北京时代华语图书股份有限公司、北京校园之星科技有限公司、俏佳人传媒股份有限公司等10家驻区文化"走出去"代表企业,充分展示优秀传统文化的独特魅力,扩大中华文化的国际影响力,搭建文化"走出去"创新平台。整合全区数字出版、数字创意企业资源,建设数字出版创新平台。

(六)加强宣传推介,推广文化丰台品牌

1. 宣传丰台区文创产业发展成果

充分利用区内外媒体优势资源,系统梳理和宣传丰台区文创产业发展成果及新时期丰台区文创产业发展新战略,先后在《北京日报》发表专版《丰台八大工程　绘就文化新图——助力全国文化中心建设》,在《丰台报》发表专版《做强文化创意产业　助力文化丰台建设》,在《中国文化报》发表专版《戏曲文化活态传承在京华大地的生动实践——2017中国戏曲文化周巡礼》。

2. 做好首都文化挖掘整理工作

结合丰台区文化资源和文化产业基础,深入研究阐释源远流长的古都文化、丰富厚重的红色文化、特色鲜明的京味文化和蓬勃兴起的创新文化,形成了《书写首都文化的丰台篇章》等系列理论文章。

四　丰台区文化创意产业发展的经验做法

按照丰台区"十三五"规划对文化创意产业的定位,一年来,丰台区鼓足干劲,提高站位,对文创产业的发展形成了独特的经验做法。

(一)注重大文化格局的建立

长期以来,中央和北京市都非常重视文创产业的发展,文创产业也成为

地区经济的重要增长极。然而，与以往不同，文创产业越来越向"跨界"方向发展，越来越讲求融合。丰台区在不断积累知识和开阔眼界的过程中，也对工作方法进行了调整。尤其是在北京市成立全国文化中心建设领导小组的契机下，提出将丰台区推进全国文化中心建设领导小组与丰台区文化创意产业领导小组综合设置的思路。此外，丰台区凝聚合力、主动作为，除按照要求完成北京市有关工作外，还注重统筹协调，注重与日常工作相结合，在档案、信息、督办等机制上下功夫，在重点工作推动上下大力气，将日常工作与文化中心建设工作相结合，做到有中心、顾大局、多维度、齐推进，真正形成大文化格局。

（二）注重"时度效"，突出重点亮点

落实全区宣传工作会议精神，工作更加注重对"时度效"的把握。2017年的工作稳中有序，能够精准地把握节奏，做到每项工作都有所得，每项工作都能"踩到点上"。2017年，丰台区抓住纪念全民族抗战爆发80周年的重要契机，配合做好晋察冀边区革命纪念馆进京展览，使其成为"纪念全民族抗战爆发80周年主题党日活动"的精彩亮点之一；在"2017中国戏曲文化周"前夕，以戏曲大会为开端，在宣传丰台戏曲文化、弘扬戏曲艺术的同时，利用各种媒体，对整个戏曲文化周进行了预热宣传，成效显著；在北京市成立全国文化中心建设领导小组之际，提出"一核一城三带两区"的论述，委托专家相继组建长辛店历史文化课题组、卢沟桥国家文化公园课题组，致力于推动对西山永定河文化带的探索研究，已经形成了初步研究成果。

（三）注重各级资源，工作谋划站位更高

推动各项工作始终离不开对中央、北京市以及丰台区工作重心的领会。善用市级资源，丰台区从2017年初开始，对文创产业专项资金进行了多次研究座谈，采纳北京市和国内其他地区的先进经验，探索文创基金扶持方案，把眼光放得更加长远，将区的概念扩大到市。在资金使用上积极利用市

级资金,通过申报市级文化引导基金,将区级层面的工作上升到市级层面,进入市级视野,成为市级重点。如围绕"疏解整治促提升"的"提升"做文章,让疏解空间助力文化中心建设,抓好产业和业态提升,推进中车二七厂1897科技文化创新城等项目建设,开展大红门地区疏解空间的招商对接活动,服务文化中心建设工作。

(四)注重密切联系基层,工作更接地气

更加注重密切联系基层,特别是企业单位。分别建立了文化中心建设工作群、园区工作微信群、戏曲文化工作群、影视产业工作群,第一时间发布信息,与有关单位进行互动。对大红门即将疏解且具有转型潜力的市场空间进行深入调研,机关干部重心下移,多次深入市场,掌握一手资料,绘制市场区位图,编制招商文案。在开展的"铭记历史 不忘初心"——纪念全民族抗战爆发80周年主题党日活动中,手绘宛平街区地图,在举办活动的同时与参观群众密切联系,了解群众对活动的第一手评价。以丰台区"十三五"文创产业人才发展规划课题为抓手,对区内280家规模以上文创企业展开抽样分类,对抽样的30余家龙头企业进行实地走访调研。开展基金方案研究工作时,通过发放100多份调查问卷充分了解企业需求,受到了广泛好评。

B.7 石景山区：高端引领，融合创新，开创文化创意产业新局面

石景山区科学技术委员会

石景山区始终坚持走科技创新与文化创新融合发展的特色道路，重点打造以网络游戏、影视动漫、数字媒体、设计为特色的数字娱乐产业，品牌影响力和集聚效应进一步凸显，文化创意产业已由先导产业发展成为全区的战略转型支柱产业，引领带动传统工业向高端绿色转型。2017年，石景山区文化创意产业共实现收入439.1亿元，相较于2011年的205.2亿元翻了一番，平均每年保持13.5%的速度增长。文化创意等新兴高端产业的快速发展带动石景山区产业结构持续优化，促进第三产业产值占GDP的比重首次突破70%，为推动石景山区经济社会深度转型发展做出了积极贡献。

一 总体情况

（一）产业结构呈多元化

2017年，石景山区影视、动漫、游戏、设计、新媒体等优势产业保持良好发展态势，今日头条、暴风科技、搜狐畅游等一批企业快速发展。文化和体育融合产业逐步成长，以冬奥组委入驻和国家体育产业示范区建设为契机，集聚了中职篮、华录体育、首钢体育等文化体育公司入驻，推动体育传媒、竞技竞赛、文化体育交流等多元化发展。中篮联（北京）体育有限公司（CBA公司）未来将着力打造京西最具影响力的体育文化服务平台。华录文化试水文化体育创意传媒，获得未来15年的欧洲篮球冠军联赛中国地

区的独家经营权。暴风体育打造"全球互联网体育平台",通过PC及App播出了中超、德甲等版权赛事。

(二)产业发展势头强劲

2017年,北京市文创产业收入同比增长10.8%,石景山区同比增长14.6%,超出北京市3.8个百分点,增长速度位居各区县前列。较之中心城区产业收入增长情况,石景山区处于领先地位,除海淀区增幅为12.8%外,石景山区以9.7%的增幅位居第二。依托网络游戏、影视动漫、数字媒体三大集群的领先发展优势,在全市文创产业发展速度上占据领先地位。这表明石景山区在发展文创产业上具有明显潜能,且具有一定的核心竞争优势。

(三)产业结构不断优化,动漫网游优势突出

以动漫网游研发、运营为主要构成的软件和信息技术服务领域是文化创意产业的重点领域。2017年,石景山区软件和信息技术服务业实现收入273.2亿元,同比增长19.1%,占文化创意产业收入总额的比重高达62.2%,保持了绝对优势地位。数字影视持续强化成为新动能,科技与文化深度融合促进了文化创意产业中广播电视电影服务领域的快速发展。2017年,石景山区广播电视电影服务业实现收入27.1亿元,同比增长30.1%,是文化创意产业中增速最高的领域,成为石景山区文化创意产业的新生力量。创意设计积极应用新技术成为新亮点。2017年,石景山区创意设计产业实现收入25.8亿元,同比增长22.7%,逐渐成为石景山区文化创意产业的新亮点,但是产业的拉动效应尚未形成,需进一步释放动能,形成行业凝聚力,以带动整个产业的发展。

二 具体举措

(一)加强顶层设计,出台产业政策

出台产业支持政策。围绕加速构建"高精尖"经济结构,促进产业高

端绿色发展,研究制定了"1+N"政策体系,政策涵盖促进产业发展、科技创新、金融支持、人才支持等多方面内容。启动"创新创业石景山"启航工程,出台《石景山区关于支持大众创新创业的暂行办法》("石创20条"),在鼓励创业企业多渠道融资、鼓励创业人才创业、完善相关配套服务、营造创新创业氛围四个方面给予支持。市区联动发布虚拟现实领域专项政策。结合虚拟现实产业发展趋势和石景山区文化创意产业发展基础,联合中关村管委会共同发布《关于促进中关村虚拟现实产业创新发展的若干措施》,共同推动具有全球影响力的虚拟现实创新中心建设。

(二)创新全面驱动,推动平台建设

搭建文化创意共性技术创新服务平台。加强产学研用体系建设,引导院校、机构、龙头企业开放资源,为企业提供技术共享平台,推动以企业为主体、市场为导向的协同创新中心建设。依托首都科技条件平台石景山工作站,整合行业龙头企业开放平台资源,搭建文化创意共性技术创新服务平台,成立快速成型实验室和数字媒体制作解决方案示范中心。依托"数字娱乐特色北京市国际科技合作基地",开展文化创意技术转移服务,引进或转化国际领先水平的项目成果,促进文化产品海外出口。"石景山区科技成果转化应用平台"上线运营。集成区内外文化创意产业优秀科技成果,建设科技成果资源库。整合中技所、天合、北京协同创新研究院等专业机构的资源,集聚区内外科技金融服务、科技中介服务和科技孵化服务,重点解决科技成果转化过程中的信息不对称等问题,为科技创新和成果转化提供跨行业、跨部门、跨区域的成果转化应用全流程服务平台体系。

(三)围绕创业服务,建设众创空间

众创空间加速涌现。截至2017年第三季度,石景山区共有国家级孵化器和众创空间5家、市级孵化器和众创空间11家、区级众创空间4家,各类创业服务机构超过20家,初步形成了"国家级+市级+创新型孵化器"相结合的专业化、国际化、市场化的孵化服务体系,孵化面积达35万平方米,服务

各类企业超过2000家。引导众创空间规范化、品牌化、特色化发展。以培育虚拟现实、人工智能、游戏设计等产业为重点，鼓励专业化、特色化、垂直化的产业链孵化新模式。创业公社形成"场地＋服务＋金融＋社群＋数据"的创业生态闭环；华海打造"全球转移、跨境孵化"模式；智能交通行业龙头企业易华录成立首家央企孵化基地"e＋创客孵化中心"；趣酷开放企业资源建立产业驱动型创业服务平台。中国动漫集团依托文化和旅游部（原文化部）的优质资源，建设以"文化＋科技"为特色的"华漫驿站"众创空间。

（四）发展新兴产业，聚力虚拟现实

大力推进中关村虚拟现实产业园创新发展。虚拟现实产业园一期落地石景山园北Ⅱ区，园区积极开展虚拟现实产业精准招商工作，已对接虚拟现实及相关领域企业200余家，引入企业60余家，涉及硬件研发、内容制作、软件开发、平台建设、行业应用等领域，涵盖行业全产业链，初步形成了区域产业集聚效应。其中，硬件领域以枭龙防务（AR/VR智能眼镜）、耐德佳显示、疯景科技（全景相机）、爱奇艺智能科技（VR一体机）等为代表；软件和内容创制以鼎酷科技（VR教育操作系统软件平台）、基因互动（游戏）、梦想人智能科技（AR技术与教育相融合）、灵瞳智能科技（3D视觉特效、虚拟仿真等）为代表；展示体验与应用企业以中天宏达（与石景山游乐园签订波音747真机搭建项目，建立真机模拟飞行体验中心）、飞览天下（虚拟现实飞行影院）、蔻璞科技（虚拟现实全感交互娱乐体验中心）为代表。举办VR国际峰会。2017年4月举办了主题为"新浪潮，新活力"的全球虚拟现实产业峰会。邀请到赵沁平院士和微软、HTC Vive等行业龙头企业进行主题演讲，深度解析行业发展现状，吸引了软硬件开发、内容制作、行业应用全产业链的企业及学术领域代表近千人参会，共有51家媒体进行现场深度报道，近300家媒体进行了后续持续报道及转发。作为目前行业内最大规模、最高质量、最广覆盖面的虚拟现实产业峰会，会议的举办对进一步提升中关村虚拟现实产业园品牌影响力、促进虚拟现实产业和要素资源快速集聚石景山区发挥着重要的作用。

(五)完善服务体系,优化产业环境

巩固石景山区国家级文化创意产业服务标准化试点基地建设成果,建立政府、市场、企业"三合一"的服务模式,提升文创领域科技金融服务,成立石景山园金融服务联盟,塑造"科技金融日"活动品牌,形成政府专项资金、银行贷款间接融资、风险投资直接融资、创新金融产品融资、资本市场上市融资等多条融资渠道。联合广发银行、杭州银行等特色银行推广"创信通""文创贷"等专属金融产品,有针对性地开展需求对接,近百家企业受惠,融资金额累计近亿元。实施知识产权领航工程,支持创新发展,强化知识产权服务。发挥市区联动优势,实施知识产权优势企业培育方案,可牛网络入选第七批"北京市专利示范单位"。联合北京动漫游戏联盟等行业协会加强行业监管,形成"行政执法+行业自律+企业自保"的知识产权立体化保护模式。

三 下一步发展思路

下一步,石景山区要紧紧围绕国家和北京市的政策导向,按照全国文化中心建设要求,积极推进西山永定河文化带建设,构建高端的科技创新驱动体系,建设科技成果转化应用强区,加速构建"高精尖"产业结构,保持文化创意产业平稳增长。

(一)发挥优势,文化强区,推进西山永定河文化带建设

西山永定河文化带建设是全国文化中心建设的一项重要任务,是历史赋予我们的充分挖掘、传承、利用和弘扬西山永定河文化的一项重大使命,是石景山区主动融入国家战略、推动区域发展的一次重大机遇。要全面挖掘历史文化、红色文化、工业文化、生态文化、文化产业五大板块资源,加强土地、功能、街区等规划,推进"多规合一"。要全区发力、突出重点,打好文化发展的组合拳,加快推进工业文明符号,以及模式口、骆驼会馆、八大处、非物质文化遗产保护等重点项目建设。

（二）招大引强，提质增效，促进产业高端融合发展

落实"1+N"政策和中关村促进虚拟现实产业发展若干措施，突出科技文化融合发展特色，巩固文化创意产业发展优势，联合中关村在石景山区建设中关村虚拟现实产业园，整合中关村管委会和石景山区的相关政策，聚焦石景山园，以技术创新、平台构建、示范应用、创业孵化、金融创新、人才引育等措施为抓手，吸引和集聚全球顶尖技术、人才、资本等创新资源，吸引龙头企业入区发展，推动虚拟现实在电子商务、数字娱乐、教育培训、体育休闲、建筑规划、旅游会展、工业制造、国防军事等领域的示范应用，以新的活力提升石景山区文化创意产业发展水平。

（三）突出特色，激励创新，优化创新创业生态环境

构建"多点支撑、特色鲜明"的创业空间发展格局。落实"创新创业石景山"启航工程和"石创20条"，整合各级政策资源，建设石景山众创空间联盟，开展各类创业服务机构交流活动，促进创业机构提升创业服务能力。新首钢腾退疏解，为文创产业发展提供良好契机。重点推进冬奥广场片区、工业遗址文化区、高端产业综合服务区和公共服务配套区等项目建设，主体建设目标为打造国家体育产业示范区，建设国际人才社区，为国家级实验室及人工智能制造等企业提供良好环境。

（四）深耕细作，精准服务，打造"石景山服务"

做好招商中的精细化服务。做好企业招商"绿色通道"服务，为重点企业提供个性化服务，全年服务企业200家以上。提升服务能力。落实岗位责任制，实现企业服务信息网全覆盖，加强政策宣讲，举办"园区讲堂"。积极跟进载体建设。与全区各重点载体建立协同招商模式，建立目标企业群，力争吸引一批产出效益高、辐射带动能力强、发展前景好的创新型龙头企业落地经营。完善统计基础数据系统。将重点企业调研和交流制度化，创办"行业大家谈"企业交流座谈会平台，加强经济形势分析与研判，提供经济决策支撑。

B.8
海淀区：挖掘文化科技融合新动力，打造区域经济新支柱

一 海淀区文化创意产业总体情况

2017年，海淀区规模以上文化创意产业单位数量为2820家，较上年同期增加289家；收入合计为7725.2亿元，同比增长20.9%，创下2012年以来的增长率纪录；税金合计为384.8亿元，同比增长27.4%；从业人员数量为64.4万人，同比增长5.7%；资产总计为14539.0亿元，同比增长23.6%；利润总额为705.8亿元，同比增长17.3%；营业利润为661.0亿元，同比增长30.0%。税金合计、利润总额、营业利润占北京市的比重均超过50%（见表1）。综合分析来看，2017年，海淀区文化创意产业继续保持高质量增长，产业结构稳中有变，增长动力持续强劲，为北京市和海淀区经济转型升级和提质增效提供了有力支撑。

表1 2017年海淀区规模以上文化创意产业总体情况

指标	海淀区	同比增长（%）	北京市	同比增长（%）	海淀区占北京市的比重（%）
单位数量（家）	2820	11.4	8945	11.4	31.5
收入合计（亿元）	7725.2	20.9	17972.9	18.1	43.0
从业人员数量（万人）	64.4	5.7	135.6	7.9	47.5
营业利润（亿元）	661.0	30.0	1216.3	40.7	54.3
利润总额（亿元）	705.8	17.3	1322.6	20.8	53.4
税金合计（亿元）	384.8	27.4	690.9	47.6	55.7
资产总计（亿元）	14539.0	23.6	30941.8	14.6	47.0

二 海淀区文化创意产业分行业发展情况

2017年,海淀区文化创意产业结构较为稳定,进一步巩固"162"发展格局,各行业发展特色鲜明,各有侧重。软件和信息技术服务行业稳居主导地位,集聚效应较强;广告和会展服务行业异军突起,发展较快;文化休闲娱乐服务行业形式多样,丰富多彩。文化产品及服务的生产、传播以及消费的数字化、网络化进程加快,基于互联网和移动互联网的新型文化业态成为海淀区文化创意产业发展的新动能和新的增长点,互联网文化产业优势明显。

2017年主导行业软件和信息技术服务行业收入合计为5477.2亿元,同比增幅25.6%,增速高于2016年15.8个百分点,以70.9%的收入占比稳居各行业之首,较上年同期提高了2.9个百分点,集中体现出海淀区文化科技融合的比较优势,是海淀区创新发展的新动力,也是海淀区区域创新发展的硬支撑(见表2)。

表2 2017年海淀区分行业规模以上单位数量及收入情况

领域	单位数量(家)	收入合计(亿元)	收入占比(%)	同比增长(%)	单位平均收入(亿元)
文化艺术服务	95	80.1	1.0	0.2	0.8
新闻出版及发行服务	119	206.6	2.7	14.5	1.7
广播电视电影服务	98	562.9	7.3	0.8	5.7
软件和信息技术服务	1851	5477.2	70.9	25.6	3.0
广告和会展服务	184	722.9	9.4	31.0	3.9
艺术品生产与销售服务	3	21.5	0.3	-35.1	7.2
设计服务	148	252.5	3.3	11.3	1.7
文化休闲娱乐服务	157	139.4	1.8	8.5	0.9
文化用品设备生产销售及其他辅助服务	165	262.1	3.4	-2.4	1.6
文化创意产业	2820	7725.2	100	20.9	2.7

6个优势行业（新闻出版及发行服务、广播电视电影服务、广告和会展服务、设计服务、文化休闲娱乐服务、文化用品设备生产销售及其他辅助服务）中，新闻出版及发行服务行业规模以上单位数量为119家，收入合计为206.6亿元，同比增长14.5%，较2016年提高12.5个百分点，发展态势良好，其中出版服务子行业收入合计为141.8亿元，约占新闻出版及发行服务行业总收入的2/3；广播电视电影服务行业收入合计为562.9亿元，同比增长0.8%，收入占比为7.3%；广告和会展服务行业延续近年来的良好发展势头，收入合计为722.9亿元，首次突破700亿，仅次于软件和信息技术服务行业，同比增长31.0%，收入占比为9.4%，较2016年提高0.8个百分点；设计服务行业收入合计为252.5亿元，同比增长11.3%，收入占比为3.3%，发展较为平稳；文化休闲娱乐服务行业规模以上单位数量为157家，收入合计为139.4亿元，同比增长8.5%，其中旅游服务子行业发展较快，收入合计为134.1亿元，占文化休闲娱乐服务行业总收入的96%，同比增长6.9%，规模以上单位数量由82家增至142家，同比增长73.2%，涌现了一系列新兴的旅游项目；文化用品设备生产销售及其他辅助服务行业收入合计为262.1亿元，同比增长-2.4%，有待进一步观测分析。

2个潜力行业（文化艺术服务、艺术品生产与销售服务）的收入占比基本保持稳定，其中文化艺术服务行业收入合计为80.1亿元，同比增长0.2%；艺术品生产与销售服务行业收入合计为21.5亿元，同比增长-35.1%，规模以上单位数量共计3家，较2016年减少2家，该行业收入下降与单位数量减少有直接关系。

三 海淀区文化创意企业发展情况

2017年，海淀区文化创意企业规模继续扩大，整体实力稳步提升。其中，规模以上文化创意产业单位平均收入达到2.7亿元，较2016年的2.5亿元高出0.2亿元，同比增长8.0%。单位平均拥有资产5.2亿元，较2016

年的4.6亿元高出0.6亿元，同比增长13.0%。从业人员人均创造收入为120.0万元，较2016年增长14.4%。单位平均从业人员较2016年下降5.4%（见表3）。2017年，海淀区收入合计超过100亿元的文创单位有11家，分别为北京腾讯文化传媒有限公司、中央电视台、北京三快在线科技有限公司、百度时代网络技术（北京）有限公司、百度在线网络技术（北京）有限公司、腾讯科技（北京）有限公司、北京爱奇艺科技有限公司、神州数码（中国）有限公司、微软（中国）有限公司、北京小米移动软件有限公司、北京百度网讯科技有限公司。北京腾讯文化传媒有限公司收入首次超过中央电视台，跃居第一位。收入合计超过10亿元的文创单位有130家，超过1亿元的文创单位有805家。

表3　2012~2017年海淀区规模以上文化创意产业单位贡献情况

指标	2012年	2013年	2014年	2015年	2016年	2017年
单位平均收入（亿元）	1.4	1.6	1.8	2.3	2.5	2.7
从业人员人均创造收入（万元）	80.2	81.7	89.8	95.5	104.9	120.0
单位平均从业人员数量（人）	172	192	199	236	241	228

四　海淀区文化创意产业园区发展情况

2017年，海淀区经国家、北京市、海淀区命名的文化创意产业园区共16家，其中中国人民大学文化科技园、中央新影动漫文化城（2010年11月）被文化部命名为国家文化产业示范基地，清华科技园（2015年10月）被市委宣传部命名为北京市文化创意产业示范园区，中关村海淀园文化科技融合示范功能区、甘家口创意设计服务功能区、北太平庄影视产业功能区、西山文化创意大道音乐产业功能区（2014年5月）被市文资办命名为北京市文化创意产业功能区，中关村软件园、中关村创意产业先导基地（2006年12月）和清华科技园（2008年4月）被市文促中心命名为北京市文化创意产业集聚区。另外,海淀园管委会和区委宣传部分别于2013年10月和2015年1月共同命名10个海淀区文化科技园区和8个文化科技孵化器(见表4)。2018年6月20日,中共北京市委宣传部、北京市人民政府新闻办公室召开新闻发布会,正式发布《北京市文化创意产业园区认定及规范管理办法(试行)》和《关于加快市级文化创意产业示范园区建设发展的意见》,并启动首批北京市文化创意产业园区认定工作。海淀区推荐5家园区申报北京市文化创意产业园区。

表4 海淀区文化创意产业园区认定情况

园区名称	国家文化产业示范基地	北京市文化创意产业示范园区	北京市文化创意产业功能区	北京市文化创意产业集聚区	海淀区文化科技园区
命名主体	文化部	市委宣传部	市文资办	市文促中心	海淀园管委会、区委宣传部
中央新影动漫文化城	2010年11月				
中国人民大学文化科技园	2010年11月				
清华科技园		2015年10月		2008年4月	
中关村软件园				2006年12月	
中关村东升科技园					2013年10月
中关村多媒体创意产业园					
中关村数字电视产业园					
中间艺术园区(西杉创意园)					
北大文化科技创新型科技园					
768创意产业园					
益园文化创意产业基地					
中关村海淀园文化科技融合示范功能区			2014年5月		2015年1月
甘家口创意设计服务功能区					
西山文化创意大道音乐产业功能区					
北太平庄影视产业功能区					
中关村创意产业先导基地				2006年12月	

2017年,海淀区文化创意产业园区稳步发展,各具特色。中关村软件园园区企业总收入为2094.4亿元,比上年增加275亿元,同比增长15.1%。其中,以互联网经济为代表的数字经济收入占园区产业总收入的28.3%,利润规模占园区企业总利润的71.1%,数字经济引领园区收入增长。中关村软件园集聚了多个"高精尖"产业,如以瑞斯康达、亚信、博彦科技、软通动力等企业为代表的新一代信息技术产业,以北京君正、芯原微等企业为代表的集成电路产业,以树根互联、重混智能等企业为代表的智能装备产业,以百度等企业为代表的新能源智能汽车产业,以百度、科大讯飞、千方科技、异构智能、汉王科技、智慧眼等企业为代表的人工智能产业,以东软、软通动力、博彦科技、文思海辉等企业为代表的软件和信息服务产业,以及以中关村软件园孵化器、云基地、中关村领创空间、雷雷伙伴等为代表的科技服务业。

2017年,清华科技园文化创意企业总收入为64.5亿元,搜狗、快手等知名互联网企业入驻其中;768创意产业园设计服务类企业集聚,逐步发展成为具有一定品牌知名度的专业设计园区;中间艺术园区集美术馆、电影院、剧院、艺术家工作室于一体,成为海淀区西部重要的文化艺术综合园区。

五 海淀区文化出口情况

(一)文化出口概况

海淀区积极推动文化出口,2017年,文化出口企业数量为184家,占全区出口企业总数的8.5%;出口总额为10.4亿美元,占海淀区出口总额的8.5%,占北京市文化出口总额的47.1%,显示出较强的区域发展实力。在实物出口、服务外包和软件产品三类文化产品的出口中,文化出口企业所占份额较大的是服务外包和软件产品,其中服务外包为8.5亿美元,占全区的61.6%,软件产品为0.5亿美元,占全区的62.5%,为全市文化创意产业稳定增长和海淀区经济转型发展起到了"添秤"作用(见表5)。

海淀区：挖掘文化科技融合新动力，打造区域经济新支柱

表5　2017年海淀区文化出口情况

指标	企业数量（家）	出口总额（亿美元）	实物出口（亿美元）	服务外包（亿美元）	软件产品（亿美元）
海淀区出口企业	2177	121.7	107.1	13.8	0.8
其中：文化出口企业	184	10.4	1.4	8.5	0.5
文化出口占海淀区出口总额的比重（%）	8.5	8.5	1.3	61.6	62.5
海淀区文化出口占北京市的比重（%）	—	47.1	—	—	—

2017~2018年度国家文化出口重点企业有295家，海淀区有27家企业入围，入围企业数量占全国的9.2%，占北京市的41.5%，入围数量远超过其他区县，显示出海淀区在推进文化出口过程中比其他区县具有较大的产业发展优势（见表6）。从入围数量来看，自"十三五"以来，在年度国家文化出口重点企业数量逐年减少的情况下，海淀区入围企业总体数量呈现平稳增长的态势，占全国的比重逐渐提升，体现了海淀区文化出口较强的实力（见图1）。

表6　2017~2018年度各区国家文化出口重点企业数量

单位：家

指标	东城区	西城区	朝阳区	海淀区	丰台区	石景山区	通州区	开发区
数量	5	11	10	27	3	4	1	4

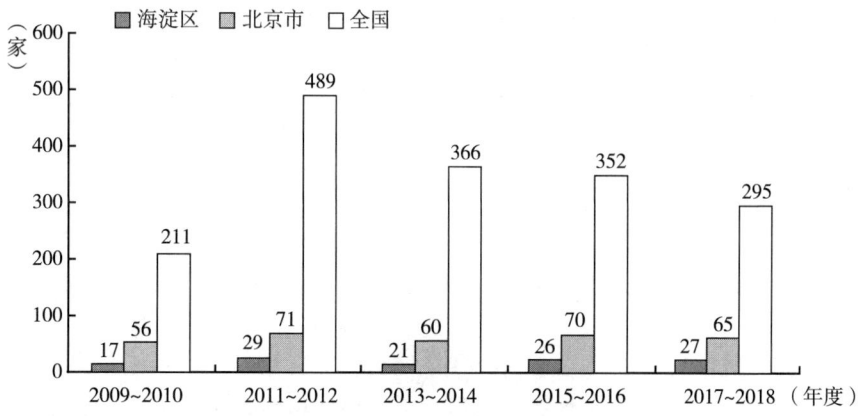

图1　国家文化出口重点企业数量变化情况

从入围文化企业的类别来看，涵盖文化创意产业的多种类别。其中，软件开发行业入围企业包括北京青游易乐科技股份有限公司等；出版发行行业入围企业包括北京大学出版社有限公司、中国人民大学出版社有限公司、外语教学与研究出版社有限责任公司、北京珍本科技有限公司；广播影视行业入围企业包括央视国际视频通讯有限公司、中国国际电视总公司、中视国际传媒（北京）有限公司、北京每日视界影视动画股份有限公司；动漫游戏行业入围企业包括北京玩蟹科技有限公司、完美世界（北京）软件科技发展有限公司、北京青游易乐科技股份有限公司等。

从入围文化项目来看，包括中央电视台国际视频发稿平台、中国类型优秀文学作品输出项目、澳门特区《品德与公民》教材合作出版、中国人民大学出版社版权代理平台、日本株式会社树立社收购及运营、北京语言大学出版社北美分社投资建设项目、蓝色光标全球营销渠道建设项目等，涵盖版权、传播、投资等多个领域，彰显出海淀区在文化内容创造层面具有强大活力（见表7）。

表7　2017~2018年度海淀区国家文化出口部分重点项目

序号	项目名称	企业名称
1	中央电视台国际视频发稿平台	央视国际视频通讯有限公司
2	中国类型优秀文学作品输出项目	中国教育图书进出口有限公司
3	澳门特区《品德与公民》教材合作出版	人民教育出版社有限公司
4	中国人民大学出版社版权代理平台	中国人民大学出版社有限公司
5	日本株式会社树立社收购及运营	清华大学出版社
6	北京语言大学出版社北美分社投资建设项目	北京语言大学出版社有限公司
7	蓝色光标全球营销渠道建设项目	北京蓝色光标品牌管理顾问股份有限公司

（二）文化出口重点企业

海淀区凭借自身的文化资源和区位优势，文化出口规模不断扩大，综合实力不断提高。在文化产业领域涌现了普天国际贸易有限公司、北京美科艺数码科技发展有限公司、北京永新视博数字电视技术有限公司、北京珍本国际贸易有限公司等外向型文化企业。

以普天国际贸易有限公司、北京美科艺数码科技发展有限公司、北京永新视博数字电视技术有限公司等为代表的外向型文化企业,在电子通信、图书出版、数字电视技术、广电专业设备研发等层面,拉动出口的效果显著。其中,2017年,普天国际贸易有限公司出口额达到5.29千万美元,在海淀区位列第一,中国国际图书贸易集团有限公司以3.01千万美元的出口额位列第二,北京美科艺数码科技发展有限公司以1.02千万美元的出口额位列第三(见表2)。

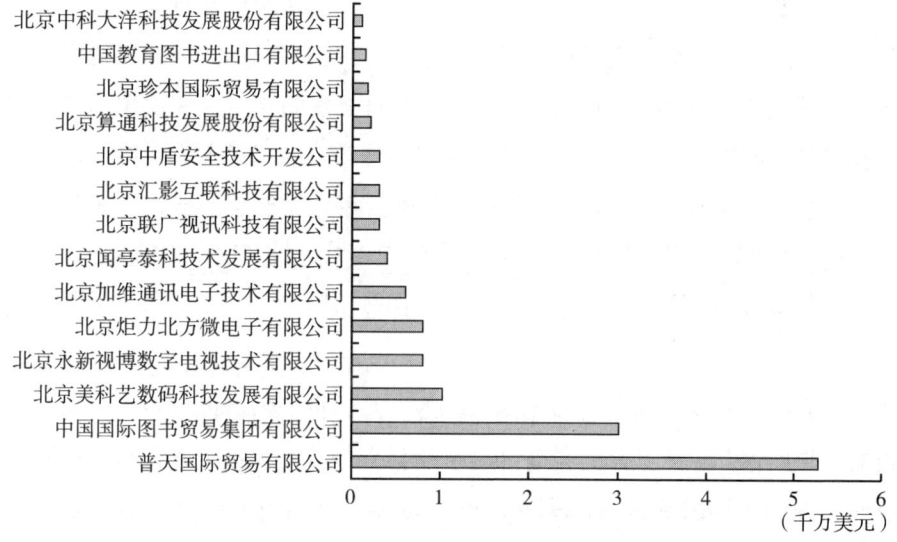

图2　2017年海淀区部分文化科技企业产品出口额

这些企业作为行业的龙头企业,利用自身的产业优势和对外传播渠道,对行业的拉动和提升作用明显。例如,2017年普天国际贸易有限公司积极利用中国信保出口融资担保,更加稳健地开展国际化经营。中国国际图书贸易集团有限公司于2017年12月上线的"中国文化产品跨境电商外贸出口服务平台"为文化产品出口企业提供高资信、高效率、低成本的"一站式"外贸综合服务,启动3天平台交易量即突破30万单,实现出口贸易额

445.91万美元，出口范围覆盖165个国家和地区。北京珍本国际贸易有限公司面向国外大学图书馆和"汉学家"消费群体，主营图书出口和版权代理业务，推动了中文书刊的海外传播（见表8）。

表8　2017年海淀区部分文化出口企业及其主营业务

序号	企业名称	主营业务
1	普天国际贸易有限公司	电子通信
2	中国国际图书贸易集团有限公司	书刊、音像制品、电子出版物等
3	北京美科艺数码科技发展有限公司	计算机软件
4	北京永新视博数字电视技术有限公司	数字电视技术
5	北京炬力北方微电子有限公司	通信系统产品、计算机软硬件、消费性电子产品等
6	北京加维通讯电子技术有限公司	有线电视、卫星电视、数字多媒体、无线通信和宽带
7	北京闻亭泰科技术发展有限公司	数字光学系统参考设计
8	北京联广视讯科技有限公司	数字电视技术
9	北京汇影互联科技有限公司	数字医学影像处理
10	北京中盾安全技术开发公司	法定证件及专用IC卡读写设备研究与生产
11	北京算通科技发展股份有限公司	数字电视技术
12	北京珍本国际贸易有限公司	中文图书、期刊、音像制品
13	中国教育图书进出口有限公司	学术科研文献进出口
14	北京中科大洋科技发展股份有限公司	广电专业设备及相关产品的研制开发

从服务外包的出口总额来看，微软（中国）有限公司是海淀区的龙头企业，在外包服务出口领域比其他企业具有绝对领先的优势。2017年微软（中国）有限公司服务外包的出口额为2.87亿美元。微软（中国）有限公司作为微软公司全球技术战略的重心之一，在下一代网络搜索、数字娱乐、新一代多媒体、新一代用户界面等领域拥有较强的研发实力。

（三）文化"走出去"存在的问题

海淀区的文化"走出去"，在各项领域均取得了显著成效，有效提升了海淀区在北京市文化出口中的地位。但是，海淀区的文化"走出去"也存在一些不容忽视的问题，集中体现在以下几个方面。

第一，整体出口产品的内容结构中文化产品偏少。海淀区文化科技企业较多，但从出口产品的内容结构来看，自我创造的、拥有独立知识产权的较为纯粹的文化产品所占出口份额仍然较少。2017年,海淀区文化产品出口份额最大的是服务外包,为81.7%;其次是软件产品,所占份额为13.5%;实物出口仅占4.8%(见图3)。这说明在开展对外贸易的过程中,海淀区尽管具有较为深厚的历史文化底蕴,拥有各类文化人才,但并未转化为可以利用的文化资本。同时,海淀区尽管具有较强的科技实力,但未能对文化资源的转化提供强有力的支持。而且外包服务所占出口份额较大,使海淀区在整个产业价值链中仍然处于末端,因此,在各类生产要素成本不断上涨的态势下,外包企业的生产成本上升,利润空间易受到挤压。

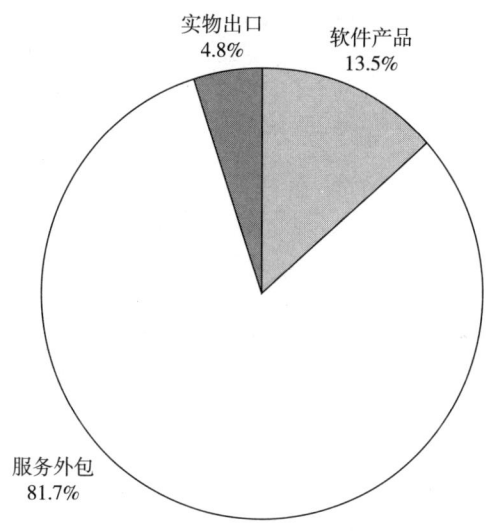

图3　2017年海淀区文化产品出口份额

第二,文化出口企业中国有企业与民营企业的互补性不强。海淀区的出口总额较大,但从出口企业的性质来看,中央企业或国有企业在带动出口的过程中发挥着决定性的作用,民营企业与国有企业相比,明显不在一个重量级别上。如2017年普天国际贸易有限公司的出口额达到5.29千万美元,中国国际图书贸易集团有限公司的出口额为3.01千万美元,而作为民营企业的北京美科艺数码科技发展有限公司的出口额为1.02千万美元,与前两者相比额度明显偏低,彰显出国有企业对民营企业的带动作用不强。

第三，缺乏承载文化"走出去"的对接平台。文化平台是推动文化"走出去"的重要载体，从目前的发展现状看，海淀区的文化企业众多，但是在"走出去"的过程中，未能从规划建设层面对辖区内文化企业"走出去"进行统筹规划，在与国际一流文化企业的互动交流过程中缺乏话语权。即便是一些"走出去"的文化项目，也是"走出去"的形式大于内容，成效不明显、不突出。

B.9
门头沟区：围绕文化中心建设，推进文化创意产业快速发展

马 骐*

门头沟区位于北京市西部，是首都的生态涵养区，区域面积为1455平方公里，下辖9镇4街，常住人口约为32万人。门头沟区深入贯彻落实党的十九大精神，按照新版北京城市总体规划要求，紧扣"绿色发展、生态富民、弘扬文化、文明首善、团结稳定"的发展理念，围绕服务全国文化中心建设，以西山永定河文化带建设为契机，推进重点项目落地，拓展产业发展空间，广搭产业服务平台，扩大文化消费，以促进融合发展提升产业活力，稳步推进全区文化创意产业发展。

一 2017年文化创意产业发展基本情况

（一）文化创意产业总体呈快速发展态势

2017年1~11月，门头沟区规模以上文化创意产业企业共实现收入21.89亿元，同比增长46.9%。其中，文化用品设备生产销售及其他辅助服务业收入最高，为10.14亿元，同比增长159.5%，带动总体收入大幅增长，占全区文化创意产业总收入的46.3%。其次为广播电视电影服务业，收入为3.80亿元，占全区文化创意产业总收入的17.4%。而软件和信息技术服务业、文化休闲娱乐服务业、广告和会展服务业收入分别占全区文化创

---

* 马骐，门头沟区文化委员会副主任，文化创意产业促进中心主任。

意产业总收入的 11.5%、10.9%、10.8%。形成了以文化用品设备生产销售及其他辅助服务为主导，以广播电视电影服务和文化休闲娱乐服务为支撑，以广告和会展服务、软件和信息技术服务为重点的文化创意产业体系。

（二）主要工作措施

1. 围绕全国文化中心建设，推进重点项目落地

一是加快门头沟区石龙经济开发区五期项目建设。主要是加快石龙经济开发区五期项目土地一级开发建设和相关设计规划，充分发挥市文投集团在文化产业发展方面的优势和中关村科技园在科技产业发展方面的优势，建成文化科技融合示范园区。此项工作由门头沟区、中关村发展集团、市文投集团（京西文旅）共同牵头推进，市文资办协助开展。2017年，石龙经济开发区五期一级开发项目正式移交中关村发展集团，一级开发和产业规划等工作推进顺利。目前项目已取得一级开发授权、规划条件、用地预审、立项核准、权属审查、勘测定界等前期手续。下一步将加快城市设计与地块控规编制工作，完成征地补偿协议签署工作，办理林地使用同意书，并上报征地材料。

二是加强长城文化带和西山永定河文化带旅游配套服务设施建设。积极推进旅游休闲步道项目建设。依托门头沟区独特的历史文化资源和宝贵的旅游资源——京西古道，对接国际成熟的国家步道概念，构建700公里的步道系统，形成覆盖全区的"快旅慢游"综合旅游交通体系。其中，旅游休闲步道400公里，绿道100公里，永定河滨水步道300公里。目前已开工建设京西商旅古道一期、旅游休闲步道二期，同步启动了步道三期的前期调研和立项工作。其中，"京西商旅古道基础设施建设一期工程"经北京市发改委审核批复，项目总投资4940余万元。工程实施总长度为45105米，目前正在进行项目施工招标。步道二期项目位于门头沟境内浅山区，项目实施总长度为29千米，经市旅游委审核批复项目总投资1731万元。

2. 拓展产业发展空间，推进企业和项目落地

利用规划分局开展的《门头沟区减量提质、扩大绿色空间规划研究》，积极协调产业发展土地资源，引导旧厂房用于发展文化创意产业。引进焕扬

传媒（北京）有限公司等多家文创企业入驻石龙园区；成功推进城子地块闲置厂房与区文创企业对接，建设"1958创意园"，成为独具门头沟文化元素的特色文化体验空间；推进与金隅集团下属明珠琉璃瓦厂将旧厂房改造为文化创意产业园区；推进石龙园区内金龙泉泵业旧厂房及周边地块改造为京西最大的科技传媒基地——世熙传媒文化创意产业园，已开始进行园区规划，多个企业和项目落地，逐步拓展了产业发展空间，壮大了产业市场主体，积蓄了产业发展动能。

3. 广搭服务平台，激发产业活力

一是人才交流平台。通过精心组织门头沟创意创新创业大赛暨第二届北京市文化创意创新创业大赛门头沟分赛场活动、举办门头沟区文化创意产业第五期至第六期培训班、邀请北京文化产权交易中心介绍"文投汇"项目与区企业融合发展的经营模式、邀请区重点文创企业《战狼2》投资方"北京文化"分享成功转型经验以及赴中关村东升科技园、市文资办北京文化创意展示中心学习调研等活动，将各类文创领域的权威人士、投资机构、创新创意人才及其项目团队等集聚在平台上，实现了人才、资本、项目的对接，挖掘了"空气洗手""小白极智视觉——基于AI视频识别的精准广告投放系统"等一批好项目，发现了一批人才，优化了区文化创意产业创新创业环境，激发并蓄积了文化创意创新创业活力。平台的作用得到了北京市的肯定，获得了"北京文投会杯"第二届北京市文化创意创新创业大赛"最佳众创（文创）空间"的称号。

二是资源推介平台。搭建门头沟区展厅参与第十二届北京市文博会。展厅以"凝视西山　永定长流"为主题，以西山永定河文化为主线，组织区内10多家重点文创企业，以实物展示、摄影作品、视频、现场表演的方式着重突出非遗项目的活态传承、产业化转型成果与区文化创意产业发展的新面貌新活力；协调潭柘紫石砚雕刻技艺文创产品入驻北京市文化创意展示中心非遗走廊、赴台参与台湾文创展，使门头沟区的文化和文创产品在宽阔的平台上展示、传播；开展春节留京大学生欢聚灵水公益活动、潭柘寺玉兰节、戒台寺丁香节、北京国际山地徒步大会采摘、秋叶主题路线等多种多样的主题活动，加大对古都风韵城市形象的宣传推广力度；参加2017年北京国际旅游博览会、第六届北京国际旅游商品及旅游装备博览会等，举办"门头沟旅游资源共享创新论坛"、北京礼物大赛等活动，广泛邀请旅游企业、旅行社、旅游媒体人、旅游自媒体人等参与活动，加强合作交流，提升门头沟区文化旅游产业的影响力。

三是行业交流平台。为保障文化创意企业的利益，更好地服务企业，启动了门头沟区文化创意产业行业协会筹备组建工作，目前已起草完成《门头沟区文创协会组建方案》，组织架构也已基本完善。在行业协会筹备的过程中，积极协调推进，深入企业服务，走访世熙传媒、圆核梦林、中育苑、骊马影业、北京文化、益跑科技、中视胜斗、紫石砚、诺亚盛典、岫云工坊、九星智元、弗莱共创、书生光迅13家重点文创企业，了解企业和项目建设情况、问题及需求，并多次召开协会建设筹备会议，加大了企业间的交流力度，加深了行业间的合作关系，协会的平台作用初步显现。

四是宣传交流平台。举办高水平的中国·北京永定河文化节，立足保护传承历史文脉，整合西山永定河文化带内相关文化资源，通过创造性转化与创新性发展优秀传统文化，设计推出永定河流域文化形象视觉系统，塑造西山永定河文化带的标志性文化品牌。推出系列纪录片《京西古村落》，深挖古村落古道文化，通过北京电视台及多种新媒体平台推出，吸引了各个年龄层观众的广泛关注；举办《平西组歌》原创作品音乐会，以平西斗争史为素材，通过艺术化的创作方式，感人至深地表达了传承红色文化的时代声音；打造人文地理图像志摄影展，以专业艺术家专业研究的视角，用传统的艺术摄影（银盐黑白摄影）方式，形成国际化的视觉语言，对大西山和永定河做了一次深入的图像记录，引发观众对文化的深思与追忆；策划推出的大型原创舞台剧《永定人家》是一部以京西百年历史为背景，以门头沟煤业文化、古村落文化、民俗文化、生态文化、红色文化为基础的舞台史诗剧，让大众领略到"望得见山，看得见水，记得住乡愁"的悠远意境，感受到西山永定河文化带家园般的归属感；举办"盛世舞太平"京津冀太平鼓展演等，一部部高水准、走心的文艺作品以点带面，引发共鸣，全面提升了西山永定河文化的社会影响力，并借助文化资源的整合推进永定河流域内蒙古、山西、河北、天津、北京五省份永定河文化与文创产业的合作与联动。

4. 推进供给侧结构性改革，促进文化消费升级

为深入贯彻推进供给侧结构性改革的战略部署，积极引导大众消费向精神追求型、文明发展型升级，满足人民群众日益增长的多样化、多层次文化消费需求，举办了第五届惠民文化消费季暨"文化惠民 乐享京西"门头沟惠民文化消费月活动。活动为期2个月，围绕"文荟北京 质惠生活"主题，通过组织"10元进影院"活动，制作发放总额为10万元的惠民文化消费大礼包，打造牡丹书院、创客图书馆等特色文化惠民阅读空间等多项活动，采取线上线下相结合的方式，着力加强优质文化消费供给，拓展受惠群众范围，提高消费者参与程度，扩大活动的辐射力和影响力。文化消费活动取得较好成效，得到了北京市的肯定，门头沟区荣获优秀组织奖。

5. 推进融合发展，提升产业活力

一是加强文化创意与文化遗产保护、旅游产业深度融合发展。以文化旅游产业为龙头，以传承西山永定河文化带历史文脉为核心，以中国传统村落雁翅镇碛石村为主要载体，通过引进原创设计与现代文化元素，对古村落进行VI整体设计、游览线路文化提升和包装、制作线上智慧地图、举办永定河大西山地理影像志展览以及西山雅集、"非遗+设计"作品展等一系列文化活动，打造"活的博物馆"项目，举办北京国际设计周门头沟分会场，树立文化创意体验旅游新品牌。

二是促进非遗项目产业化。研究利用非遗设计大赛成果，发布《创意门头沟·预见匠心·非遗设计大赛获奖作品招商合作手册》，以市场为导向，吸引社会资本参与发展。其中，重点推出国家级非遗项目琉璃烧制技艺，深挖琉璃皇家文化，实施"琉璃重生计划"。目前已设计出五大类共计15种独具琉璃文化元素的文创产品，并与故宫、颐和园等景区的文创销售平台达成合作营销的意向，努力朝着让"非遗走进现代生活，让现代设计走进非遗"的目标行动，实现非遗活态传承与文化创意产业融合发展。

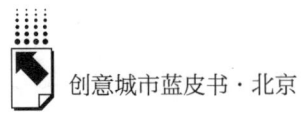

二 下一步发展思路

下一步门头沟区文化创意产业工作将以全国文化中心建设领导小组对"一核一城三带两区",特别是西山永定河文化带与文化创意产业发展引领区建设的要求为指导,着力构建以文化旅游为龙头,以文化传媒、文化科技、艺术品交易为主导的文化创意产业体系,以挖掘提升现有文化资源和引进培育现代化元素为着力点,以引进优质市场主体和推进产业载体为抓手,以加大产业宣传力度和广泛搭建交流平台为支撑,扩大产业规模,增强产业活力,凸显优势产业,优化产业环境,全面培育壮大文化创意产业,加速产业发展成为支撑门头沟区经济转型升级的新亮点。

(一)以全国文化中心建设为中心,加快推进重点项目落地建设

一是加快推进门头沟区石龙经济开发区五期项目建设,开展地块控规编制、征地拆迁、前期手续办理、市政综合方案编制等工作,争取完成开发成本预审,使部分土地达到入市条件。同时,启动项目储备工作。

二是落实推进全国文化中心建设要求,围绕西山永定河文化带、长城文化带建设工作,推进产业发展。加快永定河文化博物馆新馆建设;大力实施文物保护工程,统筹推进古道、古村落、古寺庙、古长城等文物资源的保护修缮工作;完成编制西山永定河文化带旅游发展规划、长城文化带资源普查专题研究;实施永定河景观提升工程,适度完善旅游文化配套服务设施,建成集生态、文化、景观、旅游于一体的百里画廊

三是全面推进国家全域旅游示范区及国际旅游业改革创新先行区"双区"创建工作。

(二)加强文创产业金融平台建设,为文创企业提供金融支持

一是设立门头沟区文化金融服务平台。充分利用"门创30条"相关政策,并增加文化创意产业支持方向及相关扶持政策,通过奖励、补贴等方式

帮扶文创企业发展。同时，搭建以项目股权投资等为主要支持方式的文化金融服务平台，支持本地区中小型文创企业又快又好发展。

二是充分利用京西文旅基金，促进大型文旅项目落地。

（三）拓展文创产业空间，为文创企业提供空间支持

一是围绕北京市的功能定位和建设全国文化中心的要求，在新总规中做好文化创意产业用地的整合和项目策划。重点规划建设城北文化科技融合产业集聚区。进一步加快7平方公里棚改区域开发，通过规划吸引一系列西山永定河文化创意产业重大项目落地建设，打造文化企业总部和文化科技融合创新基地。

二是推进闲置厂房及工业遗存的腾退利用工作，盘活京能、金隅等国有企业存量厂房及土地资源，引入专业文创园区运营机构，重点推进建设世熙传媒文化创意产业园，打造独具西山永定河文化带特色的文创园区。

三是充分利用好苛罗坨、秋坡、石佛村土地一级开发项目C地块，推进具有区域特色的文创产业项目落地。

（四）丰富完善产业人才、项目、行业交流平台

组织好第二届门头沟区创意创新创业大赛，参加第十三届市文博会等重大文化展览展会，举办好北京惠民文化消费季暨"文化惠民　乐享京西"门头沟惠民文化消费月活动，持续推进文化创意产业供给侧结构性改革，为区文化人才、企业、项目搭建推介交流的平台。

（五）讲好西山永定河故事，打造京西文化金名片

在更大格局、更宽视野中审视永定河文化的价值，充分挖掘和展示历史文脉，结合时代要求，举办第十二届永定河文化节，通过各种形式讲好西山永定河故事，深入浅出地阐释文化内涵，充分发挥永定河文化节的品牌效应，加强京津冀乃至内蒙古、山西流域沿线的产业互动和融合，不仅使文脉相通，更促产业相融。同时，积极开发西山永定河文化特色创意文化产品。

创作呈现西山永定河文化当代价值的文化精品,并将文化特色与人们的物质和精神需求联系起来,以引领时尚的产品研发促进文化创意产业特色发展。如将以"戒台梵音""永定人家""京西太平鼓""平西组歌"等为代表的精品文艺演出和以"琉璃重生计划"为代表的非遗项目作为内容,形成一批特色文化创意产业产品。另外,引导各文创企业在拓展市场的过程中,挖掘整合西山永定河文化资源,主动创造一批个性突出、特色鲜明、品质精良的文化精品,形成京西文化金名片。

B.10
房山区：集聚创新力量，加速产业发展

丁学工 刘晓阳*

2017年，房山区文化创意产业促进中心在区委、区政府的正确领导下，结合北京城市总体规划赋予房山"三区一点"的功能定位，围绕"生态宜居示范区"和"中关村南部创新城"新房山建设，以转型发展为主线，强化服务意识，优化文化创意产业发展环境，着力推进文化创意产业资源优化整合，在区域经济转型发展中文化创意产业作为新的经济增长点，取得了较好成效。

一 文化创意产业总体情况

（一）区域形势分析

房山区文化创意产业发展面临难得的历史机遇。从外部环境看，北京非首都功能疏解，有利于房山区吸引高端创新创意人才，建设京西南小微文创企业聚集地；国家新型城镇化综合试点，以及大力推动特色小镇建设，为房山区利用工业遗存发展文创产业提供了可能；国家大力推进生态保护与示范区建设，文创产业作为具有代表性的绿色产业将大有可为。从内部环境看，文化创新已成为引领房山区转型发展的三大动力（文化创新、科技创新、金融创新）之一，房山区成立了文化创意产业促进中心，组建了文化创意

---

* 丁学工，北京（房山）历史文化旅游集聚区副主任；刘晓阳，房山区文化创意产业促进中心宣传调研部部长。

产业协会,完善了全区文创产业管理服务工作体制机制,这些举措成为房山区文创产业管理和服务机构建设的重要里程碑。

(二)产业基本情况

一是企业数量和规模快速增长。2017年,房山区共有文创企业7044家,比2016年新增1261家,同比增长21.81%。截至2017年底,房山区共有规模以上文创企业56家,实现收入49.2亿元,比2016年同期增长22.7%。二是政策引领效果显著。2017年6月拨付的"2016年房山区小微文化创意企业发展专项资金"支持了48个项目,共911.37万元,带动了社会投资1.5亿元,促进了1807人就业。三是文创产业园区创建效果明显。目前,房山区拥有国家级众创空间4家、市级众创空间6家、区级众创空间10家。截至2017年底,共有501家企业入驻,其中文创企业233家,有3家在新三板挂牌。四是设立产业发展基金。设立文心房山文化创意产业基金,总规模为5亿元,用于引进文创项目(金额不低于60%),为产业发展提供资金保障。

(三)组织机构建设

1. 北京(房山)历史文化旅游集聚区规划建设管理办公室

北京(房山)历史文化旅游集聚区规划建设管理办公室(以下简称集聚区办公室)由北京市委宣传部批准设立,以周口店"古文化"为龙头,云居寺"经文化"为核心,大石窝"石文化"为支撑,上方山、长沟等山水休闲文化旅游为补充,总规划面积为67.69平方公里。集聚区办公室为正处级行政机关,主要负责起草集聚区发展规划,落实年度计划,负责集聚区重大事项的协调与督办;拟定促进集聚区建设和文化创意产业发展的政策、措施;调查、统计、分析集聚区建设发展的基本情况及相关数据和信息;管理集聚区发展的专项资金,组织文化创意产业项目评审和申报。

2. 房山区文化创意产业促进中心

房山区文化创意产业促进中心(以下简称区文促中心)归属房山区委宣传部,是推动房山区文化创意产业发展的常设机构。区文促中心为正科级全额拨款事业单位，区文促中心主任、副主任由集聚区办公室领导兼任。区文促中心主要负责协调指导全区文化创意产业发展，承担日常协调、督办工作；落实市区文化创意产业发展相关政策，搭建相关服务平台，做好产业发展形势的监测分析，组织区内文创重大课题的调研，并抓好全区文创产业系统的信息和宣传工作；负责区级文化创意产业园区项目的申报、评审、日常管理和绩效评估，组织国家级和市级文化创意产业园区项目的申报、初审等工作；统筹指导文创企业的党建、群团和统战工作，指导和组织文创产业参加相关教育培训工作。

3.房山区文化创意产业协会

为搭建政府与文创企业之间，以及各文创企业之间的桥梁，2017年1月4日，房山区文化创意产业协会在区文创大厦正式揭牌，市文资办、区委、区政府、区政协主要领导以及区内文创企业代表参加了活动。集聚区办公室作为协会的业务主管单位，协会设秘书长、副秘书长各1人，另设监事和理事16人。经过一年多的发展，协会现有会员企业77家。协会的主要职责是：协助主管部门制定行业发展规划、行业行为规范和行业标准，建立行业自律机制，实现行业规范管理；推动会员单位之间的深度交流，鼓励多种所有制文化创意产业企业加强合作，实现文化创意产业项目的有效对接；积极宣传、推广会员单位的成功经验和有益做法；及时了解会员单位的合理诉求，并向政府部门反馈；为会员单位提供法律咨询、金融咨询、政策指导等服务。

二 优化产业发展环境

房山区文化创意产业空间格局进一步优化，文化创意产业功能区发展良好，重点园区示范性作用进一步增强，多个重大项目建设顺利推进。

（一）加强政策扶持

1.《房山区支持小微文创企业发展意见》（房政办发〔2015〕69号）

该政策是扶持文创产业发展的专项政策，由区文创产业领导小组办公室主导实施。2017年，集聚区办公室会同区财政局按照政策实施细则的具体要求，聘请了北京蓝色智慧管理咨询中心作为第三方，组织专家评审和实地踏勘，通过项目38个，审定金额998.316万元。经测算，拟支持的文创企业2017年共纳税1857.94万元，带动社会投资约1.8亿元，促进近2000人就业。

小微政策得到了北京市相关委办局领导的高度重视与认可，2017年，市文促中心也委托房山区进行全市小微文创企业调研，并制定全市扶持政策。

2.《房山区引进高层次人才、创新创业人才（团队）支持办法》（京房办发〔2015〕29号）

该政策是综合性政策，由区委组织部、人保局主导实施。2017年7月，《房山区第一批"引支工程"入选人员名单》（房人才发〔2017〕2号）中，光合（北京）文化创意产业有限公司被评为创新领军团队，该公司董事长赵兴朋被评为创新领军人才。

（二）设立发展基金

通过文创+金融的路径，扶持、孵化有潜力的创新性文创品牌和从业者，打造小微文化创意企业集聚区，推动文化金融产业迅速发展。目前在北京基金小镇注册的文创基金共37只，总规模达775.8亿元，为产业发展提供了资金保障。其中，区政府参与出资设立了两只基金：一只是光合文化创意产业基金，总规模为2亿元，区政府投资的0.3亿元已拨付到位，该基金首期1亿元，90%的资金将投向房山区内的中小微企业；另一只是文心房山文创产业发展基金，总规模为5亿元，首期2亿元，该基金用于引进文创项目（金额不低于60%）。目前，文心房山文创产业发展基金（有限合伙）已投资2个项目，经预测，基金投资效果较为理想。文创基金的设立，有效撬动了政府、企业和社会资本，通过市场化运营的模式，加速了小微文创企业的发展。

（三）提升服务能力

在京津冀协同发展、非首都功能疏解的战略背景下，房山文创产业发展迅速，服务能力持续提升，有效推动了区域特色化、集群化发展，产业集聚力明显提升。一是组建文化创意产业协会，打造"房山文创之家"，提供免费的代记账、法律咨询、商标注册、人才招聘、运动健身、食堂餐饮等服务。同时，成立了协会功能型党总支以及10个实体党总支、实体党委和协会团委，文创企业党员达到128人，成为房山区社会组织第一个枢纽型、实体型党委，此项工作在全市文创协会系统和区级协会系统中处于先进行列。二是搭建综合服务平台。设立文化创意产业促进中心服务大厅，为文创企业提供工商注册、银行开户等"一揽子"服务。三是实施"点单式"培训助力企业成长。2017年8月，房山区举办了文化创意产业高级研修班，全区各乡镇街道主管文创工作的领导和文创企业高管共160余人参加了培训。邀请国内著名专家、学者以及业内资深人士授课，针对企业关注的企业管理、品牌营销、园区运营等热点问题进行了详细解读。2017年9月，与北京大学创业训练营合作举办了"北大创业训练营文化科技特训班（二期）暨北京银行杯中国北京文化创新创业大赛季（2017）总决赛"，面向来自全国各地的120多名企业家和创业者推介了房山区的发展环境和文创政策，激发了企业家和创业者来房山区发展的热情。四是搭建学习交流平台。2017年共举办"文创沙龙"32期，邀请了区教委、区人才、区财政等相关部门与文创企业代表交流，还组织了财务、法律等专题讲座，助力文创企业发展。

（四）加强基础调研

为全面、真实、有效地梳理房山区文创资源存量，加强文创产业发展基础性调研与研讨，2017年初开始对区内工业遗存、商务楼宇存量情况开展专题调研。通过前期的座谈、摸底工作，确定了重点范围，区集聚区办公室、区文促中心、区文创产业协会工作人员分批前往重点区域进行实地走访调研，最终形成了"商务楼宇"存量资源基础数据文件，完成了《房山区工业遗存专题调研报告》，为今后引进文创企业以及发挥工业遗存在城市文化建设、文化创新发展等方面的作用打下了坚实的基础。2017年10月，召开房山区文化改革创新专题研讨会，此次研讨会由区委改革办、区文促中心和《中国改革报》共同主办，国家行政学院、《中国改革报》、国家旅游局、北京市委宣传部等有关领导参加，会上听取了房山区文化改革课题报告阶段性成果，各位专家针对全国文化中心背景下"文化房山"建设建言献策，全力推动房山区文化改革创新驶入快车道，为推进全国文化中心建设做出贡献。

（五）加强宣传推广

1. 拓宽媒体宣传渠道

房山区文化创意产业促进中心与房山电视台联合推出文化创意产业系列栏目《创意房山》。该节目采取周播的形式，推介展示区域发展情况、文创政策，重点宣传区内文创企业等，加大对区内文化创意产业宣传报道的力度，全方位提升服务质量和水平，加快文创产业融合发展的步伐。与此同时，房山文化创意产业网、区委宣传部文化创意板块的影响力持续扩大，"创意房山"微信公众号关注人数达1.5万人，制作发布微信1300多条，单条阅读量突破1万人次，有25条的阅读量超过5000人次。

2. 开展房山吉祥物征集评选活动

为进一步推介展示房山区，促进房山区文创自有IP项目的孵化培育，自2017年6月开始，面向全球开展"Fun征集 萌创意"房山吉祥物征集评选活动。2017年9月，在第十二届中国北京国际文化创意产业博览会上，房山吉祥物十强备选方案亮相，北京市委书记蔡奇、代市长陈吉宁在考察房山展区时给予了赞许。经过专家评审、社会投票等环节，最终在2017年北京国际设计周房山分会场开幕式上，房山区吉祥物正式揭晓，"方方"正式成为房山官方认定的形象代言人。2017年底，还在燕房线开通了"方方号专列"，吉祥物"方方"担起了推介、宣传房山的使命。

3. 助推文创企业"走出去"

2017年4月，"2017北京文化创意产业展"在台北世贸中心隆重开幕，房山区文创代表团作为北京市各区政府唯一代表在开幕式上进行主题推介，播放了《创业新城 魅力房山》专题片，受到了与会台湾同胞的欢迎。展会期间房山区设立了展台，重点展示房山区依托文化资源开发文创产品的新成果。2017年5月初，举行了第二届北京文化创意创新创业大赛房山分赛区的比赛，22个项目通过路演、答辩以及投资人现场认投，最终5个项目进入复赛。本届比赛文创项目质量高、有特色，尤其是基金公司现场认投环节，是2017年全市大赛中的一个亮点。房山区文化创意产业促进中心获得"最佳组织奖"。2017年5月中旬，房山区文创协会会员企业与北京雄州商会联合，在雄县举办了"以文兴业，筑梦雄安"主题论坛，房山区文创协会会员企业负责人与雄县企业家代表近150人参加。此次论坛活动采取主题演讲与座谈对话的形式进行，双方签署战略合作协议，就共同推进房山区与雄县之间的文创产业发展达成共识，此次论坛凝聚合力，共谋发展大计，共同致力于两地文化产业的融合、创新与繁荣发展。2017年9月，房山区参加第十二届中国北京国际文化创意产业博览会，突出展示了房山区文化创意产业园区的建设成果，集中宣传文化创意产业优惠政策。文博会上，"房山文创手绘地图"以简洁的漫画风格，推介展示了房山区的历史文化资源和文创产业发展情况，受到参观群众的欢迎。此次文博会通过组织区内文创园区、重点文创企业、优秀文创项目参展，展现了房山区文创产业的发展成果，吸引了更多优质文创企业投资、入驻房山区。

（六）存在的问题

房山区文创产业尚处于发展阶段，基础相对薄弱，缺少国家级重大项目支撑，对财税的贡献不大。一是产业整体呈现小、散、弱状态。从2017年数据看，"小"体现在99.1%的文创企业是小微企业；"散"体现在10个区级文创产业园区内的文创企业数量仅占全区文创企业总数的5.1%；"弱"体现在规模以上文创企业平均收入为2919.6万元，特色品牌知名度不高。二是产业政策有待进一步完善。环城五区近年来分别出台了文创专项资金管理、财政扶持、人才规划等政策，而房山区仅有《关于支持小微文化创意企业发展的意见》这一专项政策，其他配套政策正在制定中。三是资本、信息、人才等要素还不完善。相关职能部门对文化创意产业发展要素的整合、沟通机制还需进一步完善；文创协会成立时间较短，服务文创企业发展的能力还需进一步提升，企业之间的沟通渠道还需进一步拓宽；文创人才培养主要依托高校，大多限于纯技术研发等专业，缺少创新型、复合型文创人才。

三 2018年发展思路

借力西山永定河文化带建设，充分利用市区文创产业政策，大力发展城铁沿线、历史文化旅游集聚区、北部生态区等区域特色文创产业，着力建设重点项目，形成全面发展、点上开花、点面结合的良好发展态势，使文创产业成为新的经济增长点，努力为"一区一城"新房山建设做出新贡献。

（一）大力发展城铁沿线文创产业

目前城铁沿线空置楼宇（文化娱乐类用地）有20多万平方米，且城铁沿线分布有北大创业训练营、智慧长阳文创园、三维六度文创园等9家文创园区。今后将大力发展城铁沿线文创产业，建设特色园区，引导更多文创企业入驻。

1. 加强文创园区建设

今后将进一步扶持特色园区建设，引导三维六度文创园内的MTI中国认证培训中心增强老电影修复能力，增加房山区贫困学生培训就业数量。引导北大训练营孵化更高质量的文创企业，企业成熟后落户房山区。进一步加强引导大学生创业园中的文创企业，使其快速发展壮大，早日实现收益。

2. 加强与市文投集团合作

积极与市文投集团探索文化旅游项目等其他合作模式，发挥文心房山文创产业发展基金的引导作用，在智慧长阳文创园引进以电竞、直播为主的文创企业。同时，加大智慧广电项目的协调推进建设力度。

3. 加强老旧厂房改造开发

随着房山区发展空间布局的调整，推进腾笼换鸟、加强老旧厂房改造已是大势所趋。通过实地走访、函询等方式统计得出，房山区现有老旧厂房等工业遗存44处，面积为195.83万平方米，已完成文创园区改建的项目有5家，今后将积极深挖政策，重点利用老旧厂房创办文创产业园区，引进高端文创企业。

（二）大力发展历史文化旅游集聚区文创产业

房山区作为历史文化大区，底蕴深厚，人文资源丰富。按照房山区"历史文化和地质遗迹相融合的国际旅游休闲区"的功能定位，找准目标，突出重点，聚焦发力。

1. 着力推动原有重大项目建设

加快云居寺文化景区、"智慧广电"产业城等重大文创项目建设，加强与市、区相关部门对接，协调推进项目建设。同时，积极培育文创领域新的增长点，促进广播电视电影服务业态规模化发展。

2. 着力开发文创产品

深度挖掘房山区的历史文化内涵，借助北京市创意研发机构集中、创意设计人才集聚的优势，积极对接文化创意设计机构、高等院校和职业学校、青年设计师联盟等文化创意设计机构和组织，研发以周口店"北京人遗址"、云居寺"房山石经"、上方山"特色文化资源"为品牌的系列文化创意产品。同时，完善文化创意产品营销体系，在国内外旅游景点、重点商圈等场所开设专卖店或代售点。积极创新"互联网+文化"的营销推广方式，拓展与互联网电商平台的合作，综合运用线上线下多层次商务平台和营销渠道。

（三）大力发展北部生态区文创产业

房山北部山区生态环境资源丰富，应打造可持续、别具一格、在京津冀区域内具有高度竞争力的生态休闲产业发展新模式。

1. 积极盘活闲置矿山资源

盘活矿山遗存是治理矿山生态环境的新思路，是有效保护和科学利用矿业遗迹资源、加强矿山生态恢复与环境治理、促进矿业地区经济转型的重要举措之一，应积极探索传统资源型产业退出后矿山遗存的开发利用问题，针对不同特色的矿山遗存，因形就势进行布局建设，如将大安山乡煤矿打造成国家全山地运动度假公园，将霞云岭乡四马台煤矿建设成矿山公园，等等。

2. 积极盘活闲置旅游资源

根据生态环境区域发展实际，处理好保护与开发的关系，盘活佛子庄第三空间、白草畔、圣莲山等景区旅游资源，在108国道沿线形成差异化的生态旅游、绿色产业和谐发展的生态休闲特色发展带。利用现有特色景区资源，将其打造成为以优美自然环境为依托的休闲、养生、体验旅游景区，构建京西生态休闲产业发展高地。

（四）做好相关保障工作

1. 进一步优化文创产业发展政策环境

研究制定房山区支持文化与金融融合发展的相关政策。依托北京基金小镇，引导鼓励社会资本兴办文化企业，投资文创产业。

2. 发挥文创协会平台作用

推动形成区域产业发展集群，鼓励和支持协会、组织、社团、联盟等机构发展，借助各自平台的产业服务特色，凝聚行业力量，实现相互关联、资源共享、优势互补，形成区域文创产业集群大气候。

3. 进一步提升宣传推介水平

一是加强房山文创产业宣传。充分利用房山区文化创意产业门户网站和创意房山微信公众号，塑造房山文创品牌，吸引社会资本进入房山；通过《创意房山》电视专题栏目，介绍房山区文创企业的成功经验，推介具有房山特色的文创企业和产品。二是加强房山吉祥物"方方"的知识产权保护和开发。通过商标注册、授权，挖掘吉祥物的文化价值和商业价值，推动本区文创IP系列建设，促进区域文创产品特色化、系列化。三是打造"房山礼物"品牌，发挥产品销售的品牌集成效应，扩大房山区文创产品的影响力，为经济建设做出贡献。

B.11
通州区：多渠道推动区内文创产业发展，深度调研老旧工业厂房拓展文化空间

史迎春 王璇*

近年来，通州区经济社会发展取得了重要成就，经济总量迈上新台阶，经济实力进一步增强，产业结构不断优化升级，淘汰退出了一批落后产能，生态环境持续改善，基础设施承载力大幅提升。第三产业增加值占GDP的比重达到50%以上，其中文化创意产业快速发展，推动通州区实现发展新突破。随着北京市进入疏解非首都功能、带动京津冀协同发展、构建"高精尖"经济结构的关键时期，作为京津冀协同发展的桥头堡，通州区文化创意产业面临千载难逢的发展机遇。特别是北京城市副中心新定位的确立，以及大运河文化带建设规划的提出，标志着通州文化创意产业的发展进入一个全新阶段。

一 通州区文创产业现状

截至2018年6月，通州区规模以上（年收入1000万元以上）文化创意产业法人单位共98家，收入合计为105.7亿元，同比增长17.1%，吸纳从业人员12550万人。通州区文化创意产业总收入在北京市5个发展新区中居第一位，增速居第三位。就经济效益而言，目前通州区文化创意产业初步形成了以文化用品设备生产销售及其他辅助服务、广告和会展服务、设计服务

---

* 史迎春，通州区文化委员会文化创意产业促进中心主任；王璇，通州区文化委员会文化创意产业促进中心科员。

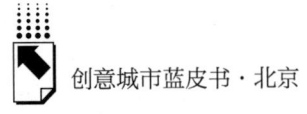

等为代表的产业体系；就社会效益而言，形成了以艺术品创作与交易、出版发行、文化旅游为代表的特色文化创意产业体系。

二 多渠道推进区内文创产业发展

（一）提出文化创意产业人才整体提升计划

为提升区内文创人才的经营水平，通州区文化委提出了"通州区文化创意产业人才整体提升计划"（以下简称"提升计划"）。"提升计划"由五部分构成，分别是：归促、文创讲堂、"走出去"、展示路演和总结大会。其中，归促是指利用政府搭建的专业平台，告知通州区文创企业归入通州区文化创意产业促进范畴，加入人才提升计划。文创讲堂是以讲师授课为主要形式，同时设有学院论坛，参与的企业既可以从各行业专家那里学到理论知识，也可以与讲师和其他学员相互交流，促成合作。2018年度文创讲堂已于2018年9月圆满结束，共开展3期，为期9天，参与企业有300余家。"走出去"是指带领企业看看市内外优秀文创企业，学习其先进经营与管理经验，以不断提升自己。展示路演这一环节是给区内企业一个充分展示自己的机会，由区文化委邀请相关行业专家及投资人对路演项目进行点评、提问，甚至为企业吸引投资，在此环节中，企业可以认识到自身项目存在的问题，并有机会获得投资。总结大会是整个提升计划的最后一个环节，在这个环节区内企业可以对这一年度的发展情况进行总结，梳理企业取得的成绩、学习的新理念、存在的问题等，并展望下一年度的工作，制订下一年度企业发展计划。

（二）稳步推进文创产业人才队伍建设

一方面，按照区"两高"工作联席会工作部署，积极开展征集和评审工作，向区委组织部推荐了50名"运河计划"文化创意领域人才，经过多轮严格的评选，最终评选出30名文化创意领域领军人才、8名文化创意领域青年拔尖人才，共计38人。让优秀文创企业人才享受到政策红利，调动人才对通州区文创产业做贡献的积极性。另一方面，在2016年举办三期培训的基础上，优化培训方案与内容，继续深入开展培训工作，2017年共开展五期培训，近300名文创企业人员参加，通过培训，进一步促进了通州区文创产业的发展，为通州区建设北京城市副中心提供了强大后盾和坚实保障。

（三）发挥区级文创专项资金引导作用

2017年7月正式启动了通州区文化创意产业专项资金征集工作，重点支持符合北京城市副中心建设主题、推动京津冀协同发展、促进运河文化带建设的文化创意企业和项目，列入《北京市文化创意产业发展指导目录》（2016年版）鼓励类范围的项目，具有显著社会效益和经济效益的项目，以及促进文创企业孵化、文化资源整合与交流合作的"平台类"项目。通过项目征集、网上申报、初审、专家评审、踏勘等各项环节，共有15个企业项目（其中10个为项目奖励类，5个为企业奖励类）通过评审并获得扶持，撬动社会总投资1.08亿元，拉动税收6630.95万元。

（四）第三届北京市文创大赛取得突破性进展

由北京市文化创意产业促进中心主办的第三届北京市文创大赛（以下简称文创大赛）于2018年5月正式启动，区文化委于2018年5月29日召开"2018北京文化创意大赛动员宣讲会"，大赛筹备组织工作稳步推进。通州区文化委在整个赛程中严格把控，超前谋划，合理布局，圆满完成了6场初赛、1场复赛的组织工作，得到了市文促中心、大赛组委会以及各参赛选手的多方好评，并获得了本届文创大赛最佳组织奖。本届大赛通州区共设立6个分赛场，分赛场数居全市之首。通州区共有100多个企业项目报名，经过区文化委的严格审核，最终有86个项目进入初赛路演环节。在本次大赛中，通州区文创项目取得了突破性进展，在6个分赛场中有2个分赛场获奖，其中通州区弘祥1979分赛场荣获最佳众创（文创）空间，通州区东郎分赛场荣获最具成就分赛场。更有桔子树线上线下艺术培训综合体项目荣获本次大赛的市级二等奖,在4个单项奖中,读个小故事App和原创故事工笔彩色连环画项目分别荣获年度投资价值奖和年度创业人气奖。通州区文创企业在本届大赛中取得了巨大突破,进入百强的企业共计4个,居全市前三名。这充分说明通州区文创企业发展取得了长足进步。

(五)第十二届中国北京国际文化创意产业博览会

第十二届中国北京国际文化创意产业博览会(以下简称文博会)于2017年9月11~13日在中国国际展览中心(老馆)顺利举行。本届文博会通州展区以北京城市副中心的定位亮相,通州展区整体以大运河文化为基调,融入浓郁的中国风,整体设计高端大气,运用多种高科技手段呈现现场效果,整体效果明显优于其他展区。通州展区共有23家参展企业参展、4家企业参演,在短短3天时间里,实现交易量86.35万元,意向交易量达到6193.7万元,与上年相比分别增长1.2倍和4.2倍。人民网、光明网、百度新闻、搜狐网、腾讯快报、今日头条等60余家媒体争相报道,通州区特别邀请了通州小兵自媒体前往文博会现场进行现场采编,宣传报道。本届文博会报道总浏览量达7万余人次。通州展区一度成为各大媒体关注的焦点。"文化通州"官方微信的粉丝关注量增加了510人,"通州文创"微信公众号粉丝关注量增加了627人。本届文博会期间,北京市委书记蔡奇莅临通州展区观摩指导,进一步提升了展区的层次。通州区在本届文博会上还获得最佳展示奖和优秀组织奖两项大奖。

三 着力研究通州区保护利用老旧厂房拓展文化空间

保护利用老旧厂房拓展文化空间是首都城市发展的趋势之一,也是全国文化中心建设的内在要求。老旧厂房不仅是建设文创产业引领区的新空间,而且是建设公共文化服务平台的新载体。根据市政府办公厅《关于保护利用老旧厂房拓展文化空间的指导意见》(京政办发〔2017〕53号),区文化委会同区有关部门，对区内老旧厂房现状以及拓展文化空间工作进行了认真调研，同时认真分析了调研摸底过程中发现的问题，并就老旧厂房拓展文化空间工作提出建议。

（一）采取的针对性措施

根据通州区委书记曾赞荣的批示意见，以及通州区委常委、宣传部部长查显友，通州区副区长李亚兰的指示精神，自2017年12月开始，通州区文化委多次对全区的老旧厂房情况进行摸排调查，与区国资委、区经信委、区投促局以及各乡镇街道等部门联系，反复发函咨询，收集信息，并深入基层调研。同时，多次向市文资办、市文促中心询问政策和工作建议。2018年4月28日，通州区文化委修订了《通州区老旧工业厂房存量资源普查表》及《关于填报通州区老旧工业厂房资源普查表的通知》，经党委研究决定向区国资委、各乡镇街道办事处发函要求协助。

（二）调研区内老旧厂房现状

通州区文化委对区内老旧厂房现状进行深入摸底调研。据不完全统计，截至2018年6月28日，通州区老旧厂房资源存量有700余家，占地面积近641万平方米，建筑面积近490万平方米，其中梨园镇40家、永顺镇58家、漷县2家、永乐店镇2家、于家务乡17家、西集镇170家、台湖镇384家、宋庄镇26家、通州区经济开发区南区4家。

（三）拓展文化空间的情况

在摸排调查过程中，区文化委对利用老旧厂房拓展为文创园区的典型案例予以梳理、推广和宣传，为区内老旧厂房改造提供成功经验和思路。

一是双益发文化创业园。该园区位于台湖镇，原双益发食品厂，占地72万亩，始建于1993年。目前已经完成了前期设计及部分改造，预计2018年底完成文创园区的整体改造工作。该园区主要投资全部来源于原企业，是本土企业转型的一个典型案例。

二是东朗文创园。该园区原属于北京北泡集团的生产厂房，占地43亩，地上建筑面积为20000平方米左右。园区计划与北京电影学院合作，以影视为主题拓展文化产业园区，目前已有多家影视企业机构签约入驻，北京电影学院青年电影制片厂创作中心已经开始办公。

三是弘祥1979文化创意产业园。该园区由北京英特塑料机械总厂的老旧厂房改造拓展而成，占地面积为48000平方米，建筑面积约为38000平方米，目前已有100多家文创企业入驻，在影视、传媒等领域形成了规模集聚效应，实现了产业上下游的合作。

四是大稿国际艺术区。该园区由梨园镇大稿村中意合资的废弃工业厂房改造而成，占地45亩，建设改造后建筑面积约为37000平方米。2013年被中国文化创意网评为中国文创产业最具发展潜力的十大园区之一，2016年、2017年连续两年成为北京国际设计周分会场，2017年作为第二届北京市文创大赛分赛场，总计为通州区带来税收超过1亿元。

五是次渠印象文创园。该园区位于通州区台湖镇光机电基地，原次渠印刷厂，在保留原厂房外观的基础上进行内部空间改造与拓展，预计将吸引市内大量优质文创企业入驻。该园区于2018年第二季度开工，计划于2019年底前完工。

六是原三进精工厂房。三进精工原属于一家韩国企业，现在产权归开发区下属企业所有。占地面积为24240平方米，建筑面积为9155平方米，其中A栋5699平方米、B栋3456平方米。目前韩美林大师的学生季峰占用约2500平方米用于雕塑展览。

七是福耀玻璃厂房。目前产权归开发区下属企业所有，占地面积为196693.01平方米，建筑面积为118237.62平方米。拥有宿舍3栋，共20380平方米；办公楼1栋，约2400平方米；职工餐厅1栋，约2100平方米；厂房2栋，其中A栋约73000平方米，B栋约20000平方米。计划打造成影视演艺类文化产业创新园，目前大美运河的实景科普演艺项目已在立项中。此外，一些老旧厂房被改造拓展用于公益性文化事业，其中以上上国际美术馆和文旺阁为典型代表。

上上国际美术馆,原为北京市金树林实验家具厂,占地面积为40亩,2007年10月正式开始改造,初期改造资金累计达2800多万元,2008年9月落成开馆。新馆建筑面积为20000平方米,包含艺术展览区1200平方米的主厅、1000平方米的长廊展厅、1800平方米的国际精品厅等。2012~2016年,上上国际美术馆一直作为由文化部主办的每两年一届的艺术品产业博览会的主场馆。

文旺阁,原为文旺阁古典家具销售中心,位于台湖镇东下营村,占地面积为20余亩,展厅面积为9000余平方米,目前是北京市民政局正式注册的非国有博物馆,也是全国第一家以中华木为主题的博物馆,设有10多个参观展厅,并配有互动室、教研室、休息室、会议厅等。

四 存在的问题和不足

(一)经济总量不足,行业规模较小

通州区文化创意产业单位数量、企业规模、产业结构等方面还存在诸多不足。

从产业数据上看,2017年1~12月,北京市规模以上文创企业总收入为16196.3亿元,同比增长10.8%,通州区规模以上文创企业总收入为178.18亿元,仅占全市的1.10%。北京市规模以上文化创意产业单位数量为7011家,通州区规模以上文化创意产业单位数量为89家,仅占全市的1.27%,与文创产业发达城区如海淀区、朝阳区相比,差距明显。

从产业结构上看,六大核心领域规模以上企业数量不到两位数,其中文化艺术服务领域4家、新闻出版及发行服务领域6家、广播电视电影服务领域9家、软件和信息技术服务领域12家、艺术品生产与销售服务领域3家、设计服务领域2家。

（二）产业集聚较为松散，尚未形成完整、高效的产业链

通州区拥有丰富的历史文化资源，如宋庄艺术区聚集了一大批享誉全国的文化名人和艺术家，但都属于较为松散的聚集，离"产业集群"的目标还有一定的差距，对地方的贡献较小，尚未形成完整、高效的产业链，存在融资困难、创意人才短缺等诸多短板。文化资源尚未有效转化为文化资本。文创企业之间在开发、生产和营销等环节上缺乏密切的协同与合作，产品差异性小，不能实现有效的资源共享和上下游产业呼应。同时，通州区文创企业"走出去"的次数较少，发展视野不够开阔。文创企业自身有效利用外部资源、主动"走出去"开阔国际视野的自觉性还不是很强，存在故步自封的思想意识。

五　下一步工作计划

在首都疏解整治促提升、城市副中心建设、大运河文化带建设、保护利用老旧厂房拓展文化空间等新的发展形势和背景下，通州区文化创意产业应借势、顺势发展，明确发展思路与方向，制订高效科学的工作计划，充分发挥政府和市场的作用，更好地促进文化创意产业的发展。

（一）政策吸引

健全文创产业发展体制机制，优化政策环境，吸引其他区域、城市、国家的优秀文创企业、人才和项目入驻通州，落户通州，促进通州区文化创意产业结构优化。在未来的发展中，应针对首都疏解整治促提升、城市副中心建设、大运河文化带建设、保护利用老旧厂房拓展文化空间等的需要，进一步制定有明确指向性的政策。

在首都疏解整治促提升方面，继续在破解制约市场要素自由流动的传统政策方面做文章；发挥政府统筹作用，从通盘谋划的战略高度构建京津冀三地目标同向、措施一体、利益共享的产业合作长效机制，在区域间资质认

证、税收共享、用地和环保指标分配等方面完善政策设计。

在城市副中心建设方面,通过政策制定,推动公共文化示范区的建设,加强对朝阳区溢出高端项目和知名企业的吸引,鼓励其到通州落户,成立企业总部。培养公众的文化消费习惯,调动周边省市到通州区进行文化消费的积极性。

在大运河文化带建设方面,利用现有项目扶持和人才培养政策,进一步鼓励和吸引在大运河文化资源开发与利用中做出突出贡献的企业或个人,鼓励跨区域项目合作,共同推进大运河文化带建设,全力打造具有国际影响力的大运河文化符号。同时,还应制定相应政策以保护物质和非物质的大运河文化遗产。

在保护利用老旧厂房拓展文化空间方面,通过政策引导,鼓励社会资本参与到老旧厂房保护利用工作中,对于社会投资利用老旧厂房拓展文化空间的,按照市、区两级政策相关要求列为重点支持目标之一,营造良好的社会氛围。此外,通州区文化委将积极引导老旧厂房拓展文创园区参与各类大赛及展会,扩大影响力,搭建沟通的桥梁,拓宽老旧厂房改造文化空间的融资、信贷渠道。

(二)行政推动

在疏解整治促提升专项工作中,通州区政府通过培训会、解读文件等形式引导生产型企业积极到外地寻找新的厂址,把生产型企业迁出去,或者把生产环节砍掉,与成熟的生产企业以OEM的形式合作。今后应进一步发挥政府的引导和推动作用,在产业分类退出、增量控制、转型升级层面横纵联动,形成合力。同时,政府应勇于自我改革,向传统管理体制提出挑战,主动出手革除阻碍和束缚市场"无形之手"的政策与制度藩篱,从而推动企业腾退疏解、改造升级。

利用城市副中心建设以及北京市四套班子搬迁至通州的契机,借助北京市政府的力量,动员市级大中型文创企业向通州倾斜,推动通州文创产业结构调整,提升发展质量。

在大运河文化带建设过程中，运用行政手段，配合有效力的政策，做好"保护、传承、利用"这三篇文章。其中，保护工作的重要基础和前提，是运用行政手段推动大运河文化的保护。要在深入调研的基础上，站在中华文明传承的高度，组织专门力量和专业力量，着眼中长期，高质量制定大运河文化带保护建设规划。规划要具有较强的可操作性，坚持问题导向，做到长短结合、远近衔接，明确具体实施方案，将责任落实到区和部门。要本着保护、传承、利用的总原则，聚焦修缮文物、挖掘内涵、整治环境、提升品质等环节，列出任务项目清单，制订行动计划。

在保护利用老旧厂房拓展文化空间方面，为顺利落实市政府办公厅印发的《关于保护利用老旧厂房拓展文化空间的指导意见》（京政办发〔2017〕53号），建议成立通州区老旧厂房拓展文化空间工作领导小组，统筹协调区内各部门具体工作，及时与市级主管单位沟通。

（三）市场主导

在疏解整治促提升工作中，政府要"有所为"，也要"有所不为"。如果政策吸引和行政推动是政府"有所为"的话，那么"市场主导"则强调政府应放权给市场。在疏解初期，行政手段能够帮助培育市场自我发展的能力，政府的作用是直接的、先导的。例如，韩国在实施"首都圈整备战略"之初，政府曾为之付出了巨大的努力，形成了一套系统的产业疏散政策，并借助较强的法律约束和较稳固的制度支撑基础，保证了疏散计划的高效实施。但在进入成熟期后，政府便放弃了硬性管制措施，代之以经济手段和间接引导方式。因此，在功能疏解的中期和后期，政府应调整角色变"主导"为"引导"，以经济手段接力行政手段，借力市场化方式推动企业主体自行调整退出。让市场与政府各归其位、各司其职，制定政府引导、市场调节等多种手段相结合的疏解举措和配套政策，最终构建"以协同促疏解，以疏解谋发展"的制度体系。鼓励企业向市场要效益，向市场寻求转型、突破和发展，借势促进通州区文化创意产业发展。

在城市副中心建设过程中，也要用"以市场为主导"的发展思路，促进通州区文化旅游和文化休闲娱乐等业态的发展，吸引优秀的企业、项目和人才，以市场化思维发现并满足区内外消费者对文化消费的需求，驱动文化消费，推动通州区文化创意产业发展。

大运河文化带建设，从某种意义上讲就是要将大运河打造成一个标志性文化品牌。因此，市场化思维和品牌意识是这一文化品牌打造的关键。除政策、行政手段之外，还应重视以市场为主导来进行具有大运河文化特色的文化旅游产品、服务产品和衍生产品等的开发与市场化运营，鼓励社会企业参与大运河文化带特别是文创产品的开发与市场运营，积极推动大运河文化带的打造，使之成为具有高辨识度、国际化影响力和独特品牌文化个性的通州文化标识、北京文化标识。

在保护利用老旧厂房拓展文化空间方面，通州区文化委积极联系保护利用老旧厂房拓展文化空间方面的专家学者前来授课，通过人才培训班的形式，引导相关人才关注并从事老旧厂房的改造。此外，通过走访、拓展等方式，带领区内外社会资本及运营方来通州实地参观大稿国际艺术区、弘祥1979文化创意产业园等由老旧厂房拓展而成的文创园区，汲取成功经验，搭建交流平台，丰富保护利用老旧厂房拓展文化空间的人才储备，提升社会影响力。

综上，对于通州区文化创意产业的发展来讲，首都疏解整治促提升、城市副中心建设和大运河文化带建设都是利好背景，是其发展的新契机、新机遇。通州区要想在"十三五"期间更好、更快地发展文化创意产业，推动全区经济和社会的全面发展，必须牢牢把握住这种新机遇、新定位、新目标，积极迎合国家文化创意产业发展的大趋势，融入首都发展大局，承担起城市副中心的职责，做好疏解整治促提升工作。建设大运河文化带，要坚持高站位高起点，做好公共服务完善、交通建设、产业发展和人口规模控制等工作，在京津冀协同发展方面承担起自身发展和协同发展的双重责任，努力做好构建文化创意产业"高精尖"结构的统筹工作，成功打造大运河文化带品牌，将其塑造成国家文化符号，把城市副中心打造成为世界一流的现代化国际新城，促进其发展成为国际一流的和谐宜居之都。

B.12
怀柔区：增强发展活力，建设具有全球影响力的影视产业示范区

吕晓国　张迪　邹蕊*

2017年，怀柔区紧紧围绕服务首都"四个中心"建设，坚持新发展理念，坚持稳中求进工作总基调，全面落实北京城市总体规划，优化以生态涵养为核心，以科技创新、会议休闲、影视文化为支撑的"1+3"发展格局，各项事业开创了新局面。中国（怀柔）影视产业示范区按照北京市推进"全国文化中心"建设的目标要求，扎实有效开展项目推进、招商引资、产业活动等各项工作。充分发挥影视产业示范区市区联动机制，用好、用活O2O创新创业服务平台和影创空间孵化平台；跟踪服务好重点客户企业，促进产业要素集聚；积极推进北京电影学院怀柔新校区、博纳影业怀柔特效基地、光华视觉工艺园、制片人总部基地等重点项目建设和08街区、中影二期土地一级开发，做好示范区内闲置资源盘活和承接城区产业疏解工作，全力招商引资；成功举办第七届北京国际电影节及电影嘉年华、春秋两季北京电视节目交易会，积极参与北京文博会等影视文化品牌活动；继续保持国产票房过亿元大片近半数出自怀柔的实力。中国（怀柔）影视产业示范区建设不断向前推进，全区以影视产业为核心的文化创意产业保持稳步发展。

---

* 吕晓国，怀柔区文化产业发展促进中心主任；张迪，怀柔区文化产业发展促进中心产业信息部科长；邹蕊，怀柔区文化产业发展促进中心产业信息部职员。

怀柔区：增强发展活力，建设具有全球影响力的影视产业示范区

一 2017年怀柔区文化创意产业发展的基本情况

（一）示范区集聚效应凸显

2017年，全区规模以上文化创意产业实现营业收入100.51亿元，比2016年的92.24亿元增长8.97%，其中影视产业实现营业收入50.31亿元。全年新增文化创意企业1293家，累计达到10643家（不含个体工商户）。全年累计实现入库税款12.31亿元，同比增长11.4%，其中影视产业实现入库税款2.86亿元，同比增长24.89%。

同时，继续保持国产票房过亿元大片半数出自怀柔的实力。中国影史冠亚军影片《战狼2》和《红海行动》分别在中影基地取景拍摄并由在怀柔注册的博纳公司出品，堪称佳话。此外，《建军大业》《功夫瑜伽》《西游伏妖篇》《芳华》《乘风破浪》等国产电影也在怀柔进行后期制作或由在怀柔注册的公司参与发行。

（二）重点项目建设稳步推进

1. 北京电影学院怀柔新校区项目

北京电影学院怀柔新校区一期工程自2017年春季开工以来，施工总体进展顺利，新校区一期部分工程自2017年11月开始陆续封顶。北京电影学院在怀柔落户，有助于完善影视产业示范区影视教育体系，弥补怀柔区影视高等教育链条的缺失；有助于打造集影视科研、影视技术成果转化、影视高端人才培养、影视企业孵化于一体的研究开发平台；有助于形成影视产业"知识创新、技术创新、产品创新、商业模式创新"的全链条创新体系。

2. 博纳影业怀柔特效基地项目

2016年落户的博纳影业怀柔特效基地项目位于杨宋镇怀柔新城08街区，紧邻中影基地。博纳影业将在此新建两岸三地导演工作室、大型综合摄影棚、高科技3D电影后期混录工坊及综合配套设施。截至2017年底，博

纳影业已在怀柔注册3家公司，地块详规工作计划启动编制，工程前期工作在合作框架协议内顺利推进。

3. 光华视觉工艺园项目

截至2017年底，光华视觉工艺园项目一期工程已完工，二期工程主体结构、二次结构、网架安装等主体工程均已完成，进入内部装修及园区市政工程施工阶段。项目位于杨宋镇凤祥科技开发区一园22号，地块总面积为50亩，原址为北京雪莲天地时装有限公司。北京光华纺织集团建设该项目，预计总建设规模为2.1万平方米，将利用现有建设改造现代剧拍摄影棚和综合配套服务区。

4. 制片人总部基地项目

制片人总部基地项目以影视文化为主题，以先锋建筑为载体，以影视产业链条企业为核心，多次聘请建筑设计团队不断加强项目方案设计力量，致力打造精品商业业态、优良物业布局。项目功能和业态布局涵盖广泛，能提供20万平方米的影人工作室，可根据企业需要量身定制或供影人、企业选择购置。项目建筑规划设计方案将以北京电影学院搬迁为契机，围绕北京"全国文化中心"定位，聚焦文化产业，融入多元智力支持，围绕国家级影视产业示范区建设，拓展发展视野。

5. 中影基地二期项目

中影基地二期位于一期的南部，占地249亩。主要建设方向是电影动漫、电影科技、电影多媒体、电影后产品开发等，建筑内容将包括摄影棚区、主题项目及附属设施、动漫多媒体研发制作展示中心、服装服饰道具制作展示中心、数字特效制作展示中心和综合商业服务中心等。

（三）摸底转型地块，拓展发展空间

调查拓展21宗闲置转型资源。自2015年以来，怀柔区多次对中国（怀柔）影视产业示范区内闲置土地资源情况进行调查，梳理出21宗地块554亩地有产业转型需求。同时，紧密跟踪服务光华视觉工艺园项目、博纳影业怀柔特效基地和翰高文创艺术中心项目三个转型样板。

怀柔区：增强发展活力，建设具有全球影响力的影视产业示范区

示范区 08 街区土地一级开发加紧推进。08 街区可开发区域占地面积为 138.5 公顷，按开发时序分为 A、B、C 三个区域，A 地块计划于 2018 年底前实现供地，与 C 地块均已获得授权批复，正在办理立项、征地等手续。

（四）活动举办情况

1. 全力服务保障第七届北京国际电影节，扎实办好电影嘉年华活动

2017 年 4 月 16 日至 23 日，第七届北京国际电影节开幕式、闭幕式和评奖环节在中国（怀柔）影视产业示范区内圆满顺利举办。北京国际电影节在怀柔的成功举办，有利于怀柔发展高端会展产业，借助"国际会都"的全面发力，拉动广告会展领域收入增势显著，从而带动怀柔区文创产业蓬勃发展。

2017 年 4 月 15 日至 5 月 1 日，第七届北京国际电影节电影嘉年华在国家中影数字制作基地和星美今晟影视城同时举办，共接待市民游客 6 万人次，央视、北京卫视等多家主流媒体持续报道，实现了扬名气、聚人气、惠民生的目标。

2. 成功参与第十二届北京文博会

2017 年 9 月 11 日至 13 日，第十二届中国北京国际文化创意产业博览会在中国国际展览中心举行。中国（怀柔）影视产业示范区在国展中心 3 号场馆隆重亮相，在活动现场通过展览、海报、现场展示和发放宣传品等方式展示中国（怀柔）影视产业示范区、雁栖湖国际会都、怀柔科学城三大板块，重点介绍北京电影学院怀柔新校区、制片人总部基地、国奥 08 街区开发和影创空间等示范区项目，影都特色鲜明，影视主题突出。本次文博会，怀柔展区获得了大会组委会颁发的最佳展示奖和优秀组织奖，"中国影都"的知名度和影响力持续提升。

3. 圆满举办2017年春、秋两季北京电视节目交易会

2017 年 3 月 19 日至 22 日，"2017 春季北京电视节目交易会"在北京会议中心隆重举行。这是与北京国际电影节、中国电影华表奖等知名影视节同等分量，怀柔区参与联合举办的又一具有重大影响力的影视活动，中国（怀

柔）影视产业示范区品牌和实力不断增强。本届交易会共有440家制作机构、170家播出渠道机构参加，共推介电视剧等视频节目900部46106集。

2017年9月27日至29日，"2017秋季北京电视节目交易会"在北京会议中心举行。本届秋交会收录电视剧节目1100余部50137集，吸引海内外电视节目制作机构及相关产业机构480家近2700人、电视节目播出机构150余家500余人、海外来宾27家55人参会并洽谈合作事宜。各级领导、嘉宾、新闻记者和非注册参会专业人士约有300人，参会人员超过3500人。参展制播机构数量、参会人数、推出电视剧目数量再创新高，展会环节和内容也更加丰富。

借助春、秋两季交易会，中国（怀柔）影视产业示范区举办了专项推介会，从政策解读、影视产业示范区闲置土地资源推介、国奥"中国影都"项目招商等方面，全方位对"中国影都"进行介绍，活动广受关注和赞誉，中国（怀柔）影视产业示范区的宣传继续加强。

二 怀柔区文化创意产业发展特点

（一）中国（怀柔）影视产业示范区优势独特

与全国上千家外景地和知名的20多家影视基地相比，中国（怀柔）影视产业示范区拥有中影基地和北京电影学院新校区这两个在全球影视界都占分量的核心资源，加之首都北京拥有的占全国70%以上的影视人才、制作公司和技术装备机构，怀柔发展影视产业优势独特。

（二）注重顶层设计，制定系列规划政策

进入"十三五"以来，怀柔区注重顶层设计，坚持政府引导、市场运作的原则，制定了多个促进文创产业发展的规划及相关政策文件，从产业提升、产业融合、投资服务、政策优惠等方面给予文创企业支持和引导，保障文创企业有规可依，力求营造良好的产业发展环境。这些规划及政策文件包

括《中国（怀柔）影视产业示范区发展规划（报审稿）》和4个调研报告，以及《怀柔区推进文化创意和设计服务与相关产业融合发展工作方案》《关于加强中国（怀柔）影视产业示范区投资服务环境建设的工作方案》《中国（怀柔）影视产业示范区剧组服务手册》等。

（三）强化协调配合，推进项目建设

设立北京电影学院怀柔新校区领导小组办公室，牵头配合区政府办公室全面做好新校区项目建设有关协调服务工作，及时通报工作进展；有力协调相关部门推进项目建设；及时掌握工程进展，为重点项目管理做好基础性工作。

（四）加强招商引资，增强产业发展后劲

精选60家贡献大、注册资本多、知名度高的企业建立客户群和信息服务等联络平台。同时，不定期举办重点文创企业座谈会，加强与企业的沟通，积极做好对接和服务，进行重点孵化培育；积极对接重点项目，进行针对性跟踪服务。

三 怀柔区文化创意产业发展面临的挑战与解决思路

（一）面临的挑战

怀柔区的影视产业虽然形成了一定的规模和影响力，同时又有首都功能新定位、京津冀协同发展带来的良好机遇，但在当前经济新常态下，面对区位交通、产业要素约束以及激烈的土地、财税政策竞争，其发展还存在一定的困难和问题，不同程度地影响了影视文化产业的发展进程与规模效益。

1. 文化创意产业规模较小，产业发展潜力亟待挖掘

怀柔区文化创意产业发展活力不足，发展不平衡。在全区上万家文化创意企业和400家影视关联企业中，规模以上文创企业仅55家，实体企业占

比仅10%左右,注册资本在1000万元以上的企业不足10%。在此基础上,超过八成的营业收入和税收由少数龙头企业贡献,其余企业数量、规模都较小,衍生产业也非常有限。龙头企业数量少,规模以上企业数量不足,产业联动作用不够,这在一定程度上影响了影视产业示范区的发展进程。

2. 产业链与价值链高端环节短缺,文化创新发展活力亟须增强

一方面,重点企业产业链完整但较为封闭,自循环的微创新系统很难推动整体文化创新生态系统的发展;另一方面,大部分企业居于整个创新发展生态中的价值链末端,大多数影视企业仍以拍摄和制作为主,没有形成完整的产业链,创意投资、上市公司、院线经营、贴片广告代理、影视体验类项目、衍生产品创意研发等真正处于价值链高端环节的企业明显欠缺。

3. 产业空间资源亟待开发盘活,闲置工业资源发展文创项目落地难

为盘活示范区闲置资源,怀柔区出台了优惠政策,但在实践操作中,存在工业用地难以为影视产业项目立项,以及增加容积率、减免土地出让金难度大等问题,缺乏强力政策的支持,导致文创项目盘活闲置用地难。同时,随着"中国影都"影响力和知名度的扩大,当地土地业主待价而沽,区内可直接供应的土地和房产资源又相对匮乏,使影视和文化公司无力通过一级开发或市场价直接拿地,导致真正属于文创产业的项目落地难。

(二)解决思路

怀柔区将聚焦首都"四个中心"建设,认真落实北京城市总体规划,加快建设绿色创新引领的高端科技文化发展区。聚焦幸福美丽现代化新怀柔建设的目标任务,统筹推进"五位一体"总体布局,协调推进"四个全面"战略布局,努力建设具有全球影响力的影视产业示范区。为实现此建设目标,中国(怀柔)影视产业示范区将在未来下大力气实施一批重点项目,全力抢占影视技术和影视人才的制高点,打造"产业链条完整、关联企业集聚、综合服务齐全"的产城高度融合、国内外知名的影视产业示范区;以"文化+"带动与三次产业融合联动发展,促进文化、科技、金融全要素及其他高端业态大融合的具有怀柔特色的区域文化创意产业体系加快形

成。逐步形成以影视产业为核心，以广告和会展服务、文化旅游、软件和信息技术服务、文化艺术等为支撑的文化创意产业体系，加快文化与相关产业融合发展步伐。同时，重点围绕实体项目和知名企业下大力气，提供发展空间，做好精细化服务。

1. 坚持以发展影视产业为核心

立足怀柔区城市发展定位，抓住国家战略调整及京津冀协同发展战略赋予的历史机遇，充分利用怀柔区自有资源，以建设影视产业示范区、打造"中国影都"为战略目标，将影视产业作为引领全区文化创意产业发展的战略核心产业。同时，大力发展广告和会展服务、文化旅游、软件和信息技术服务、文化艺术，发挥产业间相互支撑、相互融合的重大作用，促进文化、科技、金融全要素融合发展，加速文化创意产业与其他相关产业融合发展，提高文化创意元素向其他产业的融入程度，推动文化创意产业跨行业、跨部门渗透融合。

2. 坚持以重点产业项目为抓手

以影创空间、光华视觉工艺园、博纳影业怀柔特效基地、制片人总部基地、中影二期等龙头或重点产业项目的建设为抓手，引领产业发展方向。做好龙头项目之间的产业配套，强化其产业内涵，充分发挥龙头项目的引领与带动作用，吸引与培育壮大中小微企业。除全力招商和推进产业重点项目外，还要加强土地开发、资源盘活、道路市政、平台服务等重点项目的立项设计与建设推进。

3. 坚持以支撑体系建设为依托

着力构建影视产业示范区空间承载体系、政策支持体系、环境服务体系，着重发挥好O2O创新创业服务平台和影创空间孵化平台作用，全力建设体制完善、机制灵活、运作高效、能够支持文化创意产业成长壮大、可持续发展的产业综合支撑体系。

4. 坚持以促进企业发展为根本

在规划引导和支撑体系的支持下，坚持以企业为主体，发挥市场配置资源的决定性作用，大力引进发展各类文化创意企业，支持注册企业向实体发展、小微企业向规模发展。鼓励并服务企业进行科技创新、贸易创新和创意发展，形成融合型新业态和产业链，形成各具特色和充满活力的文化创意产业企业群体。引导有条件的文化创意企业面向资本市场融资，努力培育文化领域战略投资者，推动全区文化创意产业多元快速发展，为全区经济发展提供新生动力。

四 怀柔区文化创意产业发展趋势

未来，怀柔区将继续根据"影视"与"文化+"双轮驱动的文化创意产业发展思路，促进影视产业链条的完善与延伸，力促不同门类文化产业间的互动融合发展，加强"中国影都""国际会都""科学城"相互借力、互动发展，用好政策、服务体系和功能平台，促进相关文化产业发展。引导、鼓励各镇乡结合区域特点和产业基础，抓住《北京市文化创意产业发展指导目录（2016年版）》的利好机遇，在发展沟域经济和新农村建设中，兼顾影视服务功能，打造"全山全水全区域外景地"。

（一）加快重点项目建设，完善影视产业链条

1. 明确影视产业示范区建设功能重点

建好产城融合的影视产业示范区，明确功能和重点。做强示范区专业技术功能，建设重点是打造集前期技术、道具场景、拍摄录制、后期制作于一体的影视科技创新链条。做实示范区关键节点功能，重点打造影视企业总部基地、影视版权和交易中心、审片中心、业内交流观摩中心、演员经纪行业协会等。做大示范区品牌传播功能，重点是依托各类影视活动，提升示范区品牌影响力。做优示范区配套和服务功能，重点是围绕影视文化氛围改善带来的"吃住行游购娱"等配套功能进行打造。

2. 围绕功能定位全力引进建设重点项目

围绕专业技术功能，引进建设设备租赁服务、服装道具制景、棚内外拍摄录制、专业技术制作等重点项目。加快推进北京电影学院新校区一期工程

建设，确保二期工程按时开工，同步实施市政配套设施、人才公寓建设。加强资源整合，拓展产业空间，推动 08 街区 A 地块开发和制片人总部基地、光华视觉工艺园、博纳影业怀柔特效基地等重点项目建设，制订中影二期土地利用方案；推进影视外景基地及高端数字摄影棚的规划与建设工作。围绕关键节点功能和品牌传播功能，推进招商工作。围绕配套及服务功能，借助中国科学院云计算系统，推进数字存储和传输中心的建设与招商工作；依托 08 街区规划的商业综合体和中影二期项目，推进生活服务和旅游体验项目的建设与招商工作。

（二）盘活存量促进转型，加强招商激活消费

1. 盘活闲置资源，加快实现"腾笼换鸟"

在加快推进 08 街区土地开发和招商的同时，对示范区内现有国有用地、农村集体建设用地进行摸底调查，建立资源项目库等服务平台和文化企业准入评估机制，引导示范区内现有低端低效企业有序盘活。通过电影节、电视交易会、文博会等影视行业活动和各类招商平台帮助转型企业对接文化创意产业项目，依托现有工业遗存与基础设施，结合影视文化产业发展进行改造利用。充分利用市、区两级引导制造企业退出和转型政策，积极协调解决企业转型中遇到的审批立项、土地利用等方面的难题。紧抓传统制造业转型升级契机，引导保留企业结合自身制造业内容，与文化创意、设计服务相结合，融入文化内涵，提升产品品质与竞争力。

2. 加大招商引资力度，扩大影视消费规模和群体

加大招商引资力度，争取引进一批有影响力、有活力的影视娱乐、动漫游戏企业落户。统筹全区产业发展空间，优化招商引资选址。集中力量引进、培育一批示范带动作用强、发展后劲足、纳税贡献大的龙头企业，重点引进国内知名影视制片公司、大型专业设备提供商、大型技术制作服务公司，引导国家中影数字制作基地、星美今晟影视城强化影视拍摄、后期制作环节的优势，努力引进投资发行、金融服务、院线总部等处于价值链高端的企业。同时，加大对互联网影视龙头企业的吸引力度，鼓励微电影产业基

地、个人创作工作室等多元化的影视产业项目和企业入驻怀柔。加强影视内容产业与信息服务的互动支撑，拓展手机、网络、电视、院线等多媒体传播渠道，鼓励"影视+动漫+音乐+游戏+艺术+演艺"之间的重组型融合，推动影视新业态、新产品的开发，激活消费群体。

（三）搭建产业功能平台，提升影视服务水平

1. 运行好O2O创新创业服务平台，实施"影视服务示范工程"

全力运行好影视产业示范区O2O创新创业服务平台，突出"一站式"办理、宣传展示和管理服务三大功能。全力做好线下工作，充分利用搭建好的"一站式"公共服务平台，使行政审批、创业指导、项目协调、剧组咨询、宣传推广及中介代理六大服务窗口发挥各自的作用。适时搭建线上网络服务平台。依托"行政审批+政府指导+中介代办"联动平台，实施影视企业注册、影视项目引进、影视剧组拍摄三项影视服务示范工程。借助区政务服务大厅和影视产业示范区行政审批服务联席会议，做好影视项目引进和建设，研究总结企业注册的全程优质服务模式，集中各方力量支持企业和项目落地。学习借鉴先进经验，加快研究出台怀柔区影视摄制标准化服务方案，服务剧组在怀柔创作、拍摄、制作和发行。

2. 发挥好影视孵化平台作用，助推影视企业成长

发挥影创空间和孵化平台作用，培育一批有潜力的影视文化企业。针对影视策划、影视拍摄、影视后期制作、影视发行及影视衍生产品开发等影视产业链核心环节的企业或个人，按照"吸引创客、助推创业、推进创投"的"三创"模式，建设优质的创作、工作空间，依托O2O服务平台、金融服务平台、科技服务平台和人才聚合平台的资源及功能，发挥"孵化器、助推器、加速器"的作用。最终，通过功能平台和完善的配套服务吸引优质种子公司进驻影创空间，培育示范区"智造"的优质企业和领军企业。

3. 搭建影视金融服务平台，加速金融助推产业发展

建立影视文化企业与银行、担保、基金等金融机构融资的对接渠道，打造影视产业发展的金融助推器。加快影视信贷、产品交易、投融资等金融服

务平台建设，积极探索版权质押、风险投资、股权投资、完片担保等多种文化金融服务方案，培育、创新影视金融产品。鼓励怀柔区有关投资机构与影视企业共同出资设立"影视产业互助基金"。依托金融服务平台、影视领军企业，形成示范区影视全产业链金融联合体。建立"拟上市影视企业资源库"，对于入库企业，相关部门共同支持、精心培育，并引入券商提供"私人定制"服务。

4. 搭建影视科技服务平台，助力影视企业创新发展

构建覆盖影视专业制作内容的服务平台，发挥影视领军企业的核心引导作用，积极吸引特色突出、科技创新实力强的中小影视技术公司、设备生产商、设备租赁商、销售代理商形成集聚协同效应。借力中国科学院、中影基地、博纳影业以及行业专业技术服务公司资源，建立影视产业示范区技术服务中心，重点建设渲染制作中心、录音棚、审片室等专业设施，筹建新兴技术体验平台与影视虚拟现实技术创新实验室和电影道具3D打印实验室，为入区企业提供软硬件创新条件。搭建影视资讯大数据平台，为影视相关产业要素提供基础信息资源和服务，促进示范区内信息整合共享，服务指导影视企业内容、研发、制作、发行等。搭建"互联网+"影视文化贸易平台，采用授权代理、独立运营、联合运作等形态，把在地生产和跨境服务结合起来，鼓励发展文化服务、文化产品贸易相结合的新业态，打造示范区影视文化贸易系统。

5. 搭建影视高端智库平台，抢占影视人才制高点

站在建设国家级影视产业示范区的高度，服务和依托企业、院校，大力引进、培养人才，推进怀柔区向人力资源强区转变。大力引进符合产业发展需求的国内外优秀人才和高端人才、影视机构高管、影视技术人才、知名艺人，并充分借助和发挥他们的磁石作用。全力引进一流影视教育院校和影视人才培养机构，鼓励校企合作，开办人才实习实训基地，加快推进影视产学研一体化发展。引入专业人才中介服务机构和专业劳务、经纪代理、猎头公司等，形成人才服务队伍。挖掘中影和区属职业院校等教育资源，加强与影视文化、休闲旅游、会议会展等产业对接，培养适应区域经济社会发展需求的技术型人才。

（四）注重品牌体系建设，推出怀柔智造打造怀柔品牌

1. 树立"怀柔智造"新形象

立足建设"国内第一、国际一流"的世界知名影视产业基地，通过实施影视服务示范工程，完善影视拍摄后期制作及全产业链配套服务，树立具有中国特色、国际标准、高新技术的影视产业示范区形象。鼓励国家中影数字制作基地等影视科技企业，加强国内外影视先进技术的试验、运用、推广，树立影视技术领域"怀柔智造"形象。依托影都文投公司，加强对影视剧目投资和联合支持拍摄、制作等环节的管理，将影视产业示范区出品的电影、电视剧打造成精品力作。对影视文化重点项目和种子企业采取政策引导、资源对接、示范服务等方式，抓好项目包装、引进培育、落地建设和运营发展的全程协调服务，形成影视产业示范区项目运作、企业服务示范模式，提升影响力，促进招商引资。

2. 打造怀柔特色文化品牌

认真总结和有效推介怀柔是影视科技制作基地、半数国产大片出自怀柔以及北京电视节目交易会是华语电视剧作品风向标、北京国际电影节和中国政府电影最高奖——中国电影华表奖落户怀柔等概念和形象，依托这些国内国际知名的活动形象，不断提升"影视产业示范区——中国影都"的品牌价值。利用APEC会议形成的国际形象，找准自身定位，夯实和扩大"雁栖湖生态发展示范区——国际会都"品牌影响力。同时，充分总结APEC会议、北京国际电影节等品牌活动推介经验，整合慕田峪、雁栖湖等人文、自然资源和区域特色经济优势，进行系统谋划、专业运作，持续举办影视节展、国内国际盛大活动或赛事，不断丰富塑造"京郊明珠、生态福地、中国影都、国际会都、山水怀柔"等怀柔区域文化品牌。

（五）开阔全球领先视野，实现区域协作发展

1. 树立京津冀协同发展意识，搭建影视产业区域协作平台

认清京津冀协同发展大趋势，利用中国（怀柔）影视产业示范区品牌和产

业基础,以影视外景地建设、影视剧组服务为着眼点,向周边区域和津冀两地布局。发挥影视后期制作领先技术和企业集聚优势,吸引接纳京津冀地区影视技术研发、影视高端人才培训。启动京津冀影视产业协作平台建设,探索与周边区域及津冀两地有关城市合作机制,从影视技术、人才、资本、项目、企业、政策等方面加强信息资源共享。借势国家助力"双创"发展,通过合作共建、资源共享等多种方式引导推介孵化成功的企业向津冀两地新建园区扩展,形成完善的"孵化器—加速器—产业园"创新创业孵化全链条服务体系。

2.主动融入"一带一路",串联沿线国家影视优质资源

立足全球化视野,以平台和载体为抓手,实施和推进"一带一路"建设。影视产业示范区联合京津冀影视基地,搭建"一带一路"影视基地产业国际合作平台。平台功能包括"共同投资拍摄节目""版权交易相互输出引进""节目译制发行合作""媒体开办时段合作"等。开拓"一带一路"海外沿线国家影视发行渠道,加大对海外市场的开发,投资"一带一路"沿线国家影视项目,积极拓展海外股权投资,收购、参股境外优质资产影视基地,与"一带一路"沿线国家影视机构开展中外合拍片,扩大"中国影都"的影响力,拓展文化贸易领域。

3.加强国际交流合作,引进高端影视技术人才助力发展

搭建中外影视业界国际交流合作平台,联合举办中外影视峰会论坛,在电影投融资、制片、宣发、衍生品开发和"走出去"等领域展开对话与合作。积极对接知名电影装备供应商和技术研发企业,引进国际高端影视科技创新资源,抢占云计算、大数据分析、超高速信息处理、虚拟现实还原、人工智能以及裸眼3D、4D技术等高新技术在影视领域的应用制高点。加强中外影视作品合拍合作,从资本主导型的协作摄制和委托摄制向技术和内容主导型的联合摄制转型。加强与国际高端影视学院合作,建立示范区及区内企业对国际影视人才发现、吸引、培养、使用、交流、互动的工作机制。

(六)引领广告和会展服务业高端化融合发展

突出落实好《怀柔区"十三五"时期会展产业发展规划》(怀商务文

〔2016〕32号），借助雁栖湖国际会都的品牌影响力及成功举办北京国际电影节等国际重大文化活动的经验，推动怀柔会展业高端化、融合化发展。发挥影视文化节庆活动的品牌效应，争取举办更多大型影视文化节庆活动并永久落户怀柔。首先，办好北京国际电影节、中国电影华表奖颁奖典礼、北京电视节目交易会等已落户品牌活动；其次，依托落户企业打造怀柔原会展活动，如影视创投活动、影视技术设备会展活动。坚持科学规划，继续加快雁栖湖国际会都核心区配套服务设施建设，全面提升服务水平和核心承载力。积极开发科研教育会议产品，引导会议会展企业与中国科学院建立伙伴关系，承办国内外高水平学术会议；依托高新技术企业、研究机构资源，举办科技文化艺术节，积极创办新能源、新材料高峰论坛和"高精尖"产品展览交易活动等。积极引进一批会展服务、广告中介企业，扎实巩固、热情服务好北京天盈创智等已落户广告企业，争取注册变实体、小微变规模。

（七）提升文化旅游业融合发展品质

在文化娱乐产业门类中，重点依托怀柔区域大旅游中已构建的以人文、影视、赛事节庆为重点的文化旅游，进一步提升文化与旅游业融合发展品质，培育壮大以特色化、精品化、高端化为特点的文化旅游业。丰富影视旅游内涵和项目，鼓励编创影视演艺节目，定制个性化影视衍生品，建设影视主题餐厅、酒店。研究体验型影视主题旅游项目开发的可行性，支持中影基地二期加快建设和投用。深入挖掘和依托运用长城文化、红螺文化、满族文化等地域文化DNA，进一步丰富人文旅游内涵，开发特色文化旅游产品；借助影视演艺高端技术资源，探索编创融汇先进技术、展示先进文化、具有怀柔特色的大型实景演出。加强拓展体验越野、徒步骑行登山等赛事健身活动的开发和持续举办，并努力形成与自然风光游、影视文化游等的互动互促。

（八）壮大软件和信息技术服务业

围绕"怀柔科学城"建设，按照产城融合、宜居宜业发展模式，加强顶层设计，完善产业服务体系，做大做强产学研共同体，全面服务国家基础前沿科学、产业领先技术的研究与发展。以中关村怀柔园、中国科学院怀柔科教产业园为载体，重点发展云计算关键技术研发与应用、物联网关键技术研发与应用、大型数据中心建设、芯片研发设计，建成具备全国竞争力的数据信息服务基地与面向文化内容服务的特色数据信息服务基地。依托北京超级计算中心建设，加快整合信息服务资源，大力发展云计算、物联网和数字内容服务等领域技术。加大招商力度，重点支持引入动漫游戏产业，全力培育壮大以竞技世界（北京）网络技术有限公司等为代表的互联网游戏产业。

（九）培育建设文化艺术产业园区

引导鼓励相关镇乡根据区域特点及产业基础，引进并依托已聚集的艺术家群体，加强对桥梓艺术公社、鹅和鸭农庄国际乡村艺术馆、云蒙书画院、古抑斋、合堂艺术等文化园区、文化企业的日常联系和服务，加大产业政策宣传和行业促进服务力度。相关职能部门和所在镇乡要加强调研，重视和规划好现有文化艺术园区、特色文化村的建设发展；培育壮大主导产品，凸显园区特色，主动对接市场，形成产品开发要素和旅游体验的互动，从而引导当地农民通过参与产品生产和提供接待服务实现增收。对接文化艺术创作生产，发挥部门职能作用，牵头研究筹划建设展示交易平台，构建集文化艺术品评估、鉴定、展示、拍卖、保险等服务于一体的产业链条，使其成为区域文创产业的又一重要支撑。

（十）促进文化创意和设计服务与相关产业融合发展

以国务院和北京市关于文化创意和设计服务与相关产业融合发展的文件及政策为统领，认真贯彻落实好《北京市怀柔区推进文化创意和设计服务与相关产业融合发展工作方案》（怀政发〔2016〕18号），积极营造大众创业、万众创新的浓厚氛围，立足服务怀柔产业发展，大力推动"文化创新+科技创新"带动产业融合发展，重点推动文化创意和设计服务与影视、会展、旅游、科技、制造、建筑、商业、体育、教育服务和农业等重点领域融合发展。

B.13
平谷区：文化赋能，驱动文化创意产业发展

张　斌　李小然*

党的十九大报告指出，"文化是一个国家、一个民族的灵魂。文化兴国运兴，文化强民族强。没有高度的文化自信，没有文化的繁荣兴盛，就没有中华民族伟大复兴"。平谷区以"率先建成国家生态文明先行示范区"为区域发展战略目标，以改革创新为动力，立足未来发展新形势、新战略、新目标，大力发展文化创意产业，落实推进全国文化中心建设，坚持生态立区、绿色发展，全力打造"京津冀协同发展桥头堡"和"北京行政副中心后花园"。

一　产业发展情况

2017年，平谷区共有规模以上文化创意企业55家，实现收入70.13亿元，同比增长24.2%。收入总量居生态涵养区第二位，增速居第三位。目前，平谷区文化创意产业正处于成长阶段，经过近年来的大力发展，音乐、文化旅游、创意农业、艺术交易等相关产业均取得较大发展，为全区文化创意产业实现突破发展奠定了良好的基础。

（一）音乐发展稳步推进，产业基础优势明显

中国乐谷园区紧紧围绕北京市总体规划以及平谷区构建"高精尖"产

---

* 张斌、李小然，平谷区文化创意产业办公室。

业发展布局和"谋布局、夯基础、优环境、促发展"的要求，以加快推进规划建设为抓手，着力推进中国乐谷音乐休闲公园项目前期工作，编制完成"中国乐谷"功能区控制性详细规划；积极筹建世界休闲大会音乐文化休闲板块，启动乐谷音乐休闲公园建设工作，招投标完成公园勘察设计，编制完成公园景观绿化及市政管线设计方案初稿、公园项目建议书及可研报告初稿以及其他一系列项目前期工作。细化推进全国文化中心建设工作任务，强化乐谷音乐节演出品牌，改善园区营商环境，对园区主导产业实施精准招商，初步形成了以提琴产业和演出产业带动相关产业发展，以改善营商环境拉动园区招商引资和企业集聚的发展格局。

（二）生态文化资源齐聚，文旅休闲基础良好

平谷区作为首都生态涵养发展区，自然生态环境优美，独特的地质地貌造就了大溶洞、大峡谷、金海湖等人文与自然相融合的景区，拥有上宅文化、轩辕文化、建置文化和道教文化的历史积淀，兴建有上宅文化陈列馆、轩辕庙、丫髻山等文化旅游景点；拥有一批市级民俗旅游村，基本实现了生态、宗教、文化、民俗旅游全覆盖；旅游接待人数、旅游收入逐年增加，独特的文化历史资源与优美的自然生态为平谷区发展文化休闲旅游提供了良好的基础。

（三）现代农业发展迅速，创意增值空间巨大

平谷区现代农业发展良好，拥有丰富的农耕文化资源，特别是以平谷大桃为代表的"中国桃乡"闻名全国，深受消费者喜爱，大桃占据农业生产的核心地位；平谷区农业观光采摘园众多，为发展农事体验、科普教育等增值业务提供了良好的基础；拥有"沱沱""诺亚"等众多龙头企业生产基地，生产技术先进，科技含量高，产销模式新颖，具备开展农业体验、观光项目的条件，为发展创意农业、提升增值空间提供了良好的基础。

（四）奇石书画资源丰富，艺术产业前景广阔

平谷区被授予"中国书法之乡"，书画资源极其丰富，拥有以陈克永、

王友谊为代表的国家级书画协会会员30余人、市级会员100余人，以雕窝的中国山水画研究院、周庄的桃花川书画院为代表的个人书画院、艺术馆10余处；作为"中国观赏石之乡"，拥有金海石、轩辕石两大奇石资源，奇石品质尚佳，获奖频频，还拥有众多奇石艺术馆。深厚的文化艺术底蕴为发展奇石、书画、文玩产业奠定了良好的基础。

二 发展举措及亮点

（一）深入研究，挖掘文化内涵

深入研究文化内涵，多途径进行有效保护、理性挖掘和展示传承，高效发挥文化资源在经济社会发展中的作用。与《北京城市总体规划（2016~2035年）》对标，结合分区规划，编制《平谷区文创战略规划》《平谷区文化产业保护发展规划》《平谷区全域旅游发展规划（2035）》等，在顶层设计下，有序开展工作；在全区范围内深入开展文化资源的普查工作，各镇街成立专班，借助乡贤、老同志的口传详述，加快落实编制史话、镇志、村志、文化资源汇编工作，最大限度地发掘提炼其内在价值；挖掘平谷区特色文化。推进上宅文化、轩辕文化、博陆城文化、道教文化、老城文化等历史文化的研究阐释和挖掘利用；挖掘平谷婚俗文化、非遗文化、传统庙会、平谷方言、民居建筑等民俗文化的特色，促进区域特色民俗文化传承发展；挖掘抗战文化，保护红色遗存，创作一批红色文艺作品，挖掘整理一批红色故事，编纂抗日战志，挖掘整理革命文化史料。

（二）项目支撑，引智引知引资

将"文创赋能"作为推动区域发展的总体理念，突破现有的"文创产业"格局，通过文创为旅游、农业、体育等行业进行赋能，形成"文创+"模式，全力以赴抓好重点项目建设，打造新业态，为区域发展增添新动能。生态文化方面，加快"2020世界休闲大会"主场馆、户外活动展示园区和丫髻山分会场等项目建设，项目前期工作有序推进。历史文化方面，组织开展北京上宅文化研究保护与发展专家研讨会，对上宅文化进行学术成果、文化价值的初步研究、论证和评估，加快上宅遗址全国重点文物保护单位申报工作。积极与市文物局和市发改委对接，开展上宅文化博物馆选址和设计相关工作。深化完善"环长城1000"项目一期——镇罗营环山100休闲步道设计方案，通过建设国家级高规格的休闲步道和提升休闲步道的公共服务设施，打造平谷区"全域旅游"示范工程，加快构建首都旅游休闲慢行系统。红色文化方面，将红色文化建设与"红谷教育基地"建设有机结合，完成路边情景点位设计、冀东革命历史纪念馆临时展览设计、红谷景区标识系统设计、旧址房屋翻修、红色历史材料收集整理等相关工作。创意文化方面，打造"山里寒舍"高端民宿建设项目，包括餐饮住宿、休闲娱乐、农事体验、传统文化、民俗展示等内容，目前正在加紧施工。

（三）活动引领，打造文化品牌

以"休闲平谷"文化旅游活动季为主导，以2018年中国（北京）休闲大会为平台，推出一系列旅游休闲、文艺展演、体育赛事、农事体验等活动，提升"休闲平谷"品牌影响力。"冬日纳福迎新季"期间举办了第十一届国际冰雪季、春节文化庙会、百姓音乐厅、北戏书馆平谷分馆等活动，深受群众欢迎。"春日花好乐缘季"期间举办了第二十届北京平谷国际桃花音乐节、2018乐谷·北京超级草莓音乐节、"书香绿谷"全民诵读等活动。"夏日绿谷清风季"期间举办了三夫国际铁人三项赛、北寨红杏采摘节、丫髻山蟠桃会等活动。时下正值"秋日佳果情怀季"，正在筹备环长城100国际越野挑战赛、京津冀国际公路自行车挑战赛等活动。多项文化活动贯穿"休闲平谷"文化旅游活动季，融媒体联动，全介质传播平谷特色文化，突出"休闲平谷"品牌。

（四）一核主导，建设中国乐谷

将产业发展和区域规划科学结合，编制"中国乐谷"功能区控制性详细规划（街区层面）。委托北京市城市规划设计研究院，编制完成"中国乐谷"功能区控制性详细规划。园区规划为京平高速以南、平三路以东（包括整个产业集聚区），"中国乐谷"建设用地面积为185公顷，其中集体建设用地面积为120公顷，国有建设用地面积为60公顷。

积极筹建世界休闲大会音乐文化休闲板块，启动乐谷音乐休闲公园建设。做好公园工程的勘察、设计、施工、监理招标代理工作，委托专业公司分别进行园林景观设计、道路及管线设计。公园景观绿化及市政管线设计方案初稿完成，并多次经区政府会议研究完善。公园项目建议书及可研报告初稿编制完成，已获得区发改委批复，并根据专家意见进行了修改完善。完成环评报告、水评报告、1∶500地形图测绘等一系列项目前期工作。

强化乐谷演出品牌，打造国内首个摇滚音乐嘉年华。2017中国乐谷·华录音乐嘉年华于2017年5月28日至30日在中国乐谷草地音乐公园成功举办，该活动是继平谷区政府与央企中国华录集团签订战略合作协议以来进行的首次合作。活动以"感恩摇滚，畅享音乐嘉年华"为主题，邀请了齐秦、谢天笑、秦勇、GALA乐队、二手玫瑰乐队等30组热门歌手、乐队循环演出。此外，在演出的基础上更加关注整体氛围，增加了城市非遗文化展、CGL电子游戏竞赛、创意产品展卖等多元化内容，增强了观众现场体验、互动、娱乐的趣味性。本届音乐节共吸引43万余人次观看，其中5万余人次现场参与活动，38万人次通过爱奇艺、腾讯等几大视频网站在线观看，北京电视台等多家媒体现场报道，北京人民广播电台交通台、文艺台、音乐台、新闻台在早、中、晚黄金时间播报，近千余次网络媒体宣传报道，提高了乐谷品牌的影响力。

建设乐器体验馆升级改造项目，推出"琴定平谷"华蕴小提琴个性定制体验游。帮助华东乐器有限公司争取市文资办扶持资金建设乐器体验馆升级改造项目，通过大师定制、亲身体验提琴制作流程、学习提琴发展史等多种展示交流方式，促进特色提琴制作产业与音乐文化融合发展。按照"守正出新"的发展理念，将平谷提琴产品向高端艺术品转化，在2017年的桃花音乐节上，乐谷管委会联合华东乐器合作推出"琴定平谷"华蕴小提琴个性定制体验游,为游客和提琴专业人士在华东音乐城(中国乐谷展示中心)提供体验定制服务。一是乐器展示销售。游客可以体验购买数百种国内外一线品牌乐器,以及当地制作出口的各类提琴产品。二是提琴制作体验。游客可以与提琴制作师互动,观看或参与提琴配件制作,了解提琴制作相关知识。三是提琴高级定制。提琴专业人士可以选定本地知名提琴制作师,进行一对一的提琴定制服务,在提琴的风格、尺寸、颜色、定制者或制琴师签名等方面进行私人定制。

推进学习型乐谷建设,举办系列音乐公益活动。2017年4~8月,在华东音乐厅举办"中国乐谷·华东系列音乐会"和"中国乐谷·音乐大讲堂"系列公益活动,并面向公众免费开放,邀请国家著名演奏家和知名音乐学者,为大家带来弦乐、长笛、民乐等7场专场音乐会,以及小提琴、古典吉他、萨克斯、钢琴、古筝5场乐器音乐沙龙,共接待观众5000余人次。

规范园区招商管理体系,积极开展投融资工作。2017年内获得国家和北京市"两区域一重点"的划定批复:一是被国务院批复为允许外商投资开展音像制品制作业务的特许区域;二是被国家新闻出版广电总局批复为北京市设立外商独资演出经纪机构的特许区域;三是乐谷园区建设纳入北京市推进全国文化中心建设的重点任务清单。围绕园区战略定位重点招商,与文投集团、华录集团等央企和专业公司洽商寻求战略合作,并就公园开发、项目建设、产业定位达成了初步合作意向;与中国唱片总公司、摩登天空、乐杜鹃等专业演出机构洽谈音乐嘉年华合作事宜,并引入摩登天空全资子公司落户乐谷园区;与音促会、北京现代音乐研修学院、中国高校联盟洽谈,探索乐谷创建音乐教育培训相关事宜。积极对接争取上级部门支持,与市新闻出版广电局、音促会、市文资办、市文化局等部门联系争取各方面的政策指导及资金支持。积极宣传推介"中国乐谷",参加2017年北京国际服务贸易交易会、北京主题日、文博会、平谷庙会等市、区活动,宣传推介"中国乐谷"功能区。汇编产业政策及招商服务手册,将全国各地文创产业扶持政策以及区内外有关文创产业、高新技术产业等的政策进行系统整理,编制印发《乐谷园区企业适用政策及申请政策扶持方向》。制定园区管理办法，清理未达标企业，制定乐谷管委会集中办公区企业管理实施办法，并对企业施行一户一档管理，提高了入驻门槛，与企业签订《集中办公区企业守法告知书》《安全生产责任书》，实施收费制度和清退制度，清退了10家连续两年未进行年报的企业，有针对性地开展招商引资。完成系列项目调研课题，对国家新闻出版广电总局出台的《关于大力推进我国音乐产业发展的若干意见》进行解读，完成落实政策的目标与任务、加快乐谷发展的调研；撰写完成《关于做好乐谷音乐节政府安全保障工作的经验总结》，提出在管理、部署、监督、宣传等方面进一步加强乐谷音乐节政府安全保障工作的对策及建议，确保了音乐节持续安全、有序、顺利举办。

三 面临的问题

（一）文创发展的资源和要素条件不足

推动文创发展的创意创新人才、资金、平台、环境等资源和条件不完备，公共文化服务数量不足。文化资源多元丰富，但文化特质尚不明晰，有待挖掘提升进而转化为创意资源，资源优势尚未转化为产业优势。

（二）文化创意产业亟须突破现有产业格局

平谷区文化创意产业总体发展规模、总体收入、单位数量等在北京市的占比较低，发展的定位、目标与思路尚不清晰，产业结构不均衡，有待优化，亟须突破现有产业格局。

（三）文创对相关产业及领域的带动作用较小，贡献度较低

当前平谷区产业结构不够优化，农业生产经营规模化程度低，科技和文化含量不高；工业结构单一，抗风险能力较差；新兴产业培育不足，缺乏带动性增长点，新型产业结构需要加快构建。而文创与农业、制造、旅游等相关产业融合发展程度较低，在推动产业结构调整和升级方面的贡献度较低。

文创业态和内容开发不足，文创产品特别是休闲度假产品供给不足，产品单一，附加值低。

四 发展思路

（一）发展目标

"十三五"及"十四五"期间，平谷区文化创意产业要坚持特色引领、重点突破等原则，扩大整体规模，塑造创意品牌。推进区域合作联动，谋划协同发展，打造京津冀文创产业共赢发展的试验区和示范区。引入外部文化消费，加强对外宣传推广，加大力度将北京乃至全国的文化消费需求引入平谷区，以消费需求提升驱动文化创意产业发展。推动重大项目落地，重点推进大型文化创意、文化旅游项目建设，塑造和提升平谷文化创意品牌。培育引导文创主体，增加文化创意企业单位数量，扩大文创产业总体规模，增加产业体量。促进文创融合发展，营造创意环境。树立"京东大文化"发展观念，推动文化创意与农业、体育等相关产业融合发展，推动创意设计和数字创意产业发展，引导传统产业转型，推动全域休闲业态发展。

（二）发展定位

围绕"京津冀协同发展桥头堡"和"北京行政副中心后花园"的战略定位，立足文化创意产业高端方向、高端领域、高端环节，聚焦北京市文化创意产业体系构建中的新兴业态，推动文化创意产业结构升级、业态创新。同时，结合平谷区文创产业发展需要，重点发展音乐产业、创意设计（文创服务业）、数字创意产业。此外，加强公共文化建设，打造集休闲娱乐、服务配套、公共服务等多功能于一体的创意产业新生态、京东休闲核心区、文创融合发展示范区。紧抓机遇，发挥文化引领作用，运用"文创赋能"理念，推进文创与区域产业融合，探索"文创+"模式，推动文化创意与农业、体育等相关产业融合发展，推动创意设计和数字创意产业发展，引导传统产业转型，推动全域休闲业态发展，带动区域相关产业发展和经济增长；加快重大文化项目建设，推进区域合作联动，谋划协同发展，充分调动社会力量，导入优质资源、资金和人才，助推全区新兴业态培育、产业转型升级和经济结构调整，进而增加文化产品供给，满足多元文化消费，为群众提供更好、更多的精神食粮，让人民共享文化发展成果。

（三）发展理念

面向平谷全域创意经济的培育发展，推进文创与区域产业融合，探索"文创+"模式，培育"文创+农业""文创+制造""文创+旅游""文创+社区"等新业态。

1."文创+农业"

立足乡村振兴战略的落实，按照产业兴旺的要求，围绕创意农业、休闲农业发展，突出文化创意和科技创新，因地制宜推动产业联动转型、产品创意升级、品牌打造提升、联合营销传播，形成"生产、生活、生态"功能兼备、能够创造高附加值和提供农业休闲消费的都市现代农业发展方式。

助推农产品创意科技升级和价值提升。依托特色农业资源，运用农业科技手段和文化创意，对农产品种植、加工、包装、营销等环节进行创意创新升级，丰富产品品类，提升农产品附加值。加强对大桃、蔬果、花卉等特色农产品生产过程的科技创新、创意升级、包装故事化、营销品牌化，赋予大桃产业、林果产业、花卉产业及相关产品文化内涵。

推进传统农庄向三次产业联动转型。以世界休闲大会洳河生态农业休闲分会场建设为契机，以马昌营现代农业产业园、大兴庄休闲农庄联合体等为支点，打造创意田园综合体。依托花、果、蔬、树、田、牧等农业生态环境，引进创意设计、景观设计、园林设计等，营造生态休闲农业的空间和景观，突出鲜明主题如桃花海、有机园，打造文创林果产品、文创农业项目，培育田园观光、农事体验、乡村休闲、旅游度假等多种业态和休闲方式。

加强创意农业IP打造和品牌营销传播。依托区域特色农业资源和已有品牌，加强培育自有IP和特色品牌，引入外部优势品牌，展开联合营销。

加强产品品牌系列化开发,推动如梯子峪"满山找"等种植养殖品牌向自然教育、户外探索品牌拓展,同时进行品牌联合营销和社群化传播,提升知名度和影响力。提升农业节庆品牌,嫁接文化艺术内容,创意提升桃花节、采摘节、丰收节等节庆形式,打造独具创意的全国性农业节庆品牌。

2. "文创+制造"

结合制造业创新驱动、绿色发展的要求和产业转型升级的需求,以及平谷"十三五"产业发展方向和中国乐谷的打造,推动文化创意与制造产业结合,助推传统产业升级转型。

加强传统制造产品深度开发,促进产业提升。实施农产品加工提升行动,依托旅游发展的契机,促进农产品生产与创意设计紧密结合,营造美食实验室,大力发展绿色有机农副产品、大桃等林果产品、花卉产品及相关食品的深度加工,推动平谷优势果品、蔬菜等产业升级,并进行品牌化、渠道化销售,推动农产品制造向精细化、外向型、高附加值方向发展。依托中国乐谷建设契机,加快提琴、钢琴等乐器制造产业提升,推动由制造业向第二和第三产业融合发展,引入文创设计营建音乐观光工厂,拓展艺术教育培训,实现产业转型升级。

推进传统制造企业转型发展。从工业产品制造企业向行业综合服务运营商转型。运用文创理念和文创赋能方法,推进乐器制造等龙头企业,如乐尔钢琴、华东乐器、长安乐器等,从单纯的制造企业向音乐服务运营商转型,通过向音乐教育产业链延伸,打造音乐艺术教育综合服务平台,形成内容、渠道和互联网平台一体化的体系。

引导传统工业园区创意升级。各乡镇、街道挖掘利用好老旧厂房、闲置工业厂房、仓储用房等存量资源发展文化创意业态,将单一的工业制造空间向多元的文化创意空间转型。通过文创景观营造、文创企业入驻、文创氛围改善,培育为集工业、环保、文化、娱乐、休闲等多功能于一体的休闲观光工厂和城市人文地标。

3. "文创+旅游"

面向大都市泛旅游休闲新需求,以创建全国全域旅游示范区为抓手,以

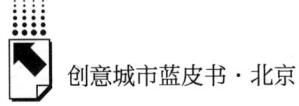

举办 2020 世界休闲大会为助力，以创意激活旅游资源潜在价值，升级旅游业态，丰富休闲旅游产品，打造国际化全域休闲旅游品牌，加强品牌统一营销。

推进旅游向休闲度假升级。面对休闲旅游发展趋势，以乡村为未来休闲度假的重要承载地，结合"一核、一带、五区"旅游发展新格局的构建，创新旅游休闲模式，打造休闲度假场景，提供衍生内容，拓展休闲业态，延展休闲消费。针对周边市场需求缺口，创意开发差异化休闲文化旅游产品，如丫髻山研学旅游、金海湖水主题休闲度假、石林峡娱乐休闲、黄松峪地质探险拓展、北山户外运动、大华山桃源花海主题体验、梯子峪精品民宿酒店等特色业态。

构建旅游休闲综合体。打破单纯景区开发，博物馆、纪念馆开发的模式，构建拥有景区核心资源、文化资源、休闲配套的旅游综合体，打造一批设施完备、功能多样的休闲观光园区、森林人家、康养基地、特色小镇等。发展"食宿学文"，打造具有多元体验环节、休闲配套的场景，重点拓展体验内容。

拓展品牌传播推广方式。运用好融媒体中心，在整体旅游产品（景区、场景）的设计、形象提升以及传播方式方面，形成新的传播方式、推广形式，扩大平谷绿色休闲旅游品牌的知名度和影响力。

提升旅游节庆品牌。打造全域多元化休闲旅游产品及品牌，形成统一的区域休闲旅游品牌形象"东方桃花源·世界休闲谷"，成为京东特色休闲度假目的地。推进旅游节庆产品升级，形成更加亲民和具有吸引力的形式和内容，打造系列化、具有统一品牌规划和统一品牌运作的系列节庆产品。

4."文创+社区"

运用文创方法推动城市社区更新和乡村社区营造，为城市创意创新孵化以及乡村生产、生活、生态发展提供公共空间、场景和公共文化服务。

推动城市社区升级更新。在新城综合发展区（滨河街道、兴谷街道、平谷镇、王辛庄镇、大兴庄镇、山东庄镇南部），在完善城市功能和城市建设中推进社区更新。运用文创方法进行社区升级更新，导入文创孵化平台，为居民在社区开展文化活动、艺术创作提供公共空间、创意空间、交流空间、服务空间，吸引社区居民广泛参与，活跃社区文化氛围，激活民间文化艺术、生活艺术，满足大众文化和精神生活需求，促进社区文化繁荣与和谐。

推进乡村社区营造。立足乡村生产、生活、生态一体化发展，在新乡村建设进程中，以美丽乡村重点村为试点，开展社区营造，用文创的方法推动整个社区更新、设计、升级，打造新场景实验室，导入培育文创内容和相关业态。设立乡创学院，导入外部人才，培育在地人才，加强交流互动。完善公共文化服务，引入市场化内容和机构，参与乡村公共文化建设和公共文化产品的供给。

（四）发展方向

1. 音乐产业

建设中国乐谷音乐休闲公园。以打造国家级音乐休闲公园、国际音乐文化交流平台、知名音乐品牌和音乐产业集聚区为目标，规划建设中国乐谷音乐休闲公园。建设乐器设计与制作基地。鼓励企业在制琴工艺和设计技术上进行研发探索，加工制作高品级、高档次、高质量的提琴产品。通过政策鼓励吸引高级制琴名师入驻乐谷，培养一批高级技术人才，提高制琴企业的提琴制作水平。建设音乐演出演艺基地。按照市场化运作模式，持续引入市场主体举办乐谷音乐嘉年华，吸引国内外优秀演艺团体或机构举办形式多样的室内外音乐活动，形成常态化、可持续的音乐演出市场。发挥北京市服务业扩大开放综合试点政策的优势，吸引外商独资演出经纪机构落户中国乐谷。建设音乐教育与培训基地。进一步与国内外知名高等音乐院校和知名音乐培训机构加强沟通与合作，吸引其迁入中国乐谷园区或在此设立分校，搭建高校音乐教育、培训、实训学习交流平台，充分利用音乐院校的教育培训、品牌活动等资源，带动乐谷音乐相关产业发展。努力打造"两个平台"。一是打造音乐创作与交易平台。通过优惠政策吸引优秀音乐创作人、制作人到乐谷园区进行创作，聚集优质音乐资源和音乐作品，推动音乐内容生产、传播、消费等业态发展。二是打造音乐擂台。拟营造室内音乐节目录制与后期制作、剪辑等工作环境，吸引类似"中国好声音"等在国内外有影响力的音乐比赛节目到"中国乐谷"音乐产业基地内进行录制、制作、比赛。

2. 创意设计（文创服务业）

把握文化创意产业发展趋势，推动文化与相关产业融合发展，重点发展文创服务业。第一，设计服务。涵盖工业设计、环境设计、平面设计、包装设计、展示设计、创意策划等，服务于"文创+农业""文创+制造""文创+旅游""文创+社区"等业态发展。第二，知识产权服务。包括为文创产品的专利、商标提供鉴定、评估、认证、咨询、检索等服务，为文创品牌授权及管理提供保障。第三，广告服务。包括广告的策划、设计、制作、发布、播映、宣传、展示等，为平谷品牌提升及传播推广提供服务。第四，会议展览服务。包括各类展览和会议的业务活动等，提升国际桃花音乐节、采摘节、庙会、乡创大赛等各类活动的服务和品质。

3. 数字创意产业

围绕平谷全域休闲产业发展和文创产品供给提升，围绕休闲场景、休闲内容、休闲体验，培育数字内容、数字游戏、数字娱乐等业态。发展数字创意产业。第一，丰富数字创意的内容和形式，促进优秀文化资源创造性转化。鼓励平谷优秀文物、非物质文化遗产等优质传统文化资源进行数字化转化和开发，推动实施文化创意产品扶持计划和"互联网+"中华文明行动计划，支持推广一批数字文化遗产精品。第二，提升创新设计水平。挖掘创新设计产业发展内生动力，推动设计创新成为制造业、服务业、城乡建设、乡村营造等领域的核心能力。第三，推进相关产业融合发展，推动数字文化创意和创新设计在各领域的应用，培育新产品、新服务以及多向交互融合的新业态。提升休闲旅游产品开发和旅游服务设计的文化内涵及数字化水平，促进虚拟旅游展示等新模式创新发展。挖掘创意"三农"发展潜力，提高休闲农业创意水平，促进地理标志农产品、乡村文化开发，以创意民宿推动乡村旅游发展和新农村建设。搭建数字创意相关项目资源库和对接服务平台，开展跨领域交流合作，建立数字创意知识产权保护体系。

4. 公共文化服务

对接北京全国文化中心建设，加强全区文化建设。以推进全国文化中心建设为契机，构建"一核一带三谷多点"空间布局，即以城区综合发展为中心，以长城文化带建设为主脉轴，打造北部生态绿谷、中部抗战红谷、南部创意乐谷，做好上宅文化、轩辕文化等十大文化及其他文化的保护利用工作。打造京津冀协同文化发展核心区。深入挖掘、大力弘扬生态文化、历史文化、红色文化、创意文化等特色文化，擦亮平谷文化名片。

（五）发展计划

贯彻新乡村、新内容、新休闲、新品牌、新人才发展战略，开展系列行动计划，综合运用文创理念和"文创赋能"方法，从整体上跨领域推动文创对相关产业赋能发展。同时，借助行动计划，调动社会资源，选择重点项目，以重点项目带动示范，逐步培育全域文创发展势能，推动实现全区创意经济发展、文化发展和人的发展。

1. 乡村营造发展计划

立足生态涵养区功能定位，落实乡村振兴战略，围绕乡村生产、生活、生态一体化发展，结合美丽乡村建设，对全区 200 多个村落进行筛查梳理，分类、分阶段、分模式开展建设，营建有机生长、可持续、有活力的新乡村，打造城市人群生态休闲目的地。

2. 内容升级发展计划

基于推进全国文化中心建设任务，围绕增加文化内容供给和文化内容升级，开展文化资源的挖掘梳理，立足在地文化，引入创新创意文化，通过文创赋能方法创造新故事、新内容、新表达、新业态，实现资源活化和文化活化，培育具有平谷特色的文化内容，并加大对内容生产、应用和传播的扶持。

3. 休闲提升发展计划

抓住 2020 世界休闲大会举办的契机，立足文化休闲消费需求，面向旅游升级发展和休闲经济提升，树立新休闲理念，推进休闲体验要素植入、休闲体验场景打造，提升多元新型休闲文化业态和全域休闲体系，建设成为面向首都及副中心的城市生态休闲绿谷，发展成为具有世界知名度和影响力的休闲胜地——世界休闲谷。

4. 品牌提升发展计划

立足全域休闲品牌打造，加快平谷现有文化品牌梳理，推进文创品牌内涵塑造、品牌提升，创建文创品牌及体系。加强品牌精细化管理运营，强化品牌保护和版权运营。推进品牌形象提升、品牌营销传播，全面推动全区文化创意品牌升级。

5. 人才升级发展计划

围绕全域创意经济和休闲经济发展，有计划、有步骤地实施文化人才集聚和提升计划，研究建立人才引进和培育的平台、机制，广泛吸引海内外文创人才、创新创业人才，培育在地文创领导人才、创意人才和服务人才，建立优秀创意创新人才储备库。进一步优化人才成长环境和机制，为提升区域文创发展水平提供强有力的人才保障。

B.14 北京中关村国家级文化和科技融合示范基地：探索文化科技创新的新路径

张 锋*

2012年3月，科技部会同中宣部启动"国家级文化和科技融合示范基地"（以下简称基地）认定工作，北京市委宣传部、北京市科学技术委员会组织中关村海淀园、雍和园、德胜园、石景山园联合申报"北京中关村国家级文化和科技融合示范基地"，于2012年5月被科技部、中宣传部等五部委联合发布《关于认定首批国家级文化和科技融合示范基地的通知》（国科发高〔2012〕631号）予以认定。2013年朝阳区被认定为第二批国家级基地，并入中关村基地，形成"1+4"的基地建设管理模式。

北京市科委、市委宣传部制定了《北京中关村国家级文化和科技融合示范基地建设实施方案》，提出到2020年文化创意产业增加值达到4000亿元、规模以上文化创意企业数量达到7000家的目标，联合市文化局、市广播电视局、市新闻出版局、市文资办、中关村管委会、东城区政府、西城区政府、海淀区政府、石景山区政府等11家单位建立了基地联席会议机制，共同支持基地建设和发展。

本报告通过对示范基地2017年文化科技创新进展情况的分析以及现存问题的梳理，提出推动示范基地文化科技创新的措施建议。

---

* 张锋，北京生产力促进中心，博士，高级咨询师。

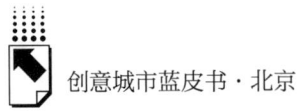

一 创新主体发展情况

（一）创新企业发展情况

2017年，海淀分基地规模以上文化创意企业共有2433家，1~11月实现营业收入5831亿元，同比增长14.1%，占全市的42.9%。朝阳分基地规模以上文化创意企业实现营业收入3204亿元，实现利润231亿元，占全市的20%。东城分基地文化创意产业实现增加值97.8亿元，对园区经济增长的贡献率为14.6%。西城分基地650家高新技术企业实现营业收入2877亿元，纳税139亿元，实现利润288亿元，同比增长10.1%。石景山分基地文化创意产业实现营业收入439亿元，年均增速为13.7%。

示范基地集聚了一大批科技创新能力强、产品特色鲜明的优质企业。2017年，海淀分基地拥有国家高新技术企业8980家，同比增长18.5%；"独角兽"企业37家，占全国的25%。[①] 朝阳分基地的总部企业数量超过900家，实现营业收入超过1.7万亿元，新增注册资本过亿元的文化创意企业120家[②]；新增国家高新技术企业超过700家，总量超过2700家，占全市的13.6%。东城分基地拥有规模以上企业1105家，其中总部企业162家、世界500强企业4家、中国500强企业6家、上市企业93家、瞪羚企业107家。西城分基地奇虎360、联动优势、咪咕文化、人民网4家高新技术企业2017年入选"中国互联网企业100强"。石景山分基地拥有国家高新技术企业748家、中关村瞪羚企业201家、市级专利试点示范企业203家。

---

① 《北京市海淀区人民政府关于印发2018年〈政府工作报告〉的通知》，北京市海淀区人民政府网站，2018年2月8日，http://www.bjhd.gov.cn/xinxigongkai/zcfg/zfwj/201802/t20180208_1490882.htm。

② 《关于朝阳区2017年国民经济和社会发展计划执行情况与2018年国民经济和社会发展计划草案的报告》，北京市朝阳区人民代表大会常务委员会网站，2018年1月9日，http://chyrd.bjchy.gov.cn/rdkw/hb/siq/ff80808161d04df00161d105d4f80068.html。

（二）创新服务平台建设情况

2017年，海淀分基地各类产业公共服务平台共举办活动398场次，与北京地区47家高校和科研院所、34家产业联盟和行业组织、38家科技产业园区、45家孵化器达成合作，共同提供协同创新服务。①

朝阳分基地搭建文化创意企业发展服务平台，简化行政审批流程，提供技术研发服务，对接科技金融资源，促进知识产权保护，建设孵化平台，加强专业服务机构建设，强化内容创作服务；推进建设"首都科技条件平台"朝阳区工作站，促进区内的检验测试加工服务资源、大型科研仪器资源向中小科技企业开放共享。

东城分基地主要服务园区内的39座重点楼宇、163家重点企业和成长型企业，建立处级干部走访、服务小组跟踪、物业联盟联系制度，为企业解决实际困难。2017年共收集企业发展需求258项，解决163项。积极开展产业促进政策培训，服务人数超过2600人次，培训宣传内容涵盖产业、知识产权、工商、税收、统计、法律六大类内容。

西城分基地加强对管委会管理体制与服务职能的梳理分析，结合新的形势与要求，构建"1+2+8"平台体系：以党建工作为统领，建立数据共享、工作协同2个工作平台，逐步形成创业加速、创新促进、政策服务、重点产业、空间优化、协同合作、人才发展、宣传展示8个服务平台，不断优化园区营商环境，为高科技企业和创新人才提供精准、高效的服务。

石景山分基地加强首都科技条件平台石景山工作站建设，整合行业骨干企业开放平台资源，建设产业创新服务平台；依托"数字娱乐特色北京市国际科技合作基地"开展文化创意技术转移服务，促进文化产品海外出口。整合中技所、天合、北京协同创新研究院等专业机构的资源，为科技创新和成果转化提供多元化创新服务。

---

① 《中关村协同创新服务等平台示范带动能力成效显著》，中关村科技园区海淀园管理委员会网站，2018年3月7日，http://hdy.bjhd.gov.cn/yqdt2014/xyqyw/201803/t20180307_1494711.htm。

（三）创新服务机构发展情况

近年来，示范基地内的技术创新服务开放平台发展迅速，聚焦广大文化科技企业的创新服务需求开展业务，利用信息技术，围绕企业创新业务的不同环节提供专业服务。

海淀区"因果树"服务平台（北京因果树科技有限公司运营）基于数据挖掘、机器学习技术，为金融机构、风险投资机构提供精准的投融资信息服务，覆盖1000多个细分行业；清华科技园启迪之星孵化器孵化的"易科学"平台（北京科天科技有限公司运营）整合全国13万台（套）仪器设备，其中高校和科研院所占比超过65%，盘活了科技条件资源；"中航爱创客"平台（中航联创科技有限公司运营）整合中航工业集团专利2000余项、实验装备200余台（套）、研发设计资源3000余项，向社会开放，促进了军工企业内部资源的盘活用活；航天云网平台（北京航天云路有限公司运营）整合航天科工集团6个研究院所、1个科研生产基地、近百个实验室及技术创新中心的设备资源，对外开展服务。

朝阳区公司宝［汉唐信通（北京）科技有限公司运营］、东城区企业盒子（北京万企云服科技有限责任公司运营）、海淀区亿蜂（北京瑞克博云科技有限公司）等平台探索实践线上供应商的资源服务标准化，使用户在平台上就可以找到适宜的服务供应商，服务效率显著提升，并有效控制了成本。亿蜂平台还整合了130余个国际合作机构，服务范围辐射全国，客户超过1200家。中关村智造大街快制中心实验室在敏捷制造、供应链服务等领域建立了科学的管理体系，提供集成电路贴片、PCB板焊接等服务，将生产周期缩短5倍。

腾讯众创空间（北京）平台开放腾讯内部平台功能，为中小企业和创业团队赋能，服务互联网创业团队600万余次，为用户创造营业收入160亿元，孵化70家创业公司，有5家上市。米家智能平台为硬件制造企业提供开放通信协议和云端服务，接入企业超过300家，包括美的等传统制造企业和智能硬件创新企业。

北京中关村国家级文化和科技融合示范基地：探索文化科技创新的新路径

二 创新要素配置情况

（一）科技金融发展情况

2017年，海淀分基地创新基金达到40余个，总规模超过580亿元；上市企业超过900家，其中在国内主板上市的企业有128家；三板挂牌企业有695家，总市值达2685亿元；境外上市企业有70家。① 2017年10月，东城分基地举行金融产业集聚区建设项目合作签约仪式，对六大领域43个项目进行签约，引导金融资本助推实体经济发展壮大。② 2017年10月，全国首家独立法人直销银行——中信百信银行在朝阳工商分局领取营业执照，在朝阳区正式注册成立。③

西城区占地35万平方米的天皓成服装批发市场俗称"动批"，2016年以前年收益仅6000万元，年管理费用超过1亿元。2017年，西城分基地将该项目升级为以高新技术、科技金融为主业的宝蓝金融创新中心，入驻企业营业收入超5亿元，实现利税5000万元。④ 石景山分基地成立石景山园金融服务联盟，开展"科技金融日"活动，联合广发银行、杭州银行推广"创信通""文创贷"等金融产品，开展文创企业需求对接，近百家企业受惠，融资金额近亿元。

（二）科技人才培养情况

2017年，海淀分基地认定"海英人才"61人。朝阳分基地积极打造朝

---

① 《一季度海淀区上市挂牌企业新增13家，累计达983家》，海淀在线，2018年4月17日，https://weibo.com/2590506130/GctwFA1CR?type=comment#_rnd1532614611506。
② 《东城引导金融资本助推实体经济》，网易新闻，2017年10月30日，http://news.163.com/17/1030/06/D1VPO2F000018AOP.html。
③ 《中信百信银行在朝阳区正式注册成立》，北京市朝阳区金融服务办公室网站，2017年11月27日，http://finance.bjchy.gov.cn/sub/news/470480/2653.htm。
④ 《金融科技助力"动批"市场转型升级》，北京市西城区人民政府网站，2018年7月25日，http://www.bjxch.gov.cn/xcdt/xxxq/pnidpv682673.html。

阳望京国际人才社区,通过"凤凰计划"会聚海外高层次人才26人,资助100家企业和团体的高端商务人才71人。东城分基地依托产业基地、留学创业园、人才俱乐部建立人才培养服务体系,引进王长田(光线传媒)、童之磊(中文在线)、马岩松(MAD)等文化创意领军人才,会聚千人计划人才9人、海聚工程人才2人、高聚工程人才4人、东城区突出贡献人才8人、东城区优秀青年人才4人、雏鹰人才企业4家。西城分基地出台《西城园管委会联系服务重点企业工作制度》,园区5名领军人才入选两院院士,4名教授级高级工程师通过职称评价直通车渠道获得正高职称。

(三)科技计划项目支持情况

2017年,北京市科学技术委员会、北京市国有文化资产监督管理办公室、北京市新闻出版广电局、北京市文化局、北京市经济和信息化委员会、北京市旅游发展委员会等市属委办局设立"北京市文化创意产业发展专项资金""北京市民营美术馆奖励扶持项目""北京市绿色印刷出版物奖励资金"等各类科技计划项目及产业扶持资金超过40种,示范基地的5个分基地分别设立区县专项发展基金,助推文化创意产业发展。

北京市科学技术委员会积极探索建立以科技创新支撑引领文创产业发展的工作模式,以传统文化产业转型升级和新兴文化业态培育为重点,自2013年起每年设立"设计之都"建设科技专项,累计投入5亿元财政资金扶持文创产业发展。

在新闻出版及发行服务领域,北京市科学技术委员会支持中国科技出版传媒股份有限公司建设基于互联网、科技智库的定制化数字印刷服务系统,实现出版流程数字化、印刷管理定制化、产品销售电商化,在清华大学出版社、北京大学出版社、科学出版社三个出版社开展按需出版示范应用,课题执行期内降低纸质书库存2亿元。

在广播电视电影服务领域,北京市科学技术委员会支持中国科学院自动化研究所等单位基于影视作品版权标识与特征指纹技术建设影视作品版权保护及管理技术支撑平台,实现影视作品版权标识嵌入,提取正确率达

99.63%以上，已与中国移动咪咕、优酷等10家文化内容传播机构签订合作协议。

在文化艺术服务领域，北京市科学技术委员会支持国图出版社、视觉中国、华江文化、元隆雅图公司建设包含3万种古籍的中国传统文化图典数据资源库、传统文化设计素材公共服务平台，开发传统文化系列旅游商品"北京礼物"160款、外交部国礼15款、国宴精品餐具2套（已为"一带一路"国际高峰论坛提供服务）。

在文化艺术服务领域，北京市科学技术委员会支持红马传媒研制的安全防伪票务服务装备RFID验票准确率超过95%，人脸识别系统准确率超过85%，在鸟巢、工人体育场、人民大会堂等10个大型场馆应用，服务2017中国足协甲级联赛北京赛区、2018人民大会堂金色大厅维也纳春之声交响乐团新年音乐会、CBA联赛北京首钢男篮主场门票等300场大中型文艺演出，服务观众300万人次。

三 创新环境建设情况

（一）科技创新服务政策执行情况

2017年，海淀分基地落实《海淀区文化与科技融合行动计划》，投入财政资金20亿元，带动社会投入200亿元，推动海淀区文创产业特色化发展。朝阳分基地制定《关于朝阳区全面加强文化建设的意见》，发布大运河文化带保护建设行动计划等系列政策[①]，出台基层文化品牌认定方案及奖励扶持办法，入围品牌已达68个。西城分基地以考核与政策支持相结合的方式积极促进传统孵化器转型升级，普天德胜、康华伟业、金丰和等孵化加速基地

---

① 《关于朝阳区2017年国民经济和社会发展计划执行情况与2018年国民经济和社会发展计划草案的报告》，北京市朝阳区人民代表大会常务委员会网站，2018年1月9日，http://chyrd.bjchy.gov.cn/rdkw/hb/siq/ff80808161d04df00161d105d4f80068.html。

相继完成公共服务平台软硬件功能升级和楼体改造,园区创新孵化环境逐步改善。石景山分基地落实《石景山区关于支持大众创新创业的暂行办法》,支持向创业企业提供融资服务、创业服务的专业服务机构,发布《关于促进中关村虚拟现实产业创新发展的若干措施》,推动具有区域特色的VR创新中心建设。

(二)产业创新载体建设情况

2017年,海淀分基地精准聚焦创意设计、高端文化装备制造、3D影视制作等优势领域,重点推进小米、爱奇艺、优酷等企业在互联网视频领域,百度教育、新东方、学而思等企业在网络教育领域,数码大方、华新意创、幻响神州等企业在创意设计领域实现成果产业化。积极推动中关村768创意产业园、中关村数字电视(牡丹)产业园、中关村东升科技园、中关村互联网文化创意产业园等产业集聚区建设。

朝阳分基地万东国际文化创意产业园、自空间CBD写字园等5个产业项目完成园区建设及招商工作,CBD核心区二级地块、齿轮厂文创园等18个项目加快建设[1],常营乡东方和瑞文化产业项目主体建筑完工。

东城分基地"三利大厦文创项目改扩建工程"正式封顶,龙潭湖地区环境整治提升项目持续推进,完成地块规划及区域空间规划;青龙文化创新街区项目作为东城区政府2018年重点项目正式启动。

西城分基地的设计之都大厦实现开业运营,中关村广安军民融合特色产业基地完成一期工程施工总承包招标评标工作和二期工程勘察设计招标工作,北广电子集团通过改造老旧厂房实现疏解提升,引进91金融、游心网等高新技术企业。

石景山分基地虚拟现实产业园一期落地石景山园北Ⅱ区,引入企业60余家,硬件领域以枭龙防务、耐德佳显示、爱奇艺智能科技等为代表,软件

---

[1] 《朝阳区城乡发展"六个一百"工程稳步推进》,北京市朝阳区人民政府网站,2017年11月3日,http://www.bjchy.gov.cn/dynamic/zwhd/8a24fe835f2d2c2a015f7fd6e5a503d5.html。

和内容创制以鼎酷科技、梦想人智能科技、灵瞳智能科技为代表，展示体验与应用领域以中天宏达、飞览天下、蔻璞科技为代表。2017年4月举办的"新浪潮，新活力"全球虚拟现实产业峰会，有近千人参会，300余家媒体进行报道。

（三）创新创业服务体系建设情况

2017年，海淀分基地拥有105家市级众创空间、69家创新型孵化器，服务面积达260万平方米。朝阳分基地拥有孵化器、众创空间88家，服务面积为140万平方米。东城园有孵化机构16家，累计培育光线传媒等上市公司55家，培育长江文化、视联动力等成长性企业306家，集聚创业辅导专家456人、留学回国人才162人，入孵企业获发明专利授权307项、著作权授权564项。石景山分基地拥有国家级、市级孵化器和众创空间16家，创业公社形成"场地+服务+金融+社群+数据"的创业生态闭环。

（四）疏解整治促提升工作情况

2017年，海淀分基地全面推进疏解整治促提升行动，优化拓展创新空间。中关村大街（一期）沿线腾退存量空间超过39万平方米。朝阳分基地疏解非首都功能产业976家，改造居民文体活动场所60余处，基于老旧工业厂房改建的文化创意产业园区有6个。① 西城分基地园区范围内疏解腾退市场面积为26.2万平方米，宝蓝科技创新中心的产业升级和业态调整基本完成。老旧厂房盘活改造继续推进，马甸创新创意产业园C区3号馆和北广大厦6层共6500平方米实现腾退，"动批"疏解腾退空间将成为西城园发展"高精尖"产业的重要空间载体，多个重点项目进入洽谈阶段。

---

① 《关于朝阳区2017年国民经济和社会发展计划执行情况与2018年国民经济和社会发展计划草案的报告》，北京市朝阳区人民代表大会常务委员会网站，2018年1月9日，http://chyrd.bjchy.gov.cn/rdkw/hb/siq/ff80808161d04df00161d105d4f80068.html。

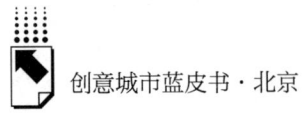

（五）知识产权保护工作情况

2017年，朝阳分基地深入执行《朝阳区知识产权促进与保护的若干措施》，结合《朝阳区知识产权联席会议制度》《朝阳区专利资助及奖励办法》《朝阳区知识产权维权援助暂行办法》等8个配套办法①，全区年申请专利34030件（其中发明专利1.94万件，占57%），专利授权19417件（其中发明专利0.89万件，占46%）。朝阳知识产权快速维权中心受理的外观设计专利申请，授权时间最短为10个工作日。石景山分基地实施知识产权领航工程、知识产权优势企业培育方案，联合北京动漫游戏联盟等行业协会加强行业监管，形成"行政执法+行业自律+企业自保"的知识产权立体化保护模式。

四 存在问题

（一）科技创新资源区域分布不均衡

北京市研发机构和科技成果在各区分布很不均衡。据不完全统计，全市科研院所超过1000家，其中海淀区占40%，朝阳区占21%，西城区、东城区占比依次为13%、10%，其余区县合计只占16%。2011~2016年，获国家科学技术奖励成果的在京单位中，海淀区独占304项，占比为65%。2017年，北京市共认定457家重点实验室，其中海淀区229个、朝阳区60个、西城区59个、东城区24个、石景山区5个；北京市共有316个工程技术研究中心，其中海淀区153个、朝阳区55个、西城区17个、石景山区8个、东城区7个；北京市共有395家经复核的企业研发机构，其中海淀区和大兴区的总和占到全部数量的一半以上。2016年，北京市技术合同交易额为

---

① 《朝阳区发布2017年知识产权发展情况报告白皮书》，北京市朝阳区科学技术委员会网站，2018年4月23日，http://kewei.bjchy.gov.cn/NewsDetail.aspx。

3940亿元，海淀区占全市的38.7%，朝阳区占19.2%，丰台区、东城区、西城区占比依次为16.2%、12.0%、6.3%，其他各区占比总计为7.6%。

（二）科技成果转化成效有待提升

高校和科研院所产出的科研成果大部分处于原型阶段，而市场需要的是进小试、中试阶段的成熟成果，对离开实验室的科技成果进行商业化产品转化的角色缺位。部分高校和科研院所制定的评价考核机制轻成果转化，导致部分科研人员申请专利是被课题验收、职称评定所迫，所申请专利不接地气，企业"用不上"。部分企业申请专利主要用于高新技术企业认定，并未真正发挥科技对产品和服务的提升作用。北京市"疏解整治促提升"行动中，在北京申请注册科技型企业，经营范围有"生产"二字的无法完成工商登记，从事设备研制的科技成果转化企业开展业务受限。北京地区的装备制造领域产业配套条件较差，随着北京市电子元器件市场的陆续关停，供应链系统将更加不完善。北京市促进科技成果转化的相关工作部门之间的衔接配套仍有待强化。深圳市在2012年将相关部门调整合并成科技创新委，加挂市高新技术产业园区管理委员会的牌子，在组织架构和政策上保障了对成果从产生到落地的全链条集中支持，成果落地效率相对较高。

（三）创新孵化机构服务能力不足

北京市的孵化服务行业经过多年发展，已形成较为完备的服务体系，但受发展定位、运行机制、人才团队、资源网络等因素的影响，在创业投资、资金融通、市场拓展、团队建设、技术服务等方面的专业水平较低，高端服务能力缺乏，无法充分满足创新企业对高端增值服务的需求，部分孵化机构仍停留在代理工商注册、举办政策宣讲会等低端服务阶段，维持"吃瓦片"的传统收入模式。行业缺乏具备专利价值挖掘能力、可开展知识产权专业咨询等服务的专业人才。北京地区的高校和科研院所对科技成果转化多以产学研合作方式为主，通过转让、许可和作价投资方式向企业转移转化科技成果较少，一方面是因为市场缺乏对科技成果价值进行评估的专业服务平台，企业在购买科研机构的科研成果时存在报价"两头怕"现象,阻碍了创新成果的流转通路;另一方面是因为市场缺乏对 IP 进行价值评估的专业服务机构,轻资产的文化企业以动漫形象等无形资产抵押获取银行贷款仍然较为困难。

(四)文化科技企业创新能力不足

2017 年,北京市 2 万家国家高新技术企业中,文化科技融合类企业仅有 2000 余家,且主营产品(服务)所属技术领域大多为软件及计算机服务业相关业务领域。文化企业对前沿科技不了解,缺乏应用,科技企业缺乏对接文化产业技术需求的渠道,造成文化、科技"两张皮"的现状。一是在文化科技成果的供给方面,既缺乏基础研究层面的原始创新成果,又缺乏面向应用的集成创新技术成果。二是在成果应用层面,文化企业面对日益多元化的用户群体时,缺乏提升产品和服务体验的技术手段,缺乏对接科技企业的渠道和途径。三是行业的文化科技协同创新效能未完全激发。

(五)文化产品知识产权保护不力

文化创意产品具有首次创造成本高、二次复制成本低的特征。版权保护手段、授权模式和服务体系不完善,导致侵权行为屡见不鲜,案件取证难、认定难,维权成本高。2017 年,北京市三级法院新收各类知识产权案件共 41320 件,同比增长 43.1%。[1] 知识产权保护领域的法律法规不健全,导致企业难以运用法律手段保护自身权益。例如,《信息网络传播权保护条例》(2013 年修订)第六条中,合理使用的适用主体与《著作权法》第二十二条中的规定并不一致,使新闻类作品合理使用的适用主体被不适当扩大,导致数字环境下新闻类作品著作权保护受掣肘之困。[2]

---

[1] 《北京法院发布知识产权司法保护十大案例》,人民网,2018 年 4 月 20 日,http://legal.people.com.cn/n1/2018/0420/c42510-29939812.html。

[2] 张平、徐美玲:《新闻类作品著作权法律保护研究》,《西北大学学报》(哲学社会科学版)2018 年第 1 期,第 88~94 页。

（六）技术支撑引领作用尚未发挥

高德纳公司发布的 2018 年重大科技发展趋势报告提出，行业通用关键技术包括人工智能、数字孪生、会话式平台、沉浸式体验、区块链等。目前基地内文化科技企业对人工智能、大数据分析、云计算等前沿技术的应用已逐步推进，但仍处于浅层次的集成应用阶段，尚未实现前沿技术与行业具体应用的深度结合。广播电视行业在推动数字化网络化制播技术、全台网技术、全媒体内容制作和媒资管理一体化技术应用方面，仍然存在技术研发和应用的瓶颈；新闻出版行业在重塑传统出版业务流程、改造升级生产系统、打通出版业务全流程数字信息通道方面，仍然需要加大投入。

五　措施建议

（一）积极培育创新主体

1. 加强骨干企业培育引导

全面落实现有产业促进政策体系中的认定类政策、普惠性财税优惠政策，建立常态化政策宣传、培训机制，使文化科技企业全面了解、用好用足优惠政策。通过落实高新技术企业认定、研发费用加计扣除、技术合同登记税收减免等政策，切实降低企业负担；通过北京市设计创新中心认定等引导性政策，推动文化科技企业聚焦重点领域开展创新业务，提升核心竞争力。

2. 推进创新服务平台建设

积极培育更多市场主体，支持各类社会力量尤其是国有企业、行业龙头企业面向中小企业及创业团队的技术服务需求，开放内部平台，为产业发展赋能。发挥行业联盟、协会等社会组织的组织协调作用，减少专业服务市场的恶意价格战，引导专业服务机构向服务创新要效益，在创造新价值的基础上实现良性发展。推动首都科技条件平台科技资源的共享共用，提升科技服务整体效能。

3. 强化创新服务机构培育

加大对社会化专业服务机构的资金支持，提升专业服务机构的资源整合能力，有效对接、全面共享高校及科研院所的科技资源；提升专业服务能力，在向中小企业提供研发、设计、资本、市场等相关服务的基础上，拓展深度服务、个性服务、衍生服务、金融服务，提升服务的质量、便捷性和规范性。引导专业服务机构聚焦重点服务领域，推动传统产业转型升级，带动传统工业企业开展智能制造、定制化生产的探索，为实体经济发展注入活力。

（二）优化配置创新要素

1. 强化科技金融服务

充分利用总规模达 300 亿元的北京科技创新基金，围绕"前孵化、'双创'、'高精尖'产业"三个阶段进行投资布局，引导社会资本投入科技创新中心建设。拓宽北京市"投贷奖"政策体系覆盖范围，促进金融服务资源在文化创意企业切实落地。建设文化资源 IP 价值评估体系，从价值评估、运营评估、商业化潜力等维度对优质 IP 进行客观评估，为中小微文化企业利用无形资产进行融资创造技术条件。

2. 加大人才培养力度

培养和选拔品行高尚、研发及管理能力突出、具备国际视野的高层次科技创新创业人才，构建富有创造力的科技创新团队，切实解决高端复合型人才及海外归国人员在子女入学、户籍准入、购房资格等方面的实际困难，实现高端人才"招得来、留得住、用得好"。打破体制机制障碍，落实人社部《关于支持和鼓励事业单位专业技术人员创新创业的指导意见》，引导具有较强研发服务能力的专业技术人员走出院校院所，增强科技创新势能。

3. 加大科技资金投入

聚焦文化创意产业链条中的创意创作、设计制作、展示传播、用户体验等环节，鼓励文化科技企业研发和应用行业共性关键技术，跨界应用、集成应用信息技术领域的前沿技术，紧密结合行业特点，对生产系统、服务系统进行流程再造、服务升级，以提升用户体验、降低生产成本、提高服务效率为目标，建立产学研用相结合的企业技术创新体系。政府部门设立的文创产业专项资金项目，应降低门槛、允许失败，多"雪中送炭"、少"锦上添花"。

（三）积极营造创新环境

1. 完善政策服务体系

在全面推进依法行政的进程中，结合行业管理部门权力清单制定及调整、清理涉及企业和群众办事开具证明、公共服务事项梳理、行政审批事项取消后事中事后监管措施的制定等方面的工作，全面梳理北京市现行产业促进政策，对过期政策文件予以清理、公示，解决企业对各级政府部门颁布的政策"找不到、看不懂、用不上"的问题。行业管理部门通过优化内部工作流程、运用信息化手段等措施，深化"放管服"改革，真正让企业享受政策红利。

2. 促进产业集聚发展

对现有各级各类创意产业园区及众创空间的区域分布、功能布局、从业人员、行业发展、社会效益进行深入分析，结合疏解整治促提升行动，做好全市层面的产业园区发展规划布局，在充分发挥既有集聚效应的基础上，按照产业园区优势互补、推动"职住平衡"、避免同质化竞争的原则，认定一批市级文化科技融合产业园区，集中各类资源做好重点园区的基础设施和服务体系建设，推动形成布局合理、门类均衡的文化创意产业发展格局。

3. 积极营造创新氛围

全面实施首都知识产权战略，加大知识产权保护服务平台投入。健全知识产权创造、运用、保护、管理服务体系，提升全链条服务质量。简化、优化专利资助流程，提供"一站式"服务；推动具有自主知识产权的核心专利和标准创制；建立企业专利侵权纠纷快速处理通道和信息沟通机制，为企业营造良好的营商环境。贯彻落实《"十三五"国家科普与创新文化建设规划》(国科发政〔2017〕136号)、《北京市"十三五"时期科学技术普及发展规划》,以提升公民科学素质、推动创新文化建设为目标,加大科普服务投入力度,探索科普服务产业化机制,营造科技创新的良好社会氛围。

感谢北京中关村国家自主创新示范区海淀园管理委员会、东城园管理委员会、西城园管理委员会、石景山区科学技术委员会、朝阳区科学技术委员会提供的各分基地产业发展的相关信息与统计数据。

专题研究篇

Special Subjects

B.15
北京市文化创意产业政策效应评价

方燕 张菲[*]

> 2006年至今,北京市出台了一系列文化创意产业政策,极大地促进了产业的发展。本报告基于统计数据及出台的政策对北京市文化创意产业政策进行实施效果分析,并结合模糊综合评价法对文化创意产业政策效应进行评价,以期更好地促进产业政策的出台和进一步实施。研究表明,总体来看,北京市文化创意产业政策带来了积极效应,但仍存在产业政策体系科学性不强、政策制定基础不够完善等弱点,需要进一步完善政策体系,加强对文化创意产业的扶持。

当今世界,国民经济发展的动力已经依附于具有更高附加值的文化及智力资源。文化创意产业作为知识密集型新型产业的典型代表,其发展成熟程度已经成为衡量一个城市乃至一个国家综合竞争力的重要指标。北京文源

---

[*] 方燕,北京工商大学教授;张菲,北京工商大学硕士研究生。

深、文脉广、文气足、文运盛,具备发展文化创意产业的独特资源和政策优势。① 2006年至今,国家包括北京市出台了一系列关于文化创意产业发展的政策,使北京市"1+N+X"的文化创意产业政策体系逐步形成。在政策的推动下,北京市文化创意产业发展势头强劲。2017年,北京市文化创意产业实现增加值3908.8亿元,同比增长9.2%,占GDP的比重为14.0%,实现总收入20806.7亿元,在《中国省市文化产业发展指数(2017)》中,北京以84.29的得分高居全国之首。本报告通过对北京市文化创意产业政策演变进行梳理,分析政策发展现状,并对政策进行效应评价,探索北京市文化创意产业政策发展方向,为政策进一步发展提出建议,同时为其他地区提供借鉴。

一 北京市文化创意产业政策演变

(一)北京市文化创意产业政策出台背景

自20世纪90年代以来,文化创意产业成为越来越多国家新兴的支柱产业,为促进产业发展,许多国家将文化创意产业提升到战略高度,采取各种积极措施进行扶持。文化创意产业带来大批就业岗位,为很多国家创造了可观的经济收益,而且提升了国家竞争的软实力。② 文化创意产业具有公共产品属性,根据国内外实践经验以及产业生命周期等理论,文化创意产业的发展离不开政策的扶持。

北京拥有3000多年的建城史,积累了丰富的文化资源。同时,北京的人才、科技等资源优势和文化氛围,使其会集了大批文化人才,成为文化创意产业建设和发展的重要资源。文化创意产业已成为北京市转变经济发展方式、促进经济增长、优化产业结构的重要突破口。产业的发展离不开政策的

---

① 孙博:《北京市文化创意产业政策实施情况评估报告》,《文化决策参考》2013年第10期。
② 荔小珂:《促进北京市文化创意产业发展的财税政策研究》,首都经济贸易大学硕士学位论文,2012。

扶持及引导，自2006年开始，北京市文化创意产业政策正式成为政府产业政策关注的重点。到目前为止，北京市出台了一系列相关产业政策，对北京市文化创意产业的发展起到了积极的推动作用。①

（二）北京市文化创意产业政策演变及分类

1. 北京市文化创意产业政策演变

在我国，文化创意产业得到政策支持和正式发展是从2004年开始的，从2006年正式提出到被重视，时间并不长。"文化创意产业"被首次正式提出是在2006年9月出台的《国家"十一五"时期文化发展规划纲要》。而北京作为我国的首都，在文化创意产业发展和政策支持上一直走在国内前列。

2004年，《国民经济行业分类目录》中纳入了文化产业，由此国家对文化产业开始重视并扶持发展。北京市也加强了对文化创意产业的关注与支持，先后成立了中关村文化创意产业先导基地、大兴新媒体产业基地等园区，政策扶持也以原有的园区为对象。

2006年，《北京市"十一五"规划纲要》把文化创意产业列为北京市今后的重点工作，同年又出台了《北京市促进文化创意产业发展的若干政策》等一系列政策，有关文化创意产业的管理与支持力度得到进一步拓展和转变。北京市在原来文化分类的基础上新增了设计创意、旅游、体育休闲等内容，并制定了《北京市文化创意产业分类标准》。自2006年开始，北京市对文化创意产业进行初步的统筹规划，并开始进行集聚区的认定。

2007年，《北京市"十一五"时期文化创意产业发展规划》再次强调将广播电视节目制作和交易、出版发行和版权贸易、设计创意、文艺演出、广告和会展、古玩和艺术品交易、文化旅游、文化体育休闲等作为行业重点。将建设文化创意产业集聚区作为促进产业发展的有力抓手，集聚区政策

---

① 北京市国有文化资产监督管理办公室、中国传媒大学文化发展研究院：《北京文化创意产业发展白皮书（2016）》，2016。

得到认可和推广。

2013年，文化创意产业作为首都经济新的增长点，已经成为首都经济增长的支柱产业。截至2013年，北京市共认定了30个文化创意产业集聚区。北京市在文化创意产业政策规划、资金支持等方面建立了综合性的政策保障体系。

2004~2013年，是北京市文化创意产业高速发展的阶段，政府的政策主要是主动规划、引导发展、集聚引领，对集聚区的文化创意产业进行重点扶持，充分发挥集群效应。

自2014年开始，北京市进入"文化创意产业功能区"时代。其进入的标志性文件是北京市人民政府印发的《北京市文化创意产业功能区建设发展规划（2014~2020年）》和《北京市文化创意产业提升计划（2014~2020年）》。其中，《北京市文化创意产业功能区建设发展规划（2014~2020年）》是中国首个省级文创产业空间布局规划，首次明确提出了全市文创产业错位发展的空间格局。之后相继出台了《关于促进文化消费的意见》《北京市推进文化创意和设计服务与相关产业融合发展行动计划（2015~2020年）》《关于进一步鼓励和引导民间资本投资文化创意产业的若干政策》等一系列促进产业发展的政策措施，对文化创意产业进行重点扶持。

在政策演变过程中，北京市文化创意产业"1+X"政策体系逐渐完备。"1+X"政策体系以2011年的《关于发挥文化中心作用加快建设中国特色社会主义先进文化之都的意见》为统领，以《关于金融促进首都文化创意产业发展的意见》等一系列促进文化创意产业发展的政策文件为支持。特别是2014年文化创意产业功能区建设的两个规划和《关于促进文化消费的意见》、2015年出台的《北京市推进文化创意和设计服务与相关产业融合发展行动计划（2015~2020年）》，以及2016年出台的《北京市"十三五"时期文化创意产业发展规划》和《北京文化创意产业发展白皮书（2016）》。"1+X"政策体系更加完备，总体政策框架基本形成，并着力构建"1+N+X"文化经济政策体系，如2017年发布的《北京文化创意产业发展白皮书（2017）》以及2018年正式发布的《北京市文化创意产业园区认定及规范管理办法（试行）》和《关于加快市级文化创意产业示范园区建设发展的意见》等，政策体系的确定使北京文化创意产业发展的总体政策框架更加完善。北京市文化创意产业政策演变见图1。

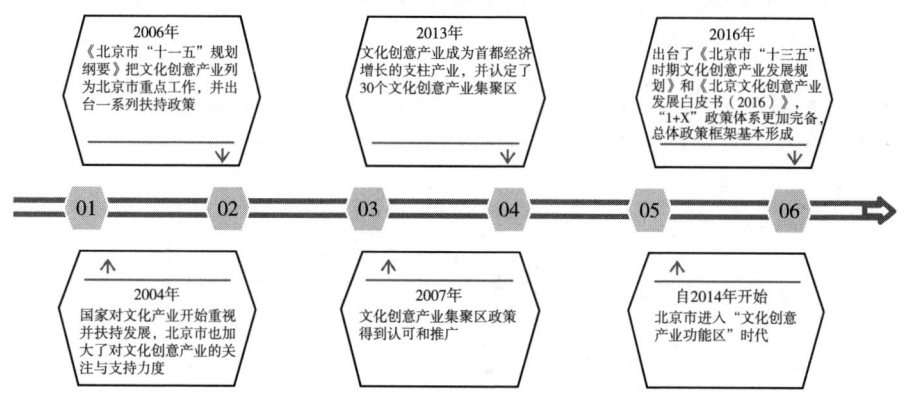

图1　北京市文化创意产业政策演变

2.北京文化创意产业发展政策分类

自2006年开始，北京市大力发展文化创意产业。到目前为止，北京市已经出台了超过63项政策以支持文化创意产业的发展。本报告主要从政策发布时间、政策发布机构以及政策类型三个方面对北京市文化创意产业政策进行分析。

（1）政策发布时间

2006年是北京市文化创意产业政策正式发布的第一年，2006年政策数量占2006~2018年政策总数的9.52%，一系列政策从综合政策、财税政策到集聚区发展政策，促进了北京市文化创意产业的发展。2011年，北京市文化创意产业政策数量进一步增加，占2006~2018年政策总数的12.70%，政策主要集中在规划类和行业发展类。随着文化创意产业成为北京经济发展的重要支柱性产业和新的经济增长点，2014~2018年出台的政策逐渐增加。2016年是我国经济发展的重要阶段，"十三五"时期也是文化创意产业发展的重要阶段，在这一年也产生了非常多的政策，占2006~2018年文化创意产业政策总数的 23.81%。在这一阶段，关于文化创意产业的政策更加具体，更加看重财税政策和投融资类政策，同时还出台了北京市文化创意产业发展的重要文件：《北京文化创意产业发展白皮书（2016）》和《北京市"十三五"时期文化创意产业发展规划》。2018年，北京市正式启动文化创意产业园区认定工作，出台了《北京市文化创意产业园区认定及规范管理办法（试行）》和《关于加快市级文化创意产业示范园区建设发展的意见》。北京文化创意产业政策出台时间分布见图2。

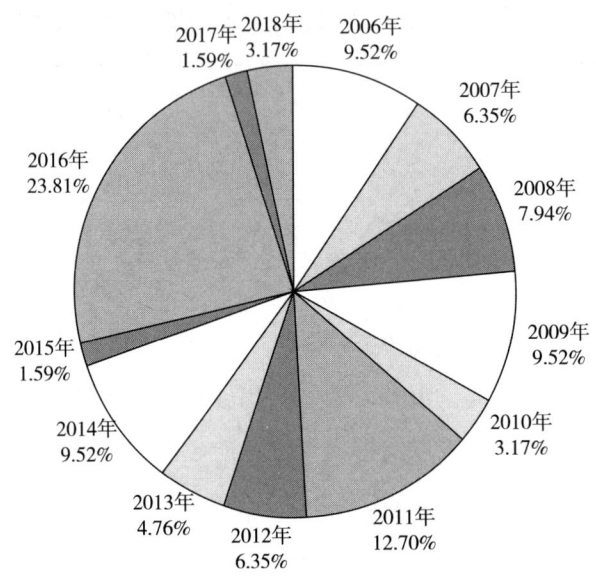

图 2　北京文化创意产业政策出台时间分布

（2）政策发布机构

北京市文化创意产业发布机构主要包括政策制定出台的主导部门和相关部门，如北京市人民政府、北京市文化局、北京市国有文化资产监督管理办公室等。

根据分析，北京市文化创意产业政策有超过15个发行主体，大多数政策由多部门联合发布。北京市人民政府出台的政策有21项，内容涵盖文化创意产业的方方面面，北京市委发布了12项政策，北京市国有文化资产监督管理办公室发布了11项政策,10项政策由北京市发展和改革委员会参与发行。发布机构众多且多部门联合发布,北京海关、北京银监局等也发布了协助北京文化创意产业发展的政策(见图3)。

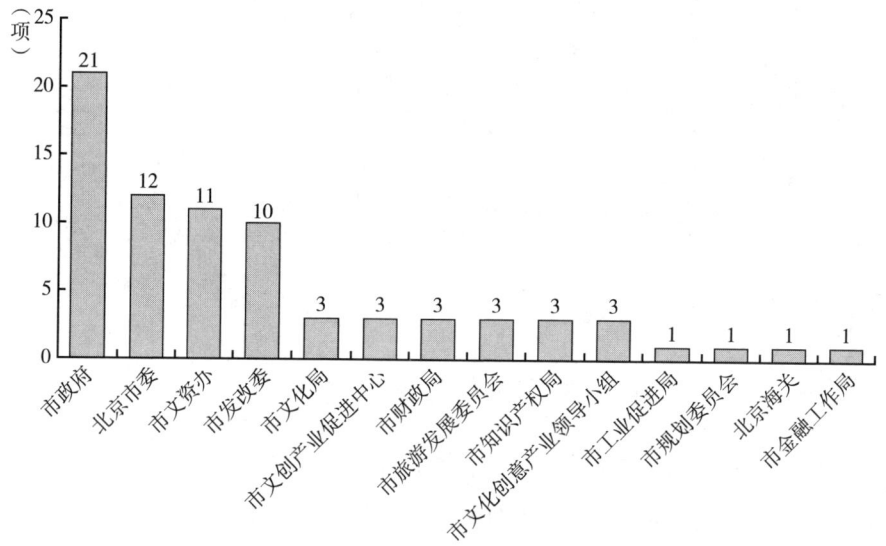

图3 北京文化创意产业政策出台机构分布

(3) 政策类型

从北京市文化创意产业政策类型来看,主要包括综合类政策、规划类政策、行业类政策、财税类政策、投融资类政策、贸易政策、产业区划类政策以及知识产权类政策八大类。① 2006~2013年,行业类政策较多。2014~2016年,规划类政策和综合类政策类目增加,而且更加注重财税类政策和投融资类政策等,特别是在2012年成立北京市国有文化资产监督管理办公室以后。2006年以来北京市文化创意产业政策中综合类政策和规划类政策合计达到22项,财税类政策和投融资类政策合计达到19项,行业类政策到达9项(见图4)。

---

① 周峥、廖旻、奚大龙:《2014年北京文化经济政策绩效评价》,载杨松主编《北京经济发展报告(2015~2016)》,社会科学文献出版社,2016,第162~191页。

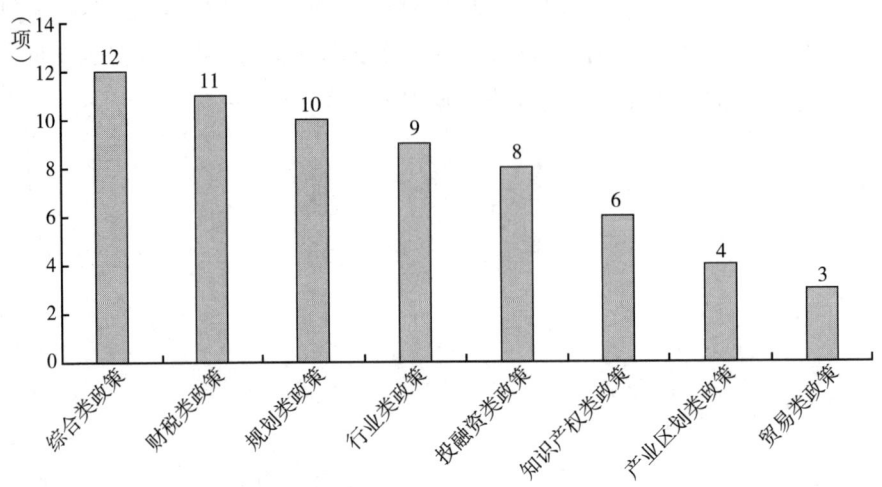

图4 北京文化创意产业政策类型分布

从政策覆盖面角度来看,按照功能划分,北京已初步建立起包括综合政策、专项政策、金融政策、财税政策、园区建设、产业引导、企业扶持和人才引进在内的基本政策框架体系。

二 北京市文化创意产业政策效应评价

(一)北京市文化创意产业政策实施整体效果

1. 产业发展规划及目标明确

推出《北京市"十三五"时期文化创意产业发展规划》和《北京市"十三五"时期加强全国文化中心建设规划》等一系列重要文件。在总体规划的指引下,北京市文化创意产业发展势头强劲,文化创意产业增加值由2006年的823.2亿元增加到2017年的3908.8亿元,按现价计算,年均增长15.2%,高于GDP现价增速3.0个百分点,占GDP的比重由2006年的10.3%上升到2017年的14.0%,11年间提高3.7个百分点。

文化创意产业作为战略性支柱产业，对首都经济增长的拉动作用更为显著。[①]

2. 加大对重点产业的扶持

出台《北京市推进文化创意和设计服务与相关产业融合发展行动计划（2015～2020年）》和《北京市关于支持网络游戏产业发展的实施办法（试行）》等政策，加强对重点产业类别的发展扶持。截至2017年，北京市营业性演出共计24557场次，观众人数共计1075.8万人次，比2016年的1071.4万人次增加4.4万人次，增长0.4%，达到近年来最高水平。动漫游戏产业产值约为627亿元，同比增长20%。政策扶持有力地推动了文化创意产业各重点行业的发展。

3. 促进文化金融发展

文化金融主要从财政投入和投融资方面进行政策支持。以设立扶持资金为核心，通过《北京市文化创意产业发展专项资金项目补助实施细则（试行）》等一系列政策从项目补助、项目奖励等方面加大财政投入。自2006年起，北京市政府每年安排5亿元产业发展专项资金，对符合政府重点支持方向的文化创意产品、服务和项目予以扶持。2016年12月，北京市在全国率先启动文化创意产业"补贷投"联动体系，共有327家企业获得财政资金"补"的支持。为加强对文化创意产业的投融资支持，北京市还出台了《关于进一步鼓励和引导民间资本投资文化创意产业若干政策》等一系列政策。2016年文化产业的融资额为3966亿元，其中64.6%的资金来自股权投资和上市后的融资。2017年北京市正式启动文化创意产业"投贷奖"联动，撬动金融资本服务北京20余万家文创企业，实现文化与资本的高效对接。政策的支持使北京市文化创意产业信贷发放量屡创新高。

4. 进行集聚区转型升级，推动功能区建设

政府出台了《北京市文化创意产业集聚区认定和管理办法》，在政策的

[①] 数据来源于《北京统计年鉴2017》。

推动下，到2014年，北京市分四批共认定了30个集聚区，如2015年底首批认定的国家新媒体产业基地，是北京市首批文化创意产业专业集聚园区，形成了以新媒体产业为核心，以影视制作产业、设计创意产业、出版印刷产业、电子商务为重点发展领域的文化创意产业体系，有力地带动了文化创意产业的发展。2014年，北京还启动了集聚区转型升级的整合规划，推动功能区建设，出台《北京市文化创意产业功能区建设发展规划（2014～2020年）》等功能区认定及相关促进发展政策。在政策的指引下，2016年，全市20个文化创意产业功能区共实现收入8975.9亿元，同比增长6.6%，占全市文化创意产业收入的64.3%。

5. "文化创意+"有效推进

发布了《北京市推进文化创意和设计服务与相关产业融合发展行动计划（2015～2020年）》，顺应"文化创意+""互联网+"的趋势，推进文化与科技、金融、旅游等相关产业融合，对辐射带动相关产业转型升级发挥了重要作用。同年12月，北京市发布《文化创意及相关产业分类》地方标准，新标准强化了"产业集群"的概念，强调文化、技术和经济的深度融合。以2015年北京市举办的文化融合发展项目合作推介会为例，其涉及文化科技、文化旅游、文化体育等多个行业，签约项目金额达11.3亿元。

6. 文化创意产业京津冀协同发展全面推进

立足《京津冀三地文化领域协同发展战略框架协议》等基础性合作文件，按照《京津冀协同发展规划纲要》部署，北京与天津、河北在演艺交流、产业协作等方面加强合作，有序推进三地文化创意产业协同发展。例如，2016年，三地联合成立京津冀演艺联盟，深化演艺领域的交流合作；成立京津冀文化产业园区（企业）联盟，构建三地文化产业协同发展体系。通过不断搭建活动平台，京津冀协同发展全面推进。

7. 政策综合社会效应逐步显现

政策的间接社会效应首先体现在拉动就业上，由于文化创意产业吸纳社会就业能力强，近年来行业从业人员在第三产业中所占的比例从2006

年的26.3%上升到2016年的31.2%，提高了4.9个百分点。其次体现在扩大外贸上，出台了《关于加快发展对外文化贸易的实施意见》，政策的支持使北京市文化贸易额从2006年的12.65亿美元上升到2016年的46.9亿美元；图书版权输出、动漫游戏出口等位居全国前列。

（二）北京市文化创意产业政策效应评价的实证分析

本部分主要对方法进行介绍，并建立相关的指标体系，利用熵权法对权重进行实证，基于模糊综合评价法求出北京市文化创意产业政策效应评价的单因素评估矩阵，利用加权算术平均法进行结果分析。

1. 北京市文化创意产业政策效应评价方法

（1）模糊综合评价法

模糊综合评价法是以模糊推理为主的定性和定量相结合的分析评判方法。该方法由美国自动控制专家查德于1965年首次提出，它是根据模糊数学的隶属度理论把定性研究转化为定量评价的，能够用来处理定性、不确定等问题。由于政策效应评价的指标有较强的模糊性，很难给予定量的描述，因此本报告采用模糊综合评价法对北京市文化创意产业政策效应进行评价。具体步骤如下。

第一步，确定评价对象的因素。

第二步，确定评价等级论域。

第三步，建立模糊关系矩阵。

单独从一个因素出发进行评价，以确定评价对象对评价集合V的隶属程度，称为单因素模糊评价，确定从单因素来看被评价对象对各等级模糊子集的隶属度，进而得到模糊关系矩阵：

$$R = \begin{pmatrix} r_{11} & r_{12} & \cdots & r_{1n} \\ r_{21} & r_{22} & \cdots & r_{2n} \\ \vdots & \vdots & \vdots & \vdots \\ r_{m1} & r_{m2} & \cdots & r_{mn} \end{pmatrix}$$

其中，r_{ij}表示某个被评价对象从因素u_i来看对等级模糊子集v_j的隶属度。这里要进行归一化处理：使$\sum r_{ij} = 1$，目的是消除量纲的影响。

第四步，确定评价因素的权向量。

设$A = (\alpha_1, \alpha_2, \ldots, \alpha_m)$为权重分配模糊矢量，其中$\alpha_i$表示第$i$个因素的权重，要求$\alpha_i > 0$，$\sum \alpha_i = 1$。在此，我们确定权重的评价方法为熵权法。

第五步，合成模糊综合评价结果向量。

第六步，对结果向量进行分析。

（2）权重确定

熵权法是根据各指标的变异程度，利用信息熵计算出各指标的熵权，再通过熵权对各指标的权重进行修正，从而得出较为客观的指标权重。作为一种客观赋权方法，它精确度较高，能够更好地解释得到的结果，并且可以用于任何需要确定权重的过程。

利用熵权法确定比重的步骤如下。

现有m个待评价项目，n个评价指标，形成原始数据矩阵$R_{ij} = (r_{ij})_{m \times n}$。

$$R = \begin{Bmatrix} r_{11} & r_{12} & \cdots & r_{1n} \\ r_{21} & r_{22} & \cdots & r_{2n} \\ \vdots & \vdots & \vdots & \vdots \\ r_{m1} & r_{m2} & \cdots & r_{mn} \end{Bmatrix}$$

其中，r_{ij}为第j个指标下第i个项目的评价值。

求各指标权重的过程如下。

第一步，数据标准化，将矩阵R中的数据进行标准化，并计算第j个指标下第i个项目的指标值的比重P_{ij}。

$$P_{ij} = \frac{r_{ij} - \min r_{ij}}{\max r_{ij} - \min r_{ij}}$$

第二步，计算第j个指标的熵值e_j。

$$e_j = -k \sum_{i=1}^{m} p_{ij} \cdot \ln p_{ij}$$

其中，$k = 1/\ln m$。

第三步，计算第 j 个指标的熵权 w_j。

$$w_j = (1 - e_j) / \sum_{j=1}^{n}(1 - e_j)$$

第四步，确定指标的综合权数 β_j。

假设评估者根据自己的目的和要求将指标重要性的权重确定为 α_j，$j = 1,2,\cdots,n$，结合指标的熵权 w_j 就可以得到指标 j 的综合权数：

$$\beta_j = \frac{\alpha_j w_j}{\sum_{i=1}^{m} \alpha_j w_j}$$

熵权本身并不是表示指标的重要性系数，而是表示在该指标下对评价对象的区分度。

2. 北京市文化创意产业评价指标体系

根据已有研究，效应标准是指在一定的成本投入之下政策实施的实际效果如何，西方学者称其为政策效能。[1] 其中包括政治效应、社会效应与经济效应（主要考虑经济效应和社会效应）。因此，本报告对北京市文化创意产业政策的效应评价主要建立在经济效应和社会效应两大指标上。

基于科学性、可比性、系统性、针对性和实用性的构建原则，参照《中国文化产业发展报告》城市文化产业综合评价指标体系等国内外相关指标体系，结合北京现行文化创意产业政策特点，构建了关于北京市文化创意产业政策的评估指标体系。指标体系由两大类 17 个小类组成，包括经济效应和社会效应（见表1）。

---

[1] 牟恩民：《政府扶持大学生创业政策绩效评价——以武汉市青桐计划为例》，《经济师》2016 年第 1 期，第 76~79 页。

表1 北京市文化创意产业政策效应评估指标体系

总体目标	子要素	具体指标
北京市文化创意产业政策效应评价	经济效应	文化创意产业资产 X_1
		文化创意产业收入 X_2
		文化创意产业平均就业人数 X_3
		文化创意产业增加值 X_4
		增加值的增长率 X_5
		增加值占地区GDP的比重 X_6
	社会效应	北京市人均GDP X_7
		人均受教育年限 X_8
		人均寿命 X_9
		报纸数量 X_{10}
		图书和期刊种类 X_{11}
		录音制品种类 X_{12}
		录像制品种类 X_{13}
		专业剧团表演数量 X_{14}
		平均每日广播节目播出时间 X_{15}
		电影放映总数 X_{16}
		举办展览数量 X_{17}

3. 北京市文化创意产业政策效应评价实证过程

查阅《北京统计年鉴》《首都文化贸易发展报告》以及"北京市文化创意产业蓝皮书""北京经济发展蓝皮书"等,参照近10年北京市文化创意产业政策实施情况绩效评估研究报告,选取2006～2016年北京市统计资料数据进行北京市文化创意产业政策效应评价。

(1) 权重的结果分析

利用熵权法以及所得出的评价指标,我们得到了北京市文化创意产业政策效应评价的权重。采用熵权法对北京市文化创意产业政策效应进行分析,结果显示,原始矩阵为:

$$R = \begin{Bmatrix} r_{11} & r_{12} & \cdots & r_{117} \\ r_{21} & r_{22} & \cdots & r_{217} \\ \vdots & \vdots & \vdots & \vdots \\ r_{101} & r_{102} & \cdots & r_{1017} \end{Bmatrix}$$

权重为：

W_j = {0.1253,0.0834,0.0314,0.0660,0.3203,0.0450,0.0214,0.0302,0.0037,0.0041, 0.0060,0.0060,0.0468,0.0335,0.0193,0.1552,0.0061}

利用同样的方法分别计算经济效应和社会效应的权重为：

W_1 = {0.1866,0.1243,0.0468,0.0983,0.4771,0.0670}
W_2 = {0.0364,0.4823,0.0001,0.0073,0.0118,0.0101, 0.0795,0.0569,0.0330,0.2723,0.0104}

（2）单因素评估矩阵

通过两大类 17 个指标，可以得到单因素评估指标 r''_{ij} 为：

$$r''_{ij} = r'_{ij} / \sum_{i=1}^{10} r'_{ij}$$

经济效应指标和社会效应指标的单因素评估矩阵见表 2、表 3。

表 2　经济效应指标的单因素评估矩阵

年份	资产	收入	平均就业人数	产业增加值	增加值的增长率	产业增加值占地区 GDP 比重
2006	0.0328	0.0339	0.0557	0.0361	0.1241	0.0749
2007	0.0387	0.0432	0.0638	0.0442	0.1261	0.0756
2008	0.0441	0.0511	0.0666	0.0591	0.1881	0.0894
2009	0.0508	0.0562	0.0715	0.0653	0.0598	0.0905
2010	0.0595	0.0699	0.0765	0.0745	0.0782	0.0888
2011	0.0689	0.0846	0.0877	0.0873	0.0965	0.0904
2012	0.0829	0.0968	0.0952	0.0967	0.0607	0.0910
2013	0.1097	0.1162	0.1143	0.1131	0.0948	0.0961
2014	0.1408	0.1312	0.1193	0.1240	0.0540	0.0978
2015	0.1699	0.1490	0.1259	0.1427	0.0488	0.1020
2016	0.2020	0.1679	0.1233	0.1571	0.0690	0.1034

表3 社会效应指标的单因素评估矩阵

年份	人均GDP	人均受教育年限	人均寿命	报纸数量	图书和期刊种类	录音制品种类	录像制品种类	专业剧团表演数量	平均每日广播节目播出时间	电影放映总数	举办展览数量
2006	0.0572	0.0839	0.0900	0.0822	0.0730	0.0920	0.1454	0.0738	0.0670	0.0234	0.0762
2007	0.0664	0.0840	0.0902	0.0811	0.0798	0.0931	0.1203	0.0792	0.0684	0.0318	0.0839
2008	0.0714	0.0835	0.0902	0.0813	0.0864	0.1067	0.1150	0.0771	0.0704	0.0392	0.0836
2009	0.0739	0.0842	0.0905	0.0795	0.0881	0.1085	0.1264	0.0684	0.0750	0.0523	0.0892
2010	0.0816	0.0919	0.0908	0.0861	0.0903	0.1004	0.1030	0.0742	0.0769	0.0622	0.1020
2011	0.0903	0.0941	0.0901	0.0922	0.0940	0.0924	0.0796	0.0794	0.0781	0.0816	0.1135
2012	0.0970	0.0963	0.0903	0.0993	0.0942	0.0893	0.0844	0.0856	0.1117	0.1005	0.1102
2013	0.1050	0.0953	0.0916	0.1018	0.0985	0.0916	0.0752	0.0879	0.1122	0.1154	0.0941
2014	0.1111	0.0962	0.0920	0.0998	0.0960	0.0803	0.0475	0.1588	0.1119	0.1363	0.0810
2015	0.1184	0.0951	0.0921	0.0970	0.0968	0.0759	0.0502	0.1440	0.1114	0.1659	0.0830
2016	0.1277	0.0954	0.0922	0.0998	0.1030	0.0698	0.0529	0.0714	0.1169	0.1914	0.0834

4. 北京市文化创意产业政策效应评价实证结果

通过上述分析我们可以得到权重以及单因素评估矩阵，通过加权算术平均法可以得到政策效应评价结果（见图5）。

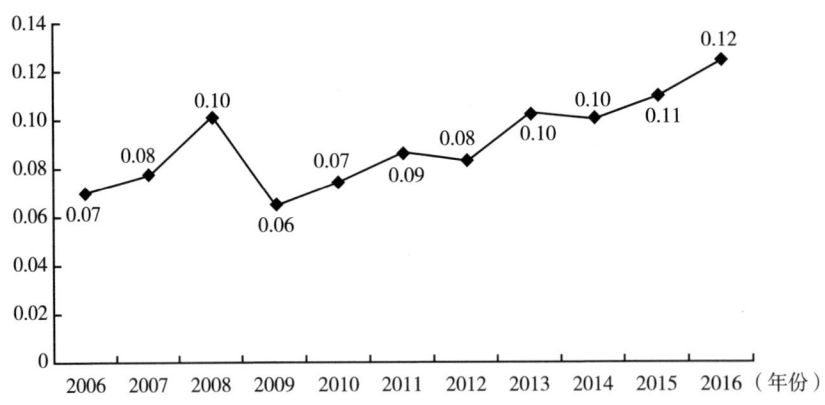

图5 基于模糊综合评价的北京市文化创意产业政策效应评价结果

由图5可知，北京市文化创意产业政策效应整体表现良好，由2006年的0.07上升到2016年的0.12。随着2006年北京市文化创意产业政策的发布，相关部门接连出台有关文化创意的政策。自此，北京市文化创意产业发展政策开始逐渐建立框架体系，"1+X"的政策体系初步形成。因此，2006~2008年，北京市文化创意产业的效应是稳步提升的，而到2009年，由于金融危机的全面影响，政策总体效应的下降消解了一些政策所产生的积极效应，从2010年开始，政策保持积极的影响效应，直到2011年《关于发挥文化中心作用加快建设中国特色社会主义先进文化之都的意见》的出台，北京市文化创意"1+X"政策体系正式建立。自此以后，北京市出台的政策多围绕这一体系，政策效应也对北京市文化创意产业发挥了积极作用。总体来说，2006~2016年，北京市文化创意产业政策的效应呈现积极态势。从经济效应来看，呈现与总效应类似的曲线，从2006年的0.081上升到2016年的0.120，金融危机也使文化创意产业受到影响，2009年的经济效应出现明显下滑，但是在之后政策的促进下经济效应逐步上升（见图6）。从社会效应来看，总体是逐步上升的，由2006年的0.070上升到2016年的0.118，这说明政策在社会效应上表现稳定，影响是积极的（见图7）。文化创意产业在相关政策的扶持下，无论是经济效应还是社会效应都呈现上升的趋势。

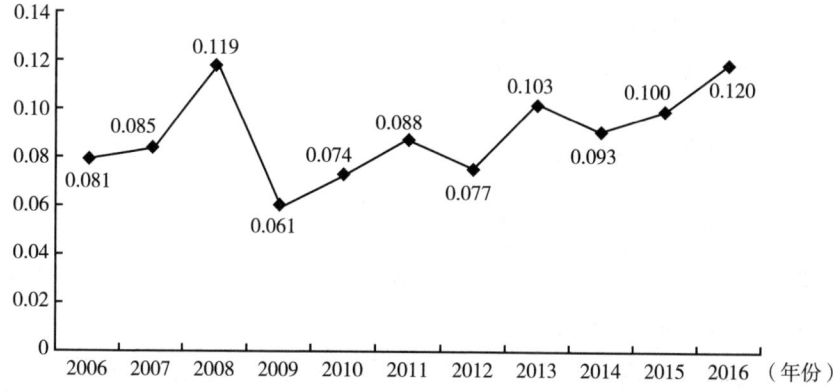

图6　北京市文化创意产业政策经济效应评价结果

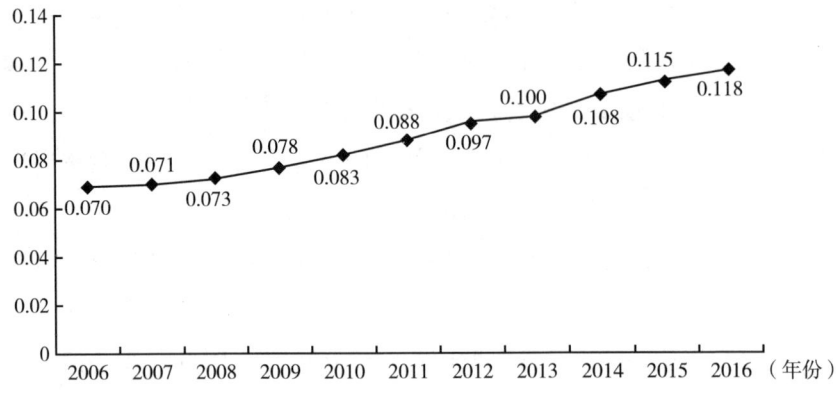

图7　北京市文化创意产业政策社会效应评价结果

从效应研究可以看出，北京市文化创意产业政策对产业的推动作用是积极的，因此适当的政策调整是有意义的。

三　北京市文化创意产业政策存在的问题与对策建议

结合对北京市文化创意产业政策实施效果的实证分析，我们了解到尽管整体政策效应比较积极，但是文化创意产业政策仍然存在一些问题，同时针对这些问题提出了相应的对策建议。

（一）存在的问题

1. 政策之间的系统性、关联性不强

通过前文的分析我们知道，一个文化创意产业门类往往涉及多个管理部门，而政策的制定则要严格依据政府管理职能进行，部门之间沟通不畅导致部门政策之间存在内容重合、调控冲突等问题，未能实现政策合力的最大化。

2. 文化创意产业政策体系的科学性不足

现行的政策体系对鼓励原创、扩大外贸、吸引人才等关键环节的扶持力度不够。部分门类虽然有扶持政策，但是对产业重点和核心的定位不够准确，严重影响了产业整体水平的提升。

3. 文化创意产业政策的制定基础需要进一步完善

因为文化创意产业是新兴产业，发展速度较快，主管部门对产业的认识速度远远落后于行业发展速度，行业标准和统计指标体系不够完善而且滞后，导致统计结果不能准确反映产业的实际发展情况，数据统计方面的薄弱制约了文化创意产业政策的科学制定。

（二）对策建议

"十三五"时期，我国经济依然处于重大机遇期，文化产业发展的环境是正向而积极的，充满了机遇。针对发现的问题，提出以下建议。

1. 加大政策的宣传力度，提高政策的认知度

对政策认知度的提高有利于政策的有效实施，促进政策发挥作用，因此要加快建设北京市文化创意产业政策服务平台，利用线上和线下双渠道加大政策的宣传力度。

2. 弥补目前政策在人才、消费、外贸等方面的缺位

政府应积极出台促进文化消费、发展以及扩大对外文化贸易的政策，鼓励文化创意产业"走出去"，提升文化在国际上的影响力。同时，要针对文化创意产业的特点多出台一些普惠性的政策，通过政策健全人才培养体系，吸引更多的人才集聚北京，完善人才激励保障机制，营造发展文化创意产业的良好氛围。

3. 加强对重点产业门类的政策扶持

要在巩固北京优势产业领先地位的同时，提高文艺演出产业、电影产业、艺术品交易产业等重点产业扶持政策的针对性，发展重点产业门类，积极出台政策完善相关制度，这对于维护北京市文化创意产业在全国的领先地位具有重要作用。

4. 进一步深化文化创意产业改革

要营造良好的产业发展环境，出台更具针对性的政策措施，对文化创意

产业创新与创意成果进行保护，在自主品牌文化产品与服务出口、中小型文化创意企业启动等方面实行政策扶持。同时，要建立产权交易平台，设立文化产业无形资产评估机构，为知识产权、品牌价值和创意成果等提供更加便捷、权威的评估和交易服务，进一步完善北京文化创意产业政策，深化文化创意产业改革。

附：

2006年以来北京市文化创意产业相关政策

类别	政策名称	年份	出台主体
综合类政策	1.《北京文化创意产业发展白皮书（2017）》	2018	北京市国有文化资产监督管理办公室
	2.《北京文化创意产业发展白皮书（2016）》	2016	北京市国有文化资产监督管理办公室、中国传媒大学文化发展研究院
	3.《北京市文化创意产业发展指导目录（2016年版）》	2016	北京市人民政府办公厅
	4.《北京市惠民文化消费电子券实施管理办法（试行）》	2016	北京市国有文化资产监督管理办公室
	5.《北京市深化文化体制改革加强全国文化中心建设的实施意见》	2014	中共北京市委
	6.《关于促进文化消费的意见》	2014	北京市人民政府
	7.《关于发挥文化中心作用加快建设中国特色社会主义先进文化之都的意见》	2011	中共北京市委
	8.《关于大力推动首都功能核心区文化发展的意见》	2010	中共北京市委办公厅
	9.《关于进一步促进服务业发展的意见》	2007	北京市人民政府、中共北京市委
	10.《北京市保护利用工业资源发展文化创意产业指导意见》	2007	北京市工业促进局、北京市规划委员会、北京市文物局
	11.《北京市文化创意产业分类标准》	2006	北京市文化创意产业促进中心
	12.《北京市促进文化创意产业发展的若干政策》	2006	中共北京市委宣传部、北京市发改委

续表

类别	政策名称	年份	出台主体
规划类政策	13.《北京市"十三五"时期文化创意产业发展规划》	2016	中共北京市委宣传部、北京市发展和改革委员会
	14.《北京市"十三五"时期加强全国文化中心建设规划》	2016	中共北京市委宣传部、北京市发展和改革委员会
	15.《北京市推进文化创意和设计服务与相关产业融合发展行动计划(2015~2020年)》	2015	北京市人民政府
	16.《北京市文化创意产业功能区建设发展规划(2014~2020年)》	2014	北京市人民政府
	17.《北京市文化创意产业提升规划(2014~2020年)》	2014	北京市人民政府
	18.《北京市"十二五"时期会展业发展规划》	2011	北京市旅游发展委员会、北京市发改委
	19.《北京市"十二五"时期旅游业发展规划》	2011	北京市旅游发展委员会、北京市发改委
	20.《北京市"十二五"时期现代产业建设发展规划》	2011	北京市人民政府
	21.《北京市文化创意产业标准化行动计划(2013~2015年)》	2011	北京市文化创意产业促进中心、北京市文化创意产业标准化技术委员会
	22.《北京市"十一五"时期文化创意产业发展规划》	2007	北京市发改委
行业类政策	23.《关于繁荣发展首都社会主义文艺的实施意见》	2016	中共北京市委
	24.《关于促进北京市广告业发展的意见》	2011	中共北京市委宣传部、北京市发展和改革委员会
	25.《北京市促进设计产业发展的指导意见》	2011	北京市科委
	26.《关于贯彻落实国务院加快发展旅游业文件的意见》	2010	北京市人民政府
	27.《北京市关于支持网络游戏产业发展的实施办法(试行)》	2009	北京市人民政府
	28.《北京市关于支持影视动画产业发展的实施办法(试行)》	2009	北京市人民政府
	29.《北京市关于推进工业旅游发展的指导意见》	2008	北京市工业促进局
	30.《关于推进北京市旅游产业发展的意见》	2008	北京市人民政府
	31.《北京市动漫企业认定管理工作实施方案》	2009	北京市文化局、北京市财政局

续表

类别	政策名称	年份	出台主体
财税类政策	32.《北京市文化创意产业发展专项资金项目贴租实施细则(试行)》	2016	北京市国有文化资产监督管理办公室
	33.《北京市文化创意产业发展专项资金项目奖励实施细则(试行)》	2016	北京市国有文化资产监督管理办公室
	34.《北京市文化创意产业发展专项资金项目补助实施细则(试行)》	2016	北京市国有文化资产监督管理办公室
	35.《北京市文化创意产业发展专项资金项目贴保实施细则(试行)》	2016	北京市国有文化资产监督管理办公室
	36.《北京市文化创意产业发展专项资金文化创意产业孵化器奖励实施细则(试行)》	2016	北京市国有文化资产监督管理办公室
	37.《北京市文化创意产业发展专项资金文化创意企业上市、挂牌和并购奖励实施细则(试行)》	2016	北京市国有文化资产监督管理办公室
	38.《北京市文化创意产业发展专项资金企业项目征集评审管理办法(试行)》	2016	北京市国有文化资产监督管理办公室
	39.《北京市原创动漫形象作品专项扶持资金管理办法》	2013	北京市文化局
	40.《北京市旅游商品扶持资金管理办法(试行)》	2012	北京市旅游发展委员会
	41.《北京市文化创新发展专项资金管理办法(试行)》	2012	北京市财政局
	42.《北京市文化创意产业发展专项资金管理办法(试行)》	2006	北京市财政局
投融资类政策	43.《北京市文化创意产业投资指导目录》	2006	中共北京市委宣传部、北京市发改委
	44.《关于进一步加强金融支持小微企业发展的若干措施》	2014	北京市人民政府办公厅
	45.《北京市文化创意产业发展专项资金项目贷款贴息实施细则(试行)》	2016	北京市国有文化资产监督管理办公室
	46.《关于进一步鼓励和引导民间资本投资文化创意产业若干政策》	2013	北京市人民政府办公厅
	47.《关于金融促进首都文化创意产业发展的意见》	2012	北京市金融工作局、中共北京市委宣传部
	48.《北京市文化创意产业贷款贴息管理办法(试行)》	2008	北京市文化创意产业领导小组办公室
	49.《北京市文化创意产业创业投资引导基金管理暂行办法》	2009	北京市文化创意产业领导小组办公室
	50.《北京市文化创意产业担保资金管理办法》	2009	北京市文化创意产业领导小组办公室

续表

类别	政策名称	年份	出台主体
贸易类政策	51.《关于加快发展对外文化贸易的实施意见》	2016	北京市人民政府办公厅
	52.《关于加快国家对外文化贸易基地(北京)建设发展的意见》	2014	北京市人民政府、文化部
	53.《北京海关支持文化创意产业发展的若干措施》	2006	北京海关
产业区划类政策	54.《北京市文化创意产业园区认定及规范管理办法(试行)》	2018	中共北京市委宣传部、北京市人民政府新闻办公室
	55.《关于加快市级文化创意产业示范园区建设发展的意见》	2018	中共北京市委宣传部、北京市人民政府新闻办公室
	56.《北京市文化创意产业集聚区基础设施专项资金管理办法》	2007	北京市发改委
	57.《北京市文化创意产业集聚区认定和管理办法》	2006	北京市发展和改革委员会
知识产权类政策	58.《北京市专利保护和促进条例》	2013	北京市知识产权局
	59.《关于促进文化创意产业知识产权保护工作的实施意见》	2012	北京市文化局、北京市知识产权局
	60.《北京市"十二五"时期知识产权(专利)使用发展规划》	2011	北京市知识产权局
	61.《关于实施首都知识产权战略的意见》	2009	北京市人民政府
	62.《北京市展会知识产权保护办法》	2008	北京市人民政府
	63.《北京市文化创意产业知识产权保护与促进意见》	2008	北京市人民政府

B.16
空间集聚与行业经济增长[*]
——基于北京市文化创意产业的实证分析

池建宇[**]

本报告采用传导机制分析与实证检验相结合的方法，以北京市的30个市级文化创意产业集聚区为研究对象，深入探究企业的空间集聚现象对行业宏观经济的影响，采用的方法为使用同一集聚区内企业的具体地理位置测算企业经纬度坐标的变异系数作为集聚指标，通过实证检验探求空间集聚程度对文化创意产业经济增长的内在机制，得出了文化创意产业集聚程度对集聚区产值的影响效应呈倒"U"形并且集聚指数拐点值在8.2附近的结论，进而通过回归分析对空间集聚因素对文化创意产业的影响作用机制及产值的"拐点效应"做出解释，最后依据集聚指数将集聚区分为四个区间，同时针对不同类别的集聚区发展提出政策性建议。

一 引言

以保罗·克鲁格曼为代表的新经济地理学研究兴起之后，一些主流经济学者们便相继把关注的焦点放在了空间不平衡现象上，特别是空间集聚现象更是焦点中的热点，但是国内外的众多学者大多把制造业作为研究对象，其

---

[*] 北京市社会科学基金项目"北京市文化创意企业生产效率的测度及影响因素研究"（项目编号：17LJB006）。
[**] 池建宇，中国传媒大学经济与管理学院副教授。

原因主要有以下几点。①制造业的数据更容易获取,在研究空间集聚现象对产业经济增长造成的影响时,更多的数据意味着实证检验更容易操作。②制造业集聚对产业宏观经济增长的影响机制更容易解释。制造业的地理集聚可以有效降低运输成本、技术创新成本等,这是地理集聚的正向因素,负向因素则是空间集聚现象会提升地区地价,造成制造业土地成本的上升。③制造业的统计和调查等方面普及较为广泛。以中国为例,制造业的统计遍布全国所有省份。文化创意产业只有少数一线城市有明确的统计数据,因此本报告将研究对象由制造业转向文化创意产业,一是为了验证在制造业的分析中得出的结论在文化创意产业中是否依然适用,二是由于其他省份文化创意产业统计数据不够全面,所以选择了以统计信息最全面的北京市文化创意产业为例。

《北京统计年鉴》对文化创意产业做出了以下定义:文化创意产业是指以创作、创造、创新为根本手段,以文化内容和创意成果为核心价值,以知识产权实现或消费为交易特征,为社会公众提供文化体验的具有内在联系的行业集群。北京市文化创意产业标准是在《国民经济行业分类》(GB/T 4754—2011)的基础上,根据文化创意活动的特点将行业分类中相关的类别重新进行组合,适用于统计及政策管理中对文化创意相关活动的分类。内容上主要包括九大类,分别是文化艺术,新闻出版,广播、电视、电影,软件、网络及计算机服务,广告会展,艺术品交易,设计服务,旅游、休闲娱乐,其他辅助服务。由此可知,文化创意产业与制造业的不同之处首先便是文化创意产业的空间集聚对产业经济增长的传导作用机制。众所周知,在机理上,空间集聚通常是通过影响微观主体,特别是微观企业的决策行为,进而影响宏观经济表现,但是目前主流的研究都聚焦于空间集聚的宏观影响,忽视了其微观层面的影响和传导机制。Aghion等(2016)通过建立数理模型解决内在影响机制问题,简化了企业动态影响经济增长的模型设定,从而为从实证方面解释空间集聚现象对经济增长的作用机制提供了理论依据。

除了传导机制外,集聚指标的选取也是研究中至关重要的一个问题,众所周知，衡量行业中企业空间集聚程度的指标选取有多种不同的方式。袁海红等（2014）采用DO指数利用北京企业微观数据进行了不同空间尺度细化行业的产业集聚测度研究，并且得出以下结论。①高技术行业最集聚，低技术的劳动密集型行业最分散，多数行业集聚范围大且短距离内集聚程度不高。②小企业是集聚主体，大企业则是集聚的重要动力。文东伟和冼国明（2014a）采用γ指数描述了中国制造业产业的地理集聚模式，并得出"在行业中，地理上的产业集聚的动因要用非单一原则进行解释"的结论。文东伟和冼国明（2014b）又使用了EG指数和GMM模型讨论制造业空间集聚对企业进出口的影响。何玉梅等（2012）采用企业的详细地理信息测算企业间的连续距离并作为集聚指标，进而得出"在小范围地理区域和细分层次上，中间投入是影响我国制造业集聚的最重要因素"的结论。

本报告采用与传统衡量集聚效应的指数指标体系不同的指标体系，将北京市的30个市级文化创意产业集聚区作为截面数据的分类标准，分别获取不同集聚区的收入、就业人数、固定资产规模等关键变量，由此建立含平方项的OLS回归模型，通过实证分析得出了北京市文化创意产业的空间集聚现象对不同集聚区确实存在"拐点效应"的结论，同时对集聚效应的倒"U"形影响机制做出具体解析，并进一步阐明了集聚效应对全行业宏观经济的传导机制，最后将北京市文化创意产业集聚区以集聚指数作为分类标准进行分类，进而分别提出政策性建议。指标体系的选取与计算过程、计量模型的建立以及检验过程等详细内容会在后文做出具体解释与说明。

二 理论研究与解析

（一）空间集聚对企业的内在影响机制

本部分首先讨论企业集聚的效应和模式，然后将文化创意产业和制造业进行对比，通过对两者空间集聚影响传导机制的分析和比较，进一步阐明文化创意产业空间集聚现象通过影响微观企业动态进而影响宏观行业经济的作用机制。

1. 企业空间集聚的效应

英国经济学家马歇尔认为企业空间集聚的效应主要分为三点。第一，外部规模经济。马歇尔认为，"多个厂商在某一地理范围内集中起来的时候比单个孤立的厂商效率更高一些"。究其原因有以下三点：①企业在一定范围内的集聚效应会增进企业之间的合作与协调，不管是出于什么原因，也不论是垂直集聚还是水平集聚，企业间的合作与协调将有助于提高企业的劳动生产率和决策效率；②企业间的集聚效应可以有效降低企业内外的交易成本、生产成本等多方面的成本，尤其是对于制造业来说，企业集聚可以通过大规模的采购来降低原材料成本，并且使运输成本相较于分散企业更为低廉；③企业的空间集聚效应可以提供更多的就业和发展机会。第二，创新效应。企业的空间集聚对企业创新有着明显的促进作用，除了产业链整合的垂直集聚现象，集聚的企业之间大多为竞争关系，这就导致企业必须增强自己的创新能力，研发新技术或者提出新课题等才可以避免被行业淘汰。此外，对于以服务业、文化创意产业为主的第三产业集聚来说，"知识外溢"也是促进其产品或服务创新的根本推动力之一。第三，竞争效应。对于集聚区内的企业而言，竞争关系是最基本的企业关系，但是在竞争中发掘自身的比较优势并且同集聚区内的其他企业形成良好的合作关系是每一个企业做大做强必须面对的课题。

2. 企业空间集聚的模式

中国作为世界第一大发展中国家，其主要的企业空间集聚模式有三种。第一，供给推动的空间集聚。这种空间集聚模式又称为要素资源创造模式，是企业为了更加便捷合理地使用资源以降低成本而形成的空间集聚模式，要素资源既可以是生产原材料等自然资源，也可以是人才、技术等社会资源。自然资源供给所推动的空间集聚对降低制造业、工业、农业等产业的运输成本、原材料成本起着重要作用；而社会资源供给所推动的空间集聚则对文化创意产业、服务业等行业发挥着不可估量的重要作用。第二，需求拉动的空间集聚。这种空间集聚模式是在一定范围内随着经济的发展由市场自发形成的，这种空间集聚模式大多具备完整的垂直产业链，从而有效降低企业间的交易成本。第三，资本导向的空间集聚，这种空间集聚模式是建立在大量的资本转移基础之上的，目前我国许多外商直接投资企业是导致资本导向的空间集聚现象的首要因素。

3. 空间集聚对文化创意产业的影响机制

如前文所述，制造业的空间集聚对行业经济增长的影响分为正负两方面。对于制造业而言，地理上的集聚可以有效降低运输成本和技术成本，这是地理集聚的正向因素；而负向因素则是地理上的集聚会提升地区地价，造成土地成本的大幅度上升。与之相类似，空间集聚对文化创意产业经济增长的内在影响机制也分为两个方面。正向因素方面，与制造业不同，文化创意产业的运输成本在其运营的全部成本中的占比几乎可以忽略不计，但是文化创意产业是知识外溢效应特别明显的行业，对于文化创意产业而言，空间集聚有利于增进企业创新人才之间的信息与思想交流，从而产生正外部性，进而提升企业的创新能力，降低企业的创新成本。负向因素方面，文化创意产业与制造业仍有很大差别，不同于制造业，文化创意产业的土地需求较小，并且对行业中的每一个个体企业来说都相当平均，所以文化产业的空间集聚并不会导致地价的大幅度上涨，从而不会对个体的土地成本产生影响。实际上的负向因素则是由于文化创意产业中的个体企业对每一名工作人员的人均土地资源较为固定，但是边际土地资源很小，当空间集聚现象产生时，会大幅度提高行业内的拥挤程度，特别是基础设施和公共服务的拥挤程度，从而降低了员工的工作体验，因此对行业的经济增长产生负向影响。

根据邵宜航（2017）所提到的"拐点"思维，笔者认为对于文化创意产业来说，空间集聚同样存在"拐点"现象。"拐点"现象是指通过实证检验空间集聚对行业宏观经济增长的影响呈现倒"U"形，即存在一个拐点是企业空间集聚程度的临界点，在这个点之前，企业集聚程度与行业经济增长呈正相关，越过临界点之后则变成了负相关。所以，对于文化创意产业来说，空间集聚现象也同样存在拐点，即在一定临界点前"知识外溢"等正向因素起主导作用，使企业创新能力大大增强，提高了其创收，从而使行业经济增长。但是集聚到一定程度之后，文化创意产业园的工作条件变差、竞争过于激烈等负向因素起主导作用，从而导致行业经济负向增长。

（二）对于指标体系的解释

1. 指标体系的原始数据获取

前文曾指出有关空间集聚的衡量指标，由于指数类指标中产值进入了计算过程，所以受到生产技术和效率等多方面影响。归根结底，指数类指标衡量的是产值集聚而不是真正意义上的空间集聚，产值集聚与产业地理上的空间集聚是两个不同的概念，不能混淆。本报告选择北京市文化创意产业的具体地理位置信息作为衡量指标，获取方法如下。根据《北京市文化创意产业功能区建设发展规划（2014~2020年）》获取全市30个文化创意产业集聚区，将这30个集聚区作为独立的研究对象。由《北京市文化创意产业白皮书（2016）》可知，集聚区内共有规模以上文化创意企业4352家，选取这些企业中的著名和典型企业①，由这些企业的地址对接百度地图API坐标拾取系统，从而获取这30个集聚区中企业的具体经纬度坐标，由此可将这些具体坐标作为指标体系的原始数据。

2. 指标体系的建立

获取企业具体经纬度坐标的原始数据之后，分别计算每一个文化创意产业集聚区中企业经度和纬度的变异系数（其中，经度的指标为 CV_1，纬度的指标为 CV_2），然后建立空间集聚综合指标 $\ln\theta = -\ln(CV_1 \cdot CV_2)$ 作为实证分析模型中的重要解释变量。在其他相关文献中也有作者选取地理位置坐标的均值或标准差作为空间集聚现象的反映指标，但是均值反映的是数据

---

① 企业名单来源于北京市文化创意产业综合信息服务平台。

的平均水平，受极差影响较大，并不能反映数据的离散程度。标准差虽然可以直观地反映一组数据的离散程度，但是当进行两组或多组数据离散程度的比较时，如果度量单位与平均数相同，可以直接利用标准差来比较；如果单位与平均数不同，比较其变异程度就不能采用标准差，而需采用标准差与平均数的比值（相对值）来比较。标准差与平均数的比值称为变异系数。变异系数可以消除单位与平均数不同对两个或多个资料变异程度比较的影响。当需要比较两组数据离散程度时，如果两组数据的测量尺度相差太大，或者数据量纲不同，直接使用标准差进行比较不合适，此时就应当消除测量尺度和量纲的影响，转而采用变异系数作为分析尺度。由于作为研究对象的30个文化创意产业集聚区中企业经纬度的平均值不可能完全相同，采用标准差作为分析指标并不妥当，因此本报告分别计算企业经度和纬度的变异系数，并由此构建了空间集聚综合指标，指标体系的建立就此完成。

（三）分析模型的构建

根据前文提到的对空间集聚现象解释机理中所出现的"拐点"现象，本报告主要采用含二次项的多元线性回归模型来进行理论分析和之后的实证检验。公式具体形式为：

$$\ln Y_i = \beta_0 + \beta_1 \ln\theta + \beta_2 \ln^2\theta + \beta_i X_i + E_i$$

其中，Y_i表示被解释变量，代表文化创意产业的宏观经济变动情况，本报告选取北京市文化创意产业30个集聚区的生产总值或营业收入代表模型中的行业经济变动；i表示不同的功能区；β_0表示模型中的常数项（本报告不做过多讨论）；β_1和β_2分别表示一次项和二次项解释变量的系数，由最小二乘法通过回归分析计算得到；解释变量共有两个，一个是空间集聚综合指标的自然对数$\ln\theta$，另一个是其自然对数的平方$\ln^2\theta$，选定这两个变量的原因会在后文模型的机理中做具体的分析；X_i代表控制变量集，如表1所示，本报告的控制变量共有3个，分别是集聚区占地面积、集聚区就业人数以及集聚区固定资产,研究集聚指数与集聚区收入的关系时必须控制这三个变量量纲的固定;E_i 代表随机干扰项。

表1 控制变量

变量	变量标签	单位
Proportion	集聚区占地面积	平方米
Staff	集聚区就业人数	万人
Asset	集聚区固定资产	亿元

对被解释变量集聚区的收入会造成干扰但无法量化的变量,本报告将其归入随机干扰项,公式中的随机干扰项包含多重因素。①功能区所在地区的经济发展水平。根据《北京市文化创意产业白皮书(2017)》,文化创意产业聚合度在城六区高度体现。2016年,文化科技融合示范功能区、CBD-定福庄国际传媒产业走廊功能区、动漫网游及数字内容功能区和文化金融融合功能区4个功能区的营业收入超过500亿元,集聚的企业数量占全市功能区企业总数的74.22%,从业人员数量占全市功能区从业人员总数的77.98%,4个功能区全部集中在东城、西城、朝阳、海淀、丰台、石景山城六区内。但是北京市不同区的经济发展水平不一样,最繁华的朝阳区相较于偏重教育和研究的海淀区对空间集聚的影响必定不同。②产业类别。文化创意产业共分为文化艺术,新闻出版,广播、电视、电影,软件、网络及计算机服务,广告会展,艺术品交易,设计服务,旅游、休闲娱乐,其他辅助服务九大类,不同类别对从业人员的需求不同,如软件、网络及计算机服务领域需要更多的技术人员,而艺术品交易领域则需要更多的鉴定人员。如图1所示,北京市区内不同的文化创意产业功能区也有各自偏重的领域,所以产业中细化的类别也会对产业集聚现象产生影响。③劳动力水平。文化创意产业并非劳动密集型产业,但是该行业对人才的需求不亚于技术行业,因为这一行业的核心竞争力就是观念和创新,所以高端人才对于大多数文化创意产业来说是稀缺资源,因此劳动力的知识水

平情况对集聚现象也存在较大影响。以上是随机干扰项中最主要的三点干扰因素，至于国家政策、宏观税负、企业投融资信用额度等其他影响因素，由于本报告的研究对象是同一城市内的同一产业，因此在此就不全部列入主要影响因素中。

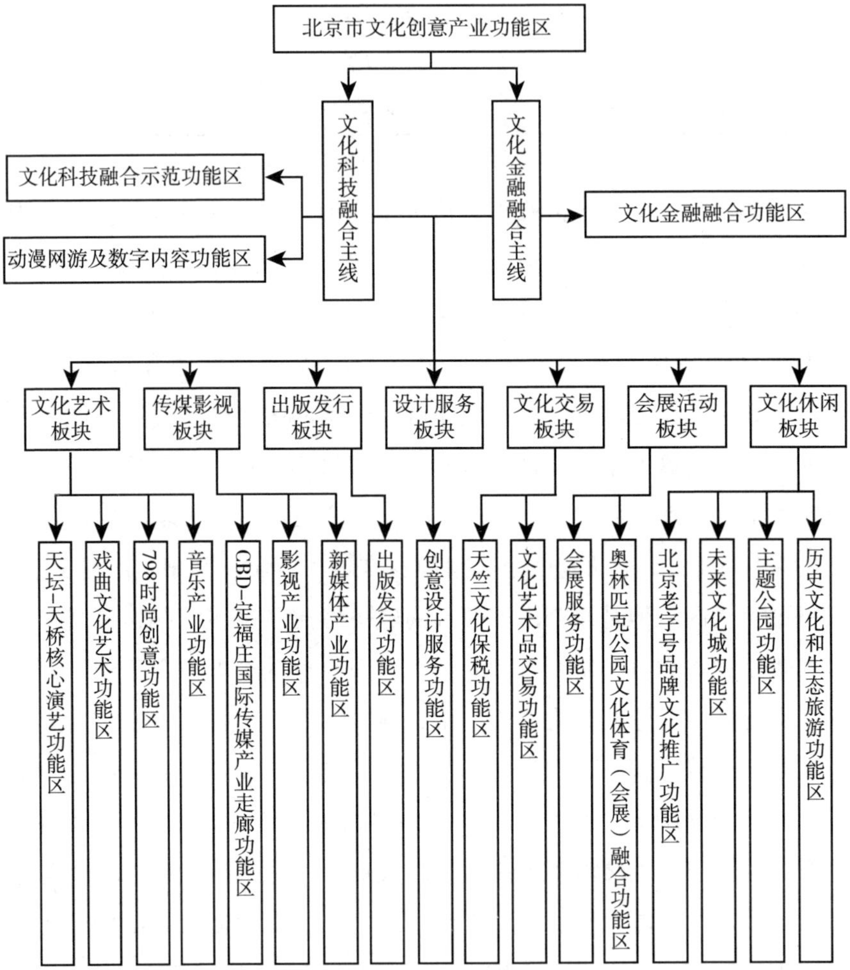

图 1　北京市文化创意产业功能区分类

资料来源：《北京市文化创意产业功能区建设发展规划（2014～2020年）》。

三 实证检验与经验分析

(一)对数据的基本描述

1. 行业与集聚区基本情况

《北京统计年鉴》将文化创意产业分为九大类别,根据《北京市文化创意产业白皮书(2017)》中的数据,笔者通过分析与整理后得到如表2所示的文化创意产业各行业数据。由表2可知,软件、网络及计算机服务是北京市文化创意产业中的核心行业,其营业收入远超其他行业,2016年软件、网络及计算机服务业规模以上企业收入达到5616.9亿元,从业人员数量达到66.7万人,并且其增长率也十分可观;广告会展,旅游、休闲娱乐,广播、电视、电影,其他辅助服务4个行业2016年的营业收入也持续稳步提升;但是互联网移动端的持续火热导致新闻出版、艺术品交易、设计服务和文化艺术4个行业2016年的营业收入下滑,其中艺术品交易的营业收入下降6.9%,从业人员数量下降9.6%,进入了行业调整期。

表2 2016年北京市规模以上文化创意产业各行业基本情况

行业细分	营业收入(亿元)	营业收入增长率(%)	从业人员数量(万人)	从业人员数量增长率(%)
软件、网络及计算机服务	5616.9	20.4	66.7	13.1
广告会展	1581.3	19.2	6.7	-2.8
旅游、休闲娱乐	1140.2	15.1	9.2	2.1
其他辅助服务	1811.9	24.1	9.1	-1.0
广播、电视、电影	830.0	5.4	5.2	1.1
新闻出版	847.9	-0.8	10.3	-2.3
艺术品交易	955.1	-6.9	1.3	-9.6
设计服务	428.1	-4.1	9.8	-1.2
文化艺术	240.0	-2.2	4.1	-1.4

表3为北京市30个文化创意产业集聚区的基本情况。2006~2010年,北京市政府分四批成立了30个市级重点文化创意产业集聚区,这30个集聚区覆盖多个领域。其中,软件、网络及计算机服务业包括6个集聚区,分别是中关村科技园区雍和园(东城)、中关村创意产业先导基地(海淀)、中关村软件园(海淀)、清华科技园(海淀)、北京DRC工业设计创意产业基地(石景山)和中国动漫游戏城(石景山);广告会展业仅包含顺义国展产业园(顺义);旅游、休闲娱乐业包括8个集聚区,分别是北京欢乐谷生态文化园(朝阳)、北京奥林匹克公园(朝阳)、卢沟桥文化创意产业集聚区(丰台)、十三陵明文化创意产业集聚区(昌平)、八达岭长城文化旅游产业集聚区(延庆)、斋堂古村落古道文化旅游产业集聚区(门头沟)、北京古北口国际旅游休闲谷产业集聚区(密云)和北京(房山)历史文化旅游集聚区(房山);广播、电视、电影业包括2个集聚区,分别是北京CBD国际传媒产业集聚区(朝阳)和中国(怀柔)影视基地(怀柔);新闻出版业包括3个集聚区,分别是惠通时代广场(朝阳)、国家新媒体产业基地(大兴)和北京出版发行物流中心(通州);艺术品交易业包括2个集聚区,分别是琉璃厂历史文化创意产业园区(西城)和北京潘家园古玩艺术品交易园区(朝阳);设计服务业涵盖北京时尚设计广场(朝阳)、北京大红门服装服饰创意产业集聚区(丰台)和北京数字娱乐产业示范基地(石景山)3个集聚区;文化艺术业则包含前门传统文化产业集聚区(西城)、北京798艺术区(朝阳)、北京音乐创意产业园(朝阳)、宋庄原创艺术与卡通产业集聚区(通州)和中国乐谷-首都音乐文化创意产业集聚区(平谷)5个集聚区。表3展示了30个集聚区的占地面积,并且根据集聚区的具体位置通过百度地图API系统获取了每一个集聚区中心的经纬度坐标。[①]由于《北京统计年鉴》只有按行业和区两种分类的统计数据,所以以集聚区为分类标准的统计数据具有时滞性。表3的营业收入数据为2014年全年收入,数据来自中国经济出版社出版的《北京文化创意产业功能区发展研

---

① 集聚区占地面积和地址信息来源于中国文化创意产业网园区库。

究》和中国人民大学出版社出版的《北京市文化创意产业集聚区发展研究报告》，集聚指数的数据来源和计算方法将在后文做具体说明。

表3 文化创意产业集聚区基本情况

文化创意产业集聚区	占地面积（平方米）	经度坐标（度）	纬度坐标（度）	营业收入（亿元）	集聚指数
中关村创意产业先导基地	98900	116.316583	39.990481	256.10	0.000207
北京数字娱乐产业示范基地	150000	116.207056	39.926621	214.60	0.000567
国家新媒体产业基地	7000000	116.354324	39.76501	103.90	0.001208
中关村科技园区雍和园	2903000	116.428084	39.956605	313.45	0.000247
中国(怀柔)影视基地	5600000	116.681109	40.289643	163.30	0.002711
北京798艺术区	600000	116.502753	39.990929	199.70	0.000157
北京DRC工业设计创意产业基地	8000	116.379706	39.959941	443.87	0.000276
北京潘家园古玩艺术品交易园	48500	116.467151	39.882686	239.36	0.000462
宋庄原创艺术与卡通产业集聚区	11200000	116.768872	39.937161	80.75	0.001558
中关村软件园	1390000	116.303809	40.05486	311.74	0.000396
北京CBD国际传媒产业集聚区	6990000	116.459996	39.924297	573.10	0.000277
顺义国展产业园	7210000	116.555551	40.07645	147.82	0.000846
琉璃厂历史文化创意产业园区	156300	116.391208	39.901568	213.53	0.000217
清华科技园	690000	116.337359	40.00019	277.90	0.000446
惠通时代广场	40000	116.542464	39.937628	247.00	0.000189
北京时尚设计广场	220000	116.507014	39.992645	269.37	0.000242
前门传统文化产业集聚区	2000000	116.404591	39.903684	237.24	0.000509
北京出版发行物流中心	300000	116.629009	39.838976	345.07	0.000339
北京欢乐谷生态文化园	560000	116.501591	39.874106	171.97	0.000644
北京大红门服装服饰创意产业集聚区	1010000	116.406103	39.854151	62.31	0.003086
北京(房山)历史文化旅游集聚区	70100000	115.94679	39.689293	23.80	0.036464
中国动漫游戏城	827333	116.244233	39.894873	235.48	0.000552
北京奥林匹克公园	12150000	116.400494	39.999603	164.59	0.000101
八达岭长城文化旅游产业集聚区	550000	115.995294	40.367812	34.40	0.000398
北京古北口国际旅游休闲谷产业集聚区	84100000	117.170634	40.69962	19.00	0.045049
斋堂古村落古道文化旅游产业集聚	392400000	115.702823	39.97861	19.20	0.040762
中国乐谷-首都音乐文化创意产业集聚区	—	117.121222	40.109986	24.50	0.007469
卢沟桥文化创意产业集聚区	—	116.232146	39.857018	26.80	0.003618
北京音乐创意产业园	380000	116.520732	39.899756	198.22	0.000142
十三陵明文化创意产业集聚区	120000000	116.226367	40.295285	12.10	0.049788

2. 企业数据和集聚指数计算说明

以中关村科技园区雍和园为例,如表4所示。企业的选取采取如下标准。首先,在北京文化创意产业综合信息服务平台上选取北京市重点认证的文化创意企业270家。其次,根据具体地址信息通过百度地图API坐标拾取系统得到每一家企业的具体坐标。由于北京市的地理范围是东经115.7~117.4度、北纬39.4~41.6度,并且地理学在赤道上的经度每相差一度直线距离就会相差111千米,不在赤道上的地点要乘以相应纬度的余弦值,为计算简便,令北京的平均纬度为40度,所以北京市区内0.01经度的直线距离为1.11千米乘以$\cos 40°$,其结果为850.31米。本报告采取的划归方法是将企业坐标同集聚区的坐标进行比较,如果经度坐标差值的绝对值控制在0.02以内,同时纬度坐标差值的绝对值控制在0.03以内,便认为该企业属于这个集聚区。表4的18个企业就是通过上述算法划归至中关村科技园区雍和园内的。

表4 中关村科技园区雍和园企业坐标数据

单位:度

企业名称	经度坐标	纬度坐标	调整后的经度坐标	调整后的纬度坐标
北京光线传媒股份有限公司	116.428911	39.957319	142.8911	95.7319
北京演艺集团有限责任公司	116.430643	39.95463	143.0643	95.463
北京东方文化资产经营公司	116.416966	39.951654	141.6966	95.1654
北京博雅立方科技有限公司	116.439959	39.966119	143.9959	96.6119
北京壹仟零壹夜演出经纪有限公司	116.433996	39.948794	143.3996	94.8794
北京掌聚互动游戏软件有限公司	116.428244	39.956851	142.8244	95.6851
经纬天下(北京)科技有限公司	116.455676	40.030819	145.5676	103.0819
北京昆仑在线网络科技有限公司	116.430256	39.917178	143.0256	91.7178
北京厚德雍和新媒体版权投资有限公司	116.426555	39.955039	142.6555	95.5039
北京巅峰智业旅游文化创意股份有限公司	116.455183	39.964615	145.5183	96.4615
北京洛可可科技有限公司	116.464054	39.983735	146.4054	98.3735
北京赞成科技发展有限公司	116.43942	39.961849	143.942	96.1849
世界图书出版有限公司	116.43137	39.930785	143.137	93.0785
商务印书馆有限公司	116.428553	39.924309	142.8553	92.4309
北京龙源网通电子商务有限公司	116.431152	40.001307	143.1152	100.1307
智威汤逊-中乔广告有限公司	116.426427	39.922019	142.6427	92.2019
北京当当网信息技术有限公司	116.446976	39.96586	144.6976	96.586
北京中演环球艺术制作有限责任公司	116.436029	39.940222	143.6029	94.0222

其他企业也采用了同样的划归方法,并以此扩展其余 29 个集聚区的企业,受篇幅限制,具体企业的数据和信息本报告将不具体呈现。接下来解释调整后的经纬度坐标(见表 5)。经过计算,中关村科技园区雍和园中企业经度坐标的变异系数为 0.000104344,纬度坐标的变异系数为 0.000700532,原本将这两个变异系数相乘即可得到集聚指数,但是该结果实在太小,影响后续实证分析的计算,会对回归分析的结果产生更大的影响。为了计算上的简便和结果的直观,本报告将企业的经度坐标减去 115(北京市区经度范围的最小整数)后乘以 100,将企业的纬度坐标减去 39(北京市区纬度范围的最小整数)也乘以 100,得到调整后的经度坐标和纬度坐标,其目的是减少小数的位数以便后续的计算。如表 5 所示,调整后的经度坐标和纬度坐标的变异系数分别为 0.008459833 和 0.029237109,从而得到集聚指数 $\theta = CV_1 \cdot CV_2 = 0.000247341$。依此类推,便可以得到其他文化创意产业集聚区的集聚指数。

表 5 集聚指数运算过程

指标	经度坐标	纬度坐标	调整后的经度坐标	调整后的纬度坐标
均值	116.4361317	39.95739467	143.6131667	95.73946667
标准差	0.012149434	0.027991452	1.21494338	2.799145235
变异系数	0.000104344	0.000700532	0.008459833	0.029237109
集聚指数				0.000247341

(二)实证模型的建立

表 6 是各变量及其定义,其中集聚区占地面积、集聚区经度坐标、集聚区纬度坐标、集聚区营业收入以及集聚指数(即坐标的变异系数乘积变量)在前文中已有说明,现在对其他变量进行说明。lnincome 就是对集聚区的营业收入取自然对数所得到的数值,但这并不是最终模型中所需要的变量,因为 income 变量的单位是亿元,因此其自然对数值偏小,R-lnincome 则是调整

后的营业收入自然对数，1亿元 = 10^8 元，所以若想在模型中以元为单位，就应令 R-lnincome = lnincome + 8 × ln10，从而实现单位转化。ln$CVproduct$ 则是集聚指数自然对数，是负数，即如前文公式 lnθ = $-$ln（$CV_1 \cdot CV_2$）所示。之所以要取负，是因为集聚指数是各集聚区企业经纬度坐标变异系数的乘积，通常情况下一组大样本数据的变异系数不会大于 0.15，并且由于不论哪个企业的经纬度坐标都一定为正数，所以变异系数的取值也一定会大于 0，集聚指数 $CVproduct$ 的取值一定介于 0 到 0.0225 之间，其自然对数一定是负数，所以加上负号使其变为正数以便后续计量分析。ln$CVproduct$2 则是集聚指数自然对数的平方，该变量为模型设定的二次变量，在此不做过多说明。集聚区就业人数和集聚区固定资产为模型所需控制变量，也需取自然对数后置于模型中。表 7 为针对模型分析所需各变量的描述性统计，显示了各变量的均值、标准差、中位数、极值等重要统计量。

表6 实证分析的变量及其定义

变量	定义
Parkname	集聚区名称
Proportion	集聚区占地面积（平方米）
Longitude	集聚区经度坐标
Latitude	集聚区纬度坐标
Income	集聚区营业收入（亿元）
CVproduct	集聚指数（变异系数乘积）
lnincome	营业收入自然对数
R-lnincome	调整后的营业收入自然对数
lnCVproduct	集聚指数自然对数
lnCVproduct2	集聚指数自然对数的平方
Staff	集聚区就业人数
lnstaff	就业人数自然对数
Asset	集聚区固定资产（亿元）
lnasset	固定资产自然对数

表7 变量的描述性统计

指标	N	均值	中位数	标准差	极大值	极小值
经度坐标	30	116.4235	116.4053	0.2914	117.1706	115.7028
纬度坐标	30	39.9949	39.9471	0.1972	40.6996	39.6892
营业收入（亿元）	30	187.672	198.960	135.17	573.10	12.10
集聚指数	30	0.0066	0.0004	0.0147	0.0497	0.0001
就业人数（人）	30	21743.33	18900.00	17679	76300	2100
占地面积（平方米）	28	26024358	918666.5	77429352	392400000	8000
固定资产（亿元）	30	245.8953	243.8550	186.70	783.16	11.75

（三）OLS 回归与实证分析

表 8 所示的是含有全部控制变量集的多元线性回归结果，其中每次回归均建立在二次回归基础之上。回归 1、回归 2 和回归 3 仅包含一个控制变量，以回归 1 为例，模型结果为 $ln income = 1.0927 ln CVproduct + (-0.0547) ln CVproduct2 + (-0.0364) ln proportion + 19.05579$，其中一次项系数为正，二次项系数为负数，符合拐点效应的结论，并且集聚指数的一次项和二次项均通过了显著性水平为 10% 的显著性检验，调整后的拟合优度达 0.7479，拟合效果较好，由此得出在控制集聚区占地面积的情况下，集聚程度对集聚区营业收入仍然存在拐点效应，并且影响结果较为显著。回归 2 和回归 3 的含义与回归 1 类似，这里不再说明。

回归 4、回归 5 和回归 6 表示含有双控制变量的多元线性回归结果。回归 4、回归 5 和回归 6 的模型系数均符合拐点效应的二次项回归的特点，并且控制变量集聚区就业人数和集聚区固定资产在三次回归中均通过了显著性检验，集聚区占地面积则均未通过显著性检验，符合单因素分析中集聚区占地面积对集聚区营业收入影响不显著而其余控制变量则与集聚区营业收入显著性相关的结论，但是仅回归 4 的集聚指数通过了显著性检验，这说明控制集聚区占地面积和集聚区就业人数并且在模型中不考虑集聚区固定资产的情况下，集聚程度对集聚区营业收入的影响显著，拐点效应明显。

回归 7 中含有全部控制变量，其结果为 $ln income = 0.3248 \ ln CVproduct +$

表8 控制变量的多元线性回归结果

变量	回归1	回归2	回归3	回归4	回归5	回归6	回归7
$\ln CVproduct$	1.0927** (2.54)	0.2267*** (1.25)	0.0212 (0.12)	0.4605* (2.87)	0.2094 (1.11)	0.0811 (0.49)	0.3248** (2.09)
$\ln CVproduct2$	-0.0547*** (-1.58)	-0.0081 (-0.57)	0.0014 (0.10)	-0.0271** (-2.17)	-0.0132 (-0.92)	-0.0017 (-0.14)	-0.0199*** (-1.71)
$\ln proportion$	-0.03641 (-0.61)			0.0030 (0.14)	-0.0029 (0.12)		0.0048 (0.25)
$\ln staff$		0.9361* (11.34)		0.8781* (12.90)		0.4652** (2.76)	0.5454* (3.70)
$\ln asset$			0.9411* (11.73)		0.8865* (11.25)	0.5201* (3.09)	0.3767** (2.48)
常数项	19.05579* (10.19)	13.0675* (18.85)	0.8887 (0.56)	12.9782* (15.92)	1.6091 (0.93)	6.0549* (1.58)	7.8683* (3.60)
控制变量	有	有	有	有	有	有	有
拟合优度 R^2	0.7479	0.9544	0.9569	0.9681	0.9595	0.9657	0.9739

注：*、**、***分别代表变量在1%、5%、10%的显著性水平下显著，括号内为系数t统计量。

(-0.0199)$\ln CVproduct2$ +0.0048$\ln proportion$ +0.5454$\ln staff$ +0.3767$\ln asset$ +7.8683。调整后的拟合优度为0.9739，拟合效果相较于前述回归进一步提升，模型系数符合"拐点效应"假设，并且除控制变量集聚区占地面积之外的变量均通过了显著性检验，从而得出结论，集聚区营业收入与集聚区集聚程度显著相关，并且影响效果存在"拐点"，临界值前为正相关而临界值后转为负相关。与此同时，集聚区营业收入与控制变量集聚区就业人数和集聚区固定资产显著正相关，而与控制变量集聚区占地面积不显著相关。

四 结论和建议

（一）结论

通过前文的模型实证分析，本报告得出了空间集聚程度对北京市文化创意产业集聚区的行业经济具有倒"U"形影响，即存在拐点效应的结论。具体来说，在集聚程度较低的集聚区，随着集聚指数的增大，集聚区营业收入会随着集聚程度的提高而增加，但是当集聚指数超过一定的临界值之后（本报告的临界值为 8.1914），集聚区营业收入会随着集聚程度的提高而降低。

（二）建议

根据上面的结论，本报告将北京市 30 个文化创意产业集聚区依照其集聚指数自然对数的负数分为四个区间，并对属于不同区间的集聚区分别提出建议（见表 9）。

表 9　文化创意产业集聚区营业收入与集聚指数汇总

文化创意产业集聚区	营业收入（亿元）	集聚指数
十三陵明文化创意产业集聚区	12.10	2.9999
北京古北口国际旅游休闲谷产业集聚区	19.00	3.1000
斋堂古村落古道文化旅游产业集聚区	19.20	3.2000
北京（房山）历史文化旅游集聚区	23.80	3.3114
中国乐谷－首都音乐文化创意产业集聚区	24.50	4.8969
卢沟桥文化创意产业集聚区	26.80	5.6218
北京大红门服装服饰创意产业集聚区	62.31	5.7808
中国（怀柔）影视基地	163.30	5.9104
宋庄原创艺术与卡通产业集聚区	80.75	6.4643
国家新媒体产业基地	103.90	6.7187
顺义国展产业园	147.82	7.0749
北京欢乐谷生态文化园	171.97	7.3478
北京数字娱乐产业示范基地	214.60	7.4751
中国动漫游戏城	235.48	7.5019
前门传统文化产业集聚区	237.24	7.5830
北京潘家园古玩艺术品交易园	239.36	7.6799
清华科技园	277.90	7.7151
八达岭长城文化旅游产业集聚区	34.40	7.8290
中关村软件园	311.74	7.8340
北京出版发行物流中心	345.07	7.9895

续表

文化创意产业集聚区	营业收入（亿元）	集聚指数
北京CBD国际传媒产业集聚区	573.10	8.1914
北京DRC工业设计创意产业基地	443.87	8.1951
中关村科技园区雍和园	313.45	8.3061
北京时尚设计广场	269.37	8.3265
琉璃厂历史文化创意产业园区	213.53	8.4356
中关村创意产业先导基地	256.10	8.4827
惠通时代广场	247.00	8.5737
北京798艺术区	199.70	8.7592
北京音乐创意产业园	198.22	8.8596
北京奥林匹克公园	164.59	9.2003

1. 潜力型集聚区

潜力型集聚区是指表9中集聚指数在0到7.0之间的10个集聚区。其特点为集聚程度不高，相对应的营业收入也较低，其中营业收入最高的是北京（怀柔）影视基地，为163.30亿元，这个区间内以旅游文化为核心业务的集聚区居多，并且具有一个共同特点，就是这10个集聚区的地理位置均处于北京市较为偏远的城市发展新区和生态涵养发展区，虽然土地资源较为丰裕，但是劳动力和资本的限制让这类集聚区中的企业无法快速发展，导致集聚区的集聚程度较低，以至于营业收入较低。对于潜力型集聚区来说，应充分利用这部分集聚区自然资源丰富的特点，进行大规模招商引资，补充劳动力，让资本充分流入，政府也应当对进入这些集聚区的企业给予适当补助和奖励，以吸引更多企业进入，从而使集聚区内每一个企业增加营业收入，更好地发挥集聚效应。

2. 发展型集聚区

发展型集聚区是指表9中集聚指数在7.0到8.0之间的10个集聚区。其中，八达岭长城文化旅游产业集聚区为极端值，其集聚指数较高但营业收入只有34.40亿元，这是因为该集聚区的大部分区域为旅游名胜区，并没有太多的企业，而大多数企业只集中在集聚区内较小的面积中，所以其集聚指数异常高从而形成了极端值。其余9个集聚区集聚指数较高的，营业收入也较高，营业收入最低的顺义国展产业园也达到了147.82亿元，这部分集聚区主要集中于北京市主要城区（首都功能核心区和城市功能扩展区）。对于发展型集聚区来说，应继续提高自身的集聚程度，吸引企业进入，因为此时其他企业的进入仍可以保证集聚区内企业营业收入的增加，充分发挥集聚效应。另外，这类集聚区正处在发展的关键阶段，政府应让其自由竞争，不要过度控制。

3. 成熟型集聚区

成熟型集聚区是指表9中集聚指数在8.0到8.2之间的2个集聚区。北京CBD国际传媒产业集聚区和北京DRC工业设计创意产业基地的集聚指数均为8.19左右，营业收入分别为573.10亿元和443.87亿元，在所有集聚区中排名前两位。这也说明集聚效应对行业经济增长的拐点现象对文化创意产业依旧适用。根据《北京文化创意产业功能区发展研究》的调查，企业数量在所有集聚区中分别排在第一位和第三位。对于成熟型集聚区而言，当前阶段应适当控制自身的集聚程度，避免企业大规模地涌入，为此，政府应出台一些限制进入的政策，保证集聚效应发挥正向作用。

4. 过渡型集聚区

过渡型集聚区是指表9中集聚指数大于8.2的8个集聚区。集聚程度的过度提高导致其创收能力开始出现不同程度的下降。总体来说，除了部分反常值之外，大部分集聚区随着集聚指数的提高，营业收入呈现下降趋势，但是仍略高于发展型集聚区。过渡型集聚区处在集聚效应的负向影响阶段，对于这类集聚区来说，应控制企业进一步进入。同时，政府应对集聚区内的企业进行适当清理，帮助一些亏损企业进行转移，将其从过渡型集聚区转移至同类型的发展型集聚区内，这样既可以控制过渡型集聚区的集聚效应，又可以提升发展型集聚区的集聚程度，两全其美。

B.17
北京市文创示范园区引领全国城市文创空间建设

祁述裕 崔艳天*

2018年6月20日，中共北京市委宣传部、北京市人民政府新闻办公室召开新闻发布会，正式发布《关于加快市级文化创意产业示范园区建设发展的意见》（以下简称《意见》），并启动首批北京市文化创意产业示范园区认定工作。针对该意见，本报告将重点探讨文化创意产业园区等文创空间在文化创意产业引领区建设中的重要意义，以及北京文创空间升级发展对全国文创空间建设和发展的引领示范作用。

文化创意产业集聚作为一种有效的文化企业组织形式，对区域文化创意产业发展起着重要的推动作用。近年来，随着国家层面以及北京市、上海市等地相继出台一系列文件支持、引导文化创意产业集聚化发展，文化创意产业园区、文化创意产业示范区成为提升文化产业集聚度和竞争力的有力抓手。《意见》的出台，对于提升北京市文化创意产业园区质量、树立园区标杆、优化北京市文化创意产业空间布局、加快推动文化创意产业引领区建设具有重大意义。

一 文创示范园区建设对北京文化创意产业引领区建设的重要意义

北京市文化创意产业园区数量众多，但质量和效益仍需提升。北京市早

---

* 祁述裕，国家行政学院社会文化教研部主任，文化政策与管理研究中心主任、教授；崔艳天，长安大学文学艺术与传播学院讲师。

在2006年就开始认定文化创意产业园区，文化创意产业园区已成为北京市促进文化创意产业发展的重要抓手。经过10多年的发展，文化创意产业园区在培育市场主体、创造就业岗位、集聚创意人才、提升城市形象等方面做出了重要贡献，但也存在管理与服务水平较低、经营管理理念与盈利模式落后、重硬件建设轻软件建设、知识产权保护不力、品牌意识缺乏、管理人才匮乏等问题。鉴于北京市文化创意产业园区的发展现状，北京市出台《意见》，以"优中选优""培育骨干"为目标导向，通过园区内硬件设施、公共服务、文化金融及文创人才等方面的政策支持，促进优质文化企业等核心要素的集聚，构建完善的产业链条，促进上下游企业合作，提升文化创意产业规模化、集约化、专业化水平和整体产业竞争力，对进一步促进文化创意产业转型升级和提质增效、提升北京市园区整体发展质量和内涵具有重要意义。

北京市文创示范园区的建设对优化文化创意产业空间布局具有重要意义。2017年，北京文化创意产业实现增加值3908.8亿元，占GDP的比重达14%，文化创意产业成为首都经济发展的重要引擎。北京市委、市政府对文化创意产业发展高度重视，将文化创意产业作为北京市经济转型发展的支柱性产业，充分发挥文化在经济结构调整、发展方式转变等方面的引领作用，构建"高精尖"产业结构，但文化创意产业仍存在市场主体培育不充分、产业结构有待进一步优化、空间分布不合理等问题。北京市文创示范园区的建设可以促使北京市文化创意产业园区向高端化、品牌化发展，对于促进文化创意产业转型升级、构建"高精尖"产业结构、促进文化创意产业空间布局优化意义重大。

北京市文创示范园区的建设符合全国文化中心的定位。中央明确北京作为全国文化中心的发展定位，因此北京需要在产业发展方式上进行创新和探索，构建北京市文化创意产业创新高地。文创示范园区的出现，将成为文化创意政策的试验田和园区建设的标杆。《意见》提出了较为完善的文化创意产业园区支持政策和管理制度，建立了北京文化创意产业高质量发展的新机制；突出"核心要素集聚"的发展导向，培育和引进骨干文化企业在示范园区集聚，推动全市文化创意产业园区实现优质发展，为北京构建"高精尖"经济结构带来新动能、注入新活力。坚持社会效益和经济效益相统一,将示范园区打造成公共文化新地标和爱国主义教育、社会主义教育、文化科普的重要载体,总体上符合北京市全国文化中心的总体定位与发展理念。

北京市文创示范园区的建设符合"十三五"时期文化创意产业提质增效的发展主线。当前我国文化创意产业发展已经形成较高的社会认同度和参与度,但创新创意能力和竞争力还不强,结构布局尚需优化,文化产品和服务的有效供给不足。"十三五"期间,还需以推进供给侧结构性改革为主线,不断解放和发展文化生产力,促进文化创意产业转型升级,提高文化创意产业发展的质量和效益。《意见》高度重视核心文化要素、高端要素的集聚,扶持骨干文化企业的培育和文化创意内容等业态布局,支持园区品牌建设活动,鼓励在原创文化精品上做好示范。这一系列发展思路符合"十三五"时期文化创意产业提质增效的发展主线,对于进一步推动北京文化创意产业乃至引领全国文化创意产业向质量效益型集约增长转变具有重大意义。

二 北京文创空间升级发展对全国文创空间建设和发展的引领示范作用

文化创意产业园区作为近年来最主要的文化产业发展方式之一,得到了国家和地方政府的高度重视与支持。文化部先后发布《国家级文化产业示范园区管理办法》《关于进一步完善国家级文化产业示范园区创建工作方案》等文件,杭州、上海等地也先后出台了《杭州市文化创意产业园区认定和管理办法》《上海市文化创意产业园区管理办法》等文件,此类文件大多明确了文化创意产业园区的认定条件、认定程序和管理办法,但政策扶持力度有限,扶持面较为宽泛,操作性和精准性较差。此次《意见》的出台,立足文化创意产业园区的高端发展需求,与文化部及其他地方政府以往出台的文件相比,在政策精准性、认定标准、公共服务建设、文化金融服务等关键问题方面都有所突破,也对全国文创空间建设和发展起到了重要的引领示范作用。

一是加大政策扶持力度，引领文创空间向精准扶持发展。数据调查显示，在北京市针对文化创意产业园区的扶持政策中，有34.48%的受访企业认为政策扶持不精准、很多政策过于宽泛、落地性较差。① 鉴于这一现状，《意见》明确针对文创示范园区提出了七个方面共19条政策，对示范园区建设、运营管理机构建设、完善硬件设施、开展公共服务、提供文化金融服务、保护利用老旧厂房建设分园等给予资金支持，并在园区文化企业培育、文化人才服务、品牌建设推广、政策先行先试等方面给予政策倾斜，政策支持力度之大前所未有，扶持方式也更加精准。

二是定位高端发展，推动文化核心要素的集聚，引领文创空间向高质量发展。《意见》明确提出文创示范园区是"北京市文化创意产业园区"的重要组成部分与高端品牌。近年来文化创意产业园区"移花接木"的现象广为社会所诟病，园区内企业质量、业态布局与文化创意产业的高质量发展要求之间出现了一定偏差，园区质量与效益有待提升。因此，北京市文创示范园区的建设，立足新时代文化创意产业高质量发展的新要求，提出以文化创意产业为主导产业门类，业态要符合"高精尖"产业发展方向。同时，文创示范园区的建设更加重视骨干文化企业的培育与引进，推动文化核心要素和高端产业要素的集聚，完善产业链条，推动园区创新发展，为规范和引导全市文化创意产业园区高质量发展提供了政策指引，也对全国文创空间的高质量发展起到了引领和示范作用。

三是重视公共服务建设，提升示范园区的经营管理水平，引领文创空间向专业化服务发展。我国文化创意产业园区有房东管理型园区、服务管理型园区和网络服务型园区三种类型。房东管理型园区以收取房租为主要经营方式，服务类型单一，管理较为粗放，近似于房东式的管理。服务管理型园区致力于为园区内企业提供创意、投融资、人才、品牌推广、法律和政策、财务等公共服务，打造"轻公司生态圈"服务管理模式，是房东管理型园区

---

① 数据来源于国家行政学院文化政策与管理研究中心课题"国家文化创新实验区文化产业促进条例的实践探索"的调研结果。

的升级版。网络服务型园区则超越了物理型园区，利用互联网搭建线上平台，通过网站、软件和移动应用程序为企业用户提供服务，形成了网络文化创意产业集群。从我国文化创意产业园区的发展现状来看，房东管理型园区占较大比例，服务管理型园区正在增多，但绝对数量尚不占优势，园区服务滞后是当前我国文化创意产业园区的通病。鉴于此，《意见》的出台明确提出了支持服务管理型园区发展，为文化企业提供专业化的公共服务，提高园区经营管理水平。《意见》提出，要强化政策咨询、创业辅导、人才培训、人才引进、知识产权、法律咨询、技术支持等服务活动，打造投融资服务平台、人才培养平台、成果转化平台、知识产权服务平台等文化创意产业公共服务平台。这将极大地推动北京市文化创意产业园区的换代升级，更加凸显文化创意产业园区的业态集聚效应，提升文化创意产业园区内企业的生产效率和初创企业的成活率，也将引领全国文创空间向专业化服务发展。

四是支持示范园区提供文化金融服务，解决企业资金问题，引领文创空间向构建产业生态发展。文化创意产业要取得突破性发展，亟须运用"杠杆"作用，用需求价值支点来撬动资本。而从现实情况来看，由于文化创意产业的轻资产等特性，往往很难获得金融信贷的支持。数据调查显示，北京市文化创意产业园区中44.38%的受访企业表示扶持资金不到位、融资难，严重制约了企业的进一步发展壮大。[①] 鉴于此，《意见》明确提出对文创示范园区持续进行"投贷奖"政策支持，鼓励示范园区建设运营管理机构与金融机构合作，搭建投融资服务平台，并对与园区投融资服务平台合作的金融机构，按其通过平台为文化企业提供新增融资业务的规模给予一定比例的资金奖励。同时，构建园区企业信用体系，对通过园区投融资服务平台获得融资的文化企业给予贴息、贴租、股权等支持奖励。这一系列政策对进一步拓宽融资渠道、提供更为丰富的融资服务、解决企业融资难题可谓十分解渴。文创示范园区在文化与金融合作方面的探索，可以更好地改善文化创

---

① 数据来源于国家行政学院文化政策与管理研究中心课题"国家文化创新实验区文化产业促进条例的实践探索"的调研结果。

意产业园区的发展环境,为创新创意提供良好的生态环境,引领文创空间向构建结构更加完整和运行更加良性的产业生态发展。

此外,《意见》特别重视提升示范园区的运营管理水平,提出要建立园区常态化联络机制、统计机制、考核机制和退出机制,实现市、区两级合力建设,支持示范园区良性发展。北京文创示范园区的建设,不仅创新了文创空间载体建设的发展机制,而且为北京市文化创意产业高质量发展提供了长效的制度保障,同时为全国城市文创空间转型升级起到了示范引领作用,对于推动北京市文化创意产业引领区建设可谓躬逢其时。

B.18 北京文化"走出去"的战略与路径

李道今*

当前,中美贸易战持续升级,国家的贸易结构正在进行深层次调整,在此背景下,北京文化"走出去"虽面临更大的挑战,但也面临更大的机遇。

从国家层面看,文化"走出去"是关系国运兴衰的国家战略,通过推动多种形式、多种层次的文化"走出去",不仅可以获得对外出口和投资的收益,有效对冲贸易战的不良影响,而且可以把中华文化的理念和精髓传播至世界各地,提升国家形象和文化软实力,助力人类命运共同体和新型国际关系的构建。

从北京层面看,北京作为全国文化中心,文化资源条件得天独厚,文化贸易规模全国首屈一指。在当前环境下,北京不遗余力地推动文化"走出去",既是更好地承担社会主义大国首都职责与使命的重要任务,又是助力国家形象及文化软实力提升并积极应对当前贸易困境的有效举措。

一 北京推动文化"走出去"的基础与优势

北京作为享誉世界的历史文化名城,文化是这座城市发展进步的灵魂,其文化资源丰富而独特。立足全国文化中心、国际交往中心的城市功能定位,北京大力实施文化"走出去"工程,不仅文化贸易获得飞速增长,而且有力地对外展示了国家文明形象,促进国家软实力提升。

---

* 李道今,投资北京国际有限公司研究中心主任,投资北京研究院常务副院长。

（一）北京的对外文化贸易优势显著

文化贸易规模持续快速增长。近年来，北京不断探索和实践符合国际惯例和市场运作规律的文化贸易方式，着力构建面向国际市场的文化进出口贸易平台和文化贸易网络，通过多年持续的努力，北京的对外文化贸易规模不断跃升，结构持续优化，文化贸易优势显著，文化贸易进出口总额从2006年的12.65亿美元提高至2017年的51.2亿美元，年均增长13.6%。

文化服务出口占全国近三成。2017年，北京市的核心文化服务进出口总额为30.4亿美元，同比增长12.8%。其中，进口14.1亿美元，同比增长2.5%；出口16.3亿美元，占全国的26.4%，在全国文化服务出口同比下降3.9%的整体形势下，逆市上扬并同比增长了23.5%。北京的动漫游戏出口、图书版权输出和电影出口始终位居全国前列，国家文化出口重点企业和项目数量也居全国首位。

（二）北京的对外文化交流路径多元

文化交流活动丰富多元。近年来，北京加大对外文化交流力度，不断在世界各地展现"魅力北京"，讲述"北京故事"。如北京京剧院先后在巴西、美国、日本等国家推出"传承之旅""双甲之约"系列品牌演出，2016年春节期间，"欢乐春节·魅力北京"活动在世界15个国家和地区的22个城市举办，北京出版集团与欧洲梅尔杜蒙合作，推动中国精品图书走向世界。

文化交流层次多范围广。北京与全世界48个国家和地区的53个城市建立了友好城市关系，与100多个外国城市签订了交流协定，与近500个文化团体或文化组织有定期的文化交流和合作关系，每年在国外的年度交流计划达100多个，每年经北京市批准的中外文化交流项目达200多项。总体而言，北京积极开展多层次的对外文化交流活动，交流范围和渠道不断拓宽，不仅政府间文化交流活动多，各种形式的民间文化交流也非常活跃。

（三）北京的外向型市场主体快速成长

"走出去"的文化企业竞争力不断提升。在北京深入推进文化"走出去"战略进程中，一批优秀的外向型文化企业快速成长。例如，北京四达时代集团已在30多个非洲国家注册成立了数字电视运营公司，发展用户近800万户，服务覆盖近12亿人口，成为带动中国文化走进非洲的龙头企业。再如，在文化智能终端领域的小米公司，聚焦于智能手机、互联网电视以及智能家居生态链建设，在2015年就进军印度、巴西等市场，并陆续进入泰国、俄罗斯、北美洲及欧洲市场。这些文化企业不仅通过文化贸易输出优秀文化产品及服务，而且通过设立海外分公司、跨国并购和对外合作等方式，加大对外投资力度，企业市场竞争力不断提升。

文化类社会组织发挥着越来越重要的作用。在北京推进文化"走出去"进程中，各类社会组织发挥了独特的作用，越来越多的文化团体和社会组织走出国门，成为推动北京文化交流、文化贸易及文化投资的使者。例如，中关村数字内容产业协会承办了"2015北京数字与创新论坛"，有力地推动了数字内容产业的国际交流。再如，北京第二外国语学院牵头组建国家文化贸易学术研究平台，通过组织国际文化交流活动，发挥了独特的"学术外交"作用。

（四）北京的"走出去"促进体系更加有力

促进政策力度大。2015年，北京在充分吸收了国务院《关于加快发展对外文化贸易的意见》精髓以及中央赋予北京市的各项政策的基础上，颁布了《北京市关于加快发展对外文化贸易的实施意见》，就首都对外文化贸易发展做出专项部署，提出加快推进国家对外文化贸易基地（北京）建设、支持文化企业开展对外文化贸易业务、充分发挥国际性文化展会平台作用、促进文化和科技融合发展、建立健全文化贸易标准体系五个方面的8项具体任务，并从财税、金融、通关及贸易环境等方面出台了13项政策保障措施，进一步优化了文化"走出去"的政策环境。

促进平台功能强。国家对外文化贸易基地（北京）于2014年正式投入运营，涵盖国际文化商品展示交易中心、国际文化贸易企业集聚中心、国际文化仓储物流中心三个功能区，为国际国内文化生产、传输及贸易机构提供专属保税服务，根据文化创意产业特点进行政策资源整合和制度创新，逐步成为集文化贸易口岸、协同创新平台、外向企业基地于一体的国家级文化贸易示范区。截至2017年，北京成功举办了12届文博会，积极助力文化"走出去"。

（五）北京的文化"走出去"存在明显不足

一是存在认知逆差。许多国家对中华文化的了解还比较零碎、片面和肤浅，西方主流媒体和意识形态对中国的崛起抱有偏见，使得北京文化"走出去"面临更多的地缘政治和文化价值观方面的挑战。同时，在对外的文化交流传播中，对所在国文化背景缺乏了解，文化传播战略缺乏针对性，传播效果较差。

二是文化贸易不足。北京作为全国文化中心，文化产品及服务的对外输出规模整体偏小，与全市文化创意产业的资源优势、贸易出口及产业规模不相匹配。同时，文化出口企业总体规模小，出口产品结构不协调，出口市场范围相对狭窄，文化出口的品类相对单一。

三是企业实力较弱。北京虽然文化资源丰富，但文化资本运作水平和效率相对低下，潜力不能充分发挥，企业的国际竞争力薄弱，缺乏开拓国际市场的意识和经营理念，而且缺乏熟悉国际文化市场运作的专业人才，以及高端文化创意产业的经营和管理人才，使得北京文化企业的国际竞争力明显不足。

二 北京推动文化"走出去"的区域战略及思路

全世界有200多个国家和地区，其社会形态各具特色，文化国情各不相同。北京必须立足自身文化"走出去"的资源优势和基础，寻找到最适合区域资源禀赋的国际地区进行开拓,科学研判合作发展的形势和条件,制定有针对性的区域拓展战略,使文化不仅能快速地"走出去",而且能顺畅地"走进去"。

(一)大力开拓"一带一路"

"一带一路"是2013年由习近平主席提出的重大倡议,涉及中亚、东南亚、南亚、中东欧、西亚、北非等区域的65个国家和地区(含中国),总人口约为44亿人,年生产总值约占全球的30%。2015年,我国发布的《推动共建丝绸之路经济带和21世纪海上丝绸之路的愿景与行动》提出了政策沟通、设施联通、贸易畅通、资金融通、民心相通的合作重点,文化走进"一带一路"的渠道将更加通畅,前景将更加广阔。

1. "一带一路"沿线国家文化市场呈现"五化"

一是资源类型多样化。"一带一路"横穿"亚非拉欧",沿线国家的历史文化资源、民族文化资源、宗教文化资源、艺术文化资源、地域文化资源丰富。

二是内容消费多元化。"一带一路"沿线国家多为发展中国家,随着其经济发展水平的提高,对传统文化产品如数字电视、电影、演出等的消费逐渐常态化,对新兴文化业态如数字内容、智能产品、电子商务等的消费也蔚然兴起。

三是价值取向包容化。"一带一路"沿线国家在经济的多元化和全球化进程中,逐渐从固执于本国本民族文化到开放接纳多样化的文化,对国家之间、民族之间的文化差异越来越包容。

四是市场竞争白热化。"一带一路"国家处在经济高速增长期,各国之间的文化贸易越发频繁,欧美发达国家也向沿线发展中国家输出,文化市场的争夺战在"一带一路"打响。

五是外资准入宽松化。"一带一路"沿线国家以"丝路"精神为起点,形成的普遍文化共识是实现"五通"的基础和重要突破口,我国基本与沿线国家签订了政府间文化合作协定,"一带一路"的文化市场对中国日益开放，贸易壁垒逐渐降低。

2. "一带一路"沿线国家文化贸易趋势看好

多边贸易放量增长。自2000年以来，"一带一路"沿线国家对中国的贸易总量显著增长，从2000年的1917.20亿美元增加到2016年的9535.9亿美元，占中国对外贸易总额的比重达25.7%，2016年中国向"一带一路"沿线国家出口5874.8亿美元，达到近年来的高位。

文化贸易趋势看好。从中国文化贸易排名前15位看，我国与"一带一路"沿线国家的文化贸易总体呈上升趋势，出口额占比从2008年的8.4%上升到2014年的14.5%，进口额占比从2008年的6.5%上升到2014年的21.8%。虽然前15位在文化贸易总额中的比重只有11.8%，但文化贸易增长趋势还是比较明显的。

文化贸易区域有别。一方面，海上丝绸之路经济带沿线国家的文化贸易好于丝绸之路经济带沿线国家，如阿拉伯联合酋长国、俄罗斯、新加坡、马来西亚、印度尼西亚、印度、泰国、澳大利亚等是与我国文化贸易最主要的国家。另一方面，有些传统贸易国家的文化贸易比重较低，如巴基斯坦、哈萨克斯坦、伊朗、土耳其、以色列、埃及、新西兰等。

3. 借势国际战略通道大力开拓"一带一路"

一是借势文化交流通道，大力推介北京文化。充分借势"一带一路"沿线国家孔子学院、中国文化中心等常态化运营的文化交流平台，推介北京文化产品及企业；大力支持北京文化企业积极参加丝绸之路（敦煌）国际文化博览会、丝绸之路国际电影节以及丝绸之路图书展等专业会展和沿线国家互办的文化年等文化活动。

二是借势国际贸易通道，搭载北京文化产品。建立合作通道，积极支持有条件的文化企业以各种形式参加相关国际高端经贸平台，积极推动文化企业利用"网上丝路""丝路汇"等民间贸易平台"走出去"，积极推进文化企业通过国际技术转移中心、海上合作中心等科技服务平台"走出去"，积极开展与国内"一带一路"沿线省市自由贸易区、对外贸易基地、保税区、口岸等的合作，推进与境外经贸合作区、跨境经济合作区等区域的合作，促进北京文化走进"一带一路"。

三是借势资本金融通道,助力文化企业"出海"。积极对接丝路基金和丝绸之路文化公益基金,按照产业分工与整合的内在规律,在"一带一路"沿线合理进行产业布局。积极推进有条件的文化企业与亚洲基础设施投资银行、金砖国家开发银行等国际金融服务机构开展合作;建立与国家进出口银行的战略合作,用足"两优贷款"等外向型金融服务政策;与中国信用保险公司开展合作,引进保险"代位求偿权"等针对国际投资与贸易的保险服务,借助资金力量开拓"一带一路"市场。

四是借势综合服务通道,推动文化顺利出海。紧密跟踪国家"一带一路"倡议的实施推进情况,及时遴选跟随"一带一路"新建平台出海。建立综合服务对接体系,重点选择专业开展针对"一带一路"沿线国家市场开拓的国际商务、法律服务、信息服务、语言翻译、中介服务、通关检疫服务、跨境结算服务、营销推介服务等各类服务机构及平台,建立文化"走出去"企业与综合服务机构及平台的合作机制,加强文化企业"走出去"的综合服务保障。

(二)加大渗透汉字圈层

汉字文化圈又称为儒家文化圈,是以儒家文化构建基础社会区域的统称,包括汉字诞生地中国(含港、澳、台地区),以及周边韩国、朝鲜、日本、越南、新加坡等国家,还包括印度尼西亚、文莱以及欧美等地的华人华侨聚居区。由于文化的解码能力决定目标国家接受文化产品与服务的程度,因此,与中华文化同根同源或近根近源的汉字文化圈层国家,是北京文化"走出去"必不可少的区域。

1. 汉字文化圈文化市场呈现"一藤多瓜、冷热兼济"的特征

汉字文化圈文化形态已是"一藤多瓜"。在儒家文化的核心价值观下,文化圈各国将儒家文化融入自身的地域文化,在历史演进中形成了各自的文化脉络,演变出不同的特征和形象,形成了具有地域特色的文化,如日韩文化等,它们虽具有儒家文化的内核,却表达出各异的文化形态。

汉字文化圈文化交流呈现冲突跌宕。随着整个汉字文化圈对世界的影响不断扩大，越、韩、日三国都认识到了汉字文化的重要性，出台多项政策鼓励青年学习汉字、中华文化。虽然中国是汉字的发祥地，但当前在世界汉字文化圈中并未处于文化中心的位置，在与汉字文化圈国家开展文化交流中，传统文化较为热门，而当代文化频遭冷遇。

汉字文化圈文化产品流向从高到低。随着汉字文化圈各国经济及技术发展水平差距的出现，经济发达地区的大众文化迅速向周边渗透，日韩及中国港台地区在中国内地大众文化尚未成型、大众文化需求尚未培育的时期打入并占领中国内地文化消费市场，刺激并满足了中国内地大众的文化消费欲望，这些地区的大众文化在中国内地快速传播并形成规模效应，直接影响了中国内地大众文化消费的需求导向。

中国作为亚洲最大的文化市场，文化需求旺盛，文化诉求多元化，汉字文化圈各国都希望在中国市场占据一定的位置，所以文化圈内各国虽然在外商投资、进口贸易等方面有所限制，但是对中国的文化产品不设置政策屏障，管制较为宽松，希望中国也能对其打开文化产品进入的大门。

2. 汉字文化圈文化贸易呈现互为伙伴、互补性强的特征

汉字文化圈国家的对外文化贸易均快速增长。从汉字文化圈国家间的文化贸易看，中国对日韩文化创意产品的进出口贸易总体呈上升趋势，2003~2012年，中日文化贸易进出口总额增长了两倍多，中韩文化贸易进出口总额呈现大幅增长趋势。中国香港、台湾地区以及新加坡、韩国、日本均是2008~2014年中国内地核心文化产品进出口市场排名前15位的国家和地区。

中国对汉字文化圈国家的文化贸易呈现顺差。从中日文化贸易情况看，按照联合国贸易和发展会议组织对文化创意产品的分类，中国对日本文化创意产品的出口额从2003年的32亿美元增加到2012年的91亿美元，进口额从2003年的5.4亿美元增加到2012年的11.8亿美元，可见中国对日本文化贸易始终保持顺差，到2012年文化贸易顺差已近80亿美元。2012年中国对韩国的出口额仅为25.23亿美元，同比增长220%，但总体上中国对韩

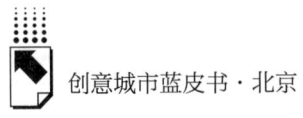

国文化创意产品的进口额小于出口额,贸易保持顺差。

中国与汉字文化圈国家的文化服务贸易逆差大。虽然中国与汉字文化圈中日、韩等主要国家保持文化贸易顺差,但是文化服务类贸易则保持了较大逆差。中国出口日、韩的文化产品主要是手工艺品、设计制品等文化商品,占中国文化贸易总额的90%以上,而进口的主要是视听制品、新媒体制品、音乐制品、出版物、视觉艺术品等文化服务类产品,如中国进口的韩文化产品中新媒体制品多年来占进口的比重均在50%左右。

3. 共尊儒家、强化内容,加大渗透汉字圈国家与地区

提高文化内容产品的市场占有率,提升汉字文化圈的文化地位。开展针对汉字文化圈区域的文化产品开发定向研究,推进政府、企业与全国文化研究机构、文化艺术院校的合作,支持文化内容领域企业,深入挖掘我国传统文化的内涵和元素,大力开发具有传统文化符号特征的文化内容产品走进汉字文化圈国家与地区。加强与汉字文化圈品牌的文化内容创意制作机构合作,讲好当代中国故事、北京故事,打破日韩文化内容产品在汉字文化圈的强势地位。

增强文化智能终端产品的竞争力,优化要素在汉字文化圈的布局。汉字文化圈中的日本、韩国等发达国家以及中国台湾地区是中国大陆文化智能终端产品的主要竞争对手,而在吸引投资中,越南等国家呈现越来越强的优势。对此,应推进有条件的文化智能终端企业加强产业链分布研究,支持其积极引进日本、韩国等发达国家以及中国台湾地区的相关技术与人才,推动企业开展技术合作、产能合作,提高智能终端行业的技术水平。同时,探索汉字文化圈国家和地区开展投资建厂、产能合作的战略及路径,提升文化智能终端产品在全球的竞争力。

利用文化同源优势加强交流合作,提升儒家文明在全球的影响力。立足中国与周边汉字圈层国家地缘相近、文化同根的基础,以东盟博览会、中国－亚欧出版博览会等为文化交流平台,以"中国年""端午节"等传统节日庆典为时机,支持文创企业加强与汉字文化圈中优秀文化机构交流。完善与汉字文化圈的交流与合作机制,加强共同价值观塑造,注重内容创新、模

式创新，共同开发文化精品，发挥各自优势，共同推进国际文化市场拓展，不断提升儒家文明在全球的影响力，进一步强化中华文明走向世界的基础。

（三）加快布局新兴市场

新兴市场，是相对于成熟或发达市场而言目前正处于发展中的国家、地区或某一经济体，广泛分布在亚、非、拉美各大洲以及东欧、中亚、中东等各地区。无论是"金砖五国""灵猫六国"还是"新钻十一国""薄荷四国"，其核心特征均是经济增长快、消费规模扩张、市场规则不完善，但同时，包括文化产品在内的中国商品在这些国家的竞争力比较强，市场空间不断拓展。北京应结合新兴市场国家的特点，积极推进文化"走进去"。

1. 新兴市场具有文化独特、包容性强的文化市场特征

具有独特文化生态。新兴市场国家有一个共同特点，它们都不属于西方文化圈或其中心地区，不论是中东、中亚还是拉丁美洲的新兴市场国家，均具有独特而又多样性的文化生态，从而形成了工业化进程以来世界文化的大变局，促进世界政治多极、文化多元的演进。

文化产业蓬勃发展。随着新兴市场国家经济的发展，其国家的文化自觉和文化自信也逐渐恢复，文化产业随之迅猛发展。亚太地区的新兴经济体如印度、印度尼西亚、马来西亚、菲律宾等国家已经把文化产业上升到国际发展战略层面，土耳其和印度近年来快速发展文化产业，已跻身世界十大文化产品出口国。

对外来文化较包容。随着新兴市场国家经济的全球化，其文化国际交流也更加广泛，这些国家对外来文化多持包容的态度。同时，新兴经济体多样的文化与语言为其包容性文化奠定了基础。从文化准入来看，中国-东盟自贸区为文化产业进入东盟地区扫清了障碍，而随着"一带一路"倡议的实施，文化进入拉美地区的基础更加良好。

2. 新兴市场具有相互依赖又互相竞争的文化贸易关系

中国对新兴市场国家的依赖度不断提高。中国已经成为新兴经济体资源类产品的重要买家，对新兴经济体初级产品出口的比重正快速提升。2015

年，东盟为中国前三大贸易伙伴，双边贸易值为 2.93 万亿元，对印度增长 2.5%，表现均好于进出口总体情况。2002～2014 年，中拉双边贸易额增长了 20 倍，中国不仅是巴西的第一大贸易伙伴，而且是墨西哥等国的第二大贸易伙伴，还是拉美地区继美国和欧盟之后的第三大贸易伙伴。

中国与新兴市场国家存在竞争关系。目前，中国制造业的国际竞争力明显强于新兴经济体，中国工业品不仅在发达国家的市场上占据了很大份额，而且大量出口到新兴经济体，对后者的国内工业形成很大的竞争压力。2011 年，俄罗斯、巴西、印度对中国的工业品进口额分别为 500 亿美元、490 亿美元和 310 亿美元，占其工业品进口总额的比重分别达到 18%、19% 和 28%。

中国与新兴市场国家的文化贸易增长快。按照我国《2015 年文化及相关产业统计概览》数据，2008～2014 年我国核心文化产品最主要的进出口国前 15 强中，俄罗斯、印度、巴西等国家赫然在列。其中，2014 年，我国出口俄罗斯的文化产品达 3.9 亿美元，列第 9 位；出口印度的文化产品达 3.2 亿美元，列第 13 位。

3. 产品增势与资本增力大力拓展新兴市场国家与地区

软硬结合，强化业务拓展势能。开展针对新兴市场拓展的专题研究，搭建战略整合平台，鼓励全市的智能终端企业与文化内容企业深入开展战略合作，进行业务捆绑，构建适应新兴市场国家"软硬结合"的产品体系，强化新兴市场国家市场拓展的产品势能，用足国家相关政策及平台优势，充分利用北京品牌文化智能终端及文化内容企业进入新兴市场的先发优势，加快拓展新兴国家的文化市场。

资本跟进，建构市场自有通道。支持企业内部管理制度创新，完善企业外向型发展治理结构，提升文化企业的融资能力，根据北京文化企业的资源禀赋及与相关新兴国家的要素资源匹配度，加快新兴市场国家的投资布局，实现文化智能终端等产业营销、制造、生产环节在新兴市场国家的布局，推进企业本土化，建构自有市场通道。

借势平台，做好市场营销推介。发挥中国企业在新兴市场基础设施建设中的优势，促进北京文化企业与新兴市场产业园、港口、车站等基础设施平台合作，进行文化产品宣传，推进产业落地。借助新兴市场的"金砖国家电影节""南非德班国际电影节""开罗国际电影节""开罗国际实验戏剧节"等具有优势的影视、戏剧平台，扩大北京文化产业在当地的影响力，做好文化产品及企业在新兴国家和地区的营销推介，力争形成新兴市场国家的北京文化板块。

（四）逐步跻身发达国家

欧美等发达国家经济运行机制比较成熟，对世界经济、政治、文化、科技都有较大的影响，不仅自身的文化市场消费规模巨大，而且掌控着全球的文化话语权，一旦发达国家文化市场打开，往往也打开了晋升国际主流文化市场的通道。虽然跻身发达国家的文化市场有一定的难度，但从北京文化产业自身的基础看，也具有一定的可能性。

1. "双向"是发达国家文化市场的特性

文化多元主义和本土保护主义均有。从发达国家促进文化发展的原则及取向看，由于发达国家的文化积淀存在差异，不同发达国家存在差别。如美国是一个多民族、多种族的国家，坚持文化多元主义，鼓励和支持多形态、多样式文化产业发展。法国是一个具有悠久文化历史的国度，对本国文化持有强烈的自豪感和自信心，自文艺复兴以来，法国把保护本国色彩纷呈的文化作为发展方向，并始终保有独特魅力。

发达产业和强势文化霸权共生。发达国家市场经济高度发达，其文化市场消费容量大，美国、英国等发达国家的文化产业在其国家 GDP 中占 10% 以上，文化产业和文化贸易带动全球文化经济发展，美国文化产品出口规模已超越航天工业，跃居其出口贸易的首位。但与其发达的文化产业及高额的文化贸易伴生的是文化霸权主义，向外输出价值观，在文化价值评价问题上执行双重标准，对世界的影响是多方面和多层次的，具有阶段性和长期性的特点。

表面开放与保持特权的准入政策同在。美国、法国等发达国家在制定文化产业政策时,均把维护国家安全作为基本出发点,把保障国家利益作为根本取向。如美国似乎对外来文化持开放态度,但在具体实践中通过签订国际性条约,保留在国际文化产品自由贸易中随时采取单边行动的特权。法国为了强化其他国家对法兰西文化的认同和接纳,多年来始终秉持"文化例外"原则,制定行业补贴、配额制以及税务减免等政策措施。

2. "量大"是与发达国家文化贸易的常态

发达国家是我国最大的贸易伙伴。2015年,欧盟、美国仍是我国前两大贸易伙伴,双边贸易值分别为5647.5亿美元、5582.8亿美元,占全国对外贸易总额的29%。总体来看,中国与发达国家的贸易总额超过一半的比重,发达国家是我国最大的贸易伙伴。但是,随着中美贸易战的演进,未来我国与发达国家的贸易比重可能会下滑。

发达国家是我国文化贸易的主要伙伴。根据海关总署2012年的统计,我国文化产品的主要贸易伙伴是美国、欧盟和东盟,三者进出口总额合计占我国文化产品贸易总额的57.4%。其中,我国出口的文化产品有27%流向美国,23%流向欧盟。而我国大陆文化产品进口的主要来源是中国台湾、欧盟、美国和日本,四者进口总额合计占我国大陆文化产品进口总额的66.6%。截至2014年,主要发达国家的文化贸易比重进一步提升,美国占我国核心文化产品出口的29.9%、进口的18.3%。

我国文化产品在发达国家的竞争力弱。从我国文化贸易出口到发达国家的产品看,设计服务、版权等文化服务出口相对较弱,高附加值领域仍是发达国家占据贸易主导地位。我国的文化贸易产品主要集中在劳动密集型产品,以文化内容、文化服务为主的影视媒介、音乐媒介、出版物及版权等知识技术密集型的核心产品所占比重较小,在发达国家的竞争力非常弱。

3. 以务实有效的通道跻身发达国家市场

实现文化重点领域在发达国家的突破。探索推进北京数字内容、影视制作、智能终端等企业与已跻身发达国家市场的企业间的战略合作,共同打进美国市场。支持已走进发达国家市场的文化企业继续做大在欧美发达国家的市场份额,提升品牌竞争力。

完成与走进发达国家的国内企业捆绑。搭建高端战略合作平台，完善战略合作机制，加强文化企业与已在欧美发达国家布局的品牌企业开展战略合作。深入产业整合研究，探索智能终端、文化设备企业与国内已走进发达国家市场的品牌企业开展合作，探索数字内容、设计创意等内容企业与已开展海外布局的相关机构进行战略合作，如推进影视制作、数字内容企业与已开展海外布局的阿里影业等影视机构开展战略合作，共同开拓发达国家文化市场。

加强与发达国家品牌文化机构的合作。一方面，加强资本合作，发挥国内资本优势，支持文化企业融资，支持其以参股、换股、并购等与发达国家的品牌企业合作，推进文化产业的本土化，巩固其在发达国家的发展根基。另一方面，加强相关业务合作，通过服务外包、联合研发、海外代理等业务合作模式，推进文化企业与发达国家品牌文化企业及机构的合作，打开走进发达国家的业务通道。

三　北京推动文化"走出去"的模式选择及实施路径

（一）文化"走出去"的模式选择

从文化"走出去"的模式选择看，随着中国外向型经济的发展，国内不同领域与企业已经形成多种可供借鉴的优秀的模式。借鉴这些模式并充分结合文化产业的特点，选择更加适合文化"走出去"特征的模式，明确不同模式下的具体实施路径。

"龙头+"的组团出海模式。以已成功"走出去"的龙头企业为带动，按照其产业链分布，关联带动上下游企业及产业"走出去"，形成以龙头企业带动的组团出海模式。如以成功打开非洲市场的四达时代为带动，联合其他智能终端、电影放映器材、影视制作、数字内容、电子商务等相关企业走进非洲；以走进印度、巴西等市场的小米为带动，借势其建立文化消费生态圈战略及其全球化战略部署，推动影视制作、数字内容等企业走向海外。

"外企+"的以进带出模式。借势北京服务业开放试点建设契机,结合放宽文化演艺、游戏机制造等领域扩大开放的新政,加大品牌外资文化企业的招商力度,支持外资文化企业开展业务,推动资源整合,充分发挥外资文化企业的外向型发展能力优势,积极带动北京文化企业"走出去"。加快引进文化"走出去"的文化商务、文化经纪等国际机构,完善"走出去"的服务生态圈,借助其较先进的国家市场服务经验,提升文化"走出去"的服务水平。

"资本+"的海外投资模式。推出文化产业海外投资指南等公共服务产品,完善海外投资的支撑服务体系,建立与海外相关投资服务机构的战略合作平台,对于尚不具备丰富经验的初次出海投资的文化企业,鼓励其采取外资参股方式,通过购买国际知名文化企业的部分股权,参与国外公司运营,或通过设立分支、营销公司、生产基地、研发中心等渐进模式,了解熟悉国际市场的需要,积累海外投资经验。对于已积累一定海外投资经验的企业,鼓励其采取针对海外进行直接投资、海外上市,以及股权并购、资产并购、技术并购、品牌并购等收购兼并方式,开展海外投资经营。

"渠道+"的借船远航模式。一方面,借助国内"大船"出海,如借助"中华文化推广战略计划"、重点新闻出版企业海外发展扶持工程以及国家海外文化中心、国家对外文化贸易基地等多个渠道,推动文化企业"走出去"。另一方面,借力国外"洋船"入海,积极支持文化企业参加品牌的国际文化会展、赛事活动,借助国际高端渠道与平台走出国门。另外,借用市场"快舟"进海,打通海外代理渠道,与不同国家分散的营销代理企业、人才资源进行协作,以特许经营权、产品代理权、区域经销权、渠道分销权等方式进行授权经营,集中力量推进北京文化产品及服务"走出去",更要"走进去"。

"资源+"的联手开发模式。首先,推进海外项目共建,通过资金支持等方式,鼓励文化企业建立人才共用、设备共享、渠道互用机制,共同完成海外文化项目的共建。其次,推进海外服务外包,借势北京作为全国服务外包示范城市及服务外包境外投资外汇管理改革试点政策的优势,大力开展境内外包、离岸（国际）外包。再次，积极推进海外合作研发，加大技术研发以及创意设计的政策、平台与服务支持，共同完成面向海外市场的文化技术突破、关键文化技术设备研发、大成本文化版权开发等。最后，推进海外品牌共享，积极与国际知名品牌合作，以品牌捆绑、拓宽产品价值包等方式，推动品牌共享，实现品牌提升。

"服务+"的区内创汇模式。对于文化行业来说，还有一类不用走出国门仍可创汇的特殊"走出去"模式，这一模式适用于文化演出、艺术品交易等与入境旅游发展密切相关的部分特定文化产业。一方面，遴选海外游客认同剧目，打造对外演出门户，打造具有国际水准的精品节目，实现国门创汇。另一方面，向海外游客推介艺术品，打造区内交易门户，借助保税库综合优势，打造艺术品保税交易区，打造面向海外买家的保税艺术品交易门户。

（二）北京文化"走出去"的环节选择

作为全国文化中心，依托首都丰富的文化资源，打造推动中国文化"走出去"的重要平台，从而在服务自身"走出去"的基础上，解决中国文化"走出去"环节中存在的文化差异和推介不力等问题。

打造国际文化市场的智库中心。国际文化差异导致的文化内容不匹配是中国文化"走出去"的瓶颈问题，加强对国际文化市场的研究是解决供给匹配问题的前提。依托北京的智库资源，支持各类智库开展国际文化市场政策环境、投资环境、文化取向、消费趋势等内容的基础研究，形成系列智库服务产品，探索推出文化"走出去"的国别报告、国际文化市场投资指数等公共服务产品，不断扩大智库服务中心的影响力，打造国际化的文化智库服务品牌。

打造文化内容的翻译服务中心。内容翻译是中国文化产品"走出去"的关键。积极引进国内外专业翻译服务机构，推动专业院校开展战略合作，建立翻译服务供需对接平台，向包括文化企业在内的各类社会主体开展综合、专业的翻译服务。鼓励、资助国内外汉学家、翻译家积极投身中国文学、文化的译介工作。建立翻译服务标准与质量体系，编制不同国别、民族、区域翻译知识指南，探索成立由专业机构及翻译专家支撑的翻译质量鉴定中心，提高翻译质量服务，健全翻译服务供给体系，塑造翻译服务中心品牌。

打造文化产品的国际采购中心。国际文化市场有效渠道不畅、市场推介不力是中国文化"走出去"的痛点。大力引进品牌国际采购组织机构，加强供需双方的对接，打通其对中国采购服务的阀门。建立国际采购组织服务平台，广泛开展与各类国际服务组织的战略合作，大力推介中国文化商品及服务。集成各级各项文化"走出去"的平台与政策，支持打造文化产品的国际采购服务中心，在国家文化"走出去"的服务体系中获得高端的分工地位。

打造文化产品的国际推介中心。中国文化产品在国际市场推介不力，除产品自身问题外，中国文化企业还普遍缺乏目标国家的宣传营销经验。北京可依托自身资源及优势，努力打造一个高端的文化产品国际市场推介中心，针对企业服务需求，厘清目标市场国家营销推介服务资源，加强对外战略合作，精准对接本土化的各类营销推介渠道及主体，开展文化企业国际市场推介的专业服务，提升自身国际市场推介服务能力。支持跨境电商外单业务做大做强，将线上线下推广相结合，推动文化版权、知识产权等权益在全球范围内进行交易，支持其将文化产品及服务大力向境外输出。

（三）北京文化"走出去"的措施保障

为更好地落实推动文化"走出去"的各项战略及措施，在现有工作的基础上，北京应进一步强化组织、政策、资金、人才、平台、服务等各方面的保障，建立有效的保障体系，使推进文化"走出去"的各项工作落到实处。

建立组织保障机制。研究建立文化"走出去"协调机制，由全国文化中心建设领导小组牵头，加强部门间的统筹协调，为文化企业"走出去"提供更好的服务。探索设置文化"走出去"服务办公室，畅通与在京使领馆、国际组织、国际采购平台等相关国际服务机构的沟通渠道,完善公共服务职能,保障企业"走出去"在各个环节高效通畅。充分发挥各类文化产业联盟等平台作用,建立产业资源网络式、枢纽型服务体系,推进文化企业"走出去"项目合作深度化、市场开拓精准化、业态层次多样化。

完善政策促进体系。进一步推动国家文化创新发展实验区、国家对外文化贸易基地等政策创新,探索外汇管制、人才出入境、对外投资、跨境贸易等各类政策改革试点,完善文化"走出去"的促进政策体系。实施文化"走出去"的"燕鸥计划",以在动物中具有"飞远冠军"之称的燕鸥为代号,遴选北京市具有国际市场拓展能力的文创企业,通过对其进行精准化的帮扶与支持,实现立足国际、以点带面、重点突破,推动具有"走出去"品牌及潜力的文创企业不断拓展国际市场,发挥示范引领作用。

加大资金扶持力度。积极支持重点文化企业、项目争取国家支持文化产业、支持"走出去"的各类政策引导资金。与国家进出口银行、亚投行等政策性、国际性金融机构对接,协助文化企业争取"两优贷款"等政策性金融服务支持。发挥文化创意产业发展专项资金的作用,建立文创资金向"走出去"的企业、项目、产品倾斜的支持机制,适度扩展"企业海外拓展奖励"的支持范围。发挥政府基金引导作用,适时设立文化产业"走出去"子基金,引入社会资本共同投资文化"走出去"项目,以市场化的手段解决重点"走出去"文化企业的资金瓶颈问题。支持金融机构创新服务,拓展海外项目融资担保服务,支持文化企业参加海外投资保险,将海外投资风险的代位求偿权引进文化企业。适度引进具有国际资本和国际业务的金融机构,为企业提供国际化金融服务。

搭建综合服务平台。搭建文化产品出口服务平台,促进具有"走出去"优势的相关文化企业合作成立平台型文化贸易服务公司,支撑文化企业"走出去"。打造文化"走出去"交易平台,强化国家文化贸易基地功能,探索文化"走出去"通关便利化措施,探索跨境电子商务线上监管模式。构建国际化文化产业营销平台,搭建国际性、专业化文化产品与服务交流平台,建立文化"走出去"宣传平台,加强与各类传播媒体的合作,加强对

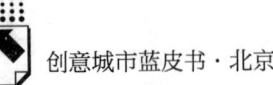

文化"走出去"专业园区、重点企业、重大项目、高端人才、创新技术、产品服务的宣传报道，不断提升文化"走出去"品牌。

拓展国际市场渠道。建立驻华使馆的联络机制，谋求国家相关部委支持，探索建立与"一带一路"国家、汉字圈层国家、新兴市场国家、发达国家等驻华使馆的常态化联络机制，加强政策沟通，大力推介文化企业及产品服务，积极开展不同层次的文化交流与合作。策划创办"走出去"专题活动，打造以活动为依托的高端国际市场拓展渠道。整合文化企业资源，完善翻译、版权等服务体系，建立针对不同国别市场拓展的渠道联盟，加大对各类联盟的精准化政策及服务支持，推动文化企业"走出去"。

加大人才引进培育。进一步完善人才政策，加快引进和培育文化领域的外向型人才，吸引海外文化领域领军人才，提升文化产业的国际化品质。用足中关村人才特区政策，探索建立与国际人才管理体系接轨，在签证居留、技术移民、金融支持、财税优惠、股权激励、社会保障等方面采取有效的措施，营造"类海外"创新创业环境，积极发挥国际人才在推动文化"走出去"中的重要作用。

B.19
基于产业链视角探讨北京数字创意产业发展的机遇与挑战

周 蕾*

2018年6月,为加快北京市文化创意产业转型升级,助力全国文化中心建设和构建"高精尖"经济结构,中共北京市委、北京市人民政府印发了《关于推进文化创意产业创新发展的意见》,指出要全面推动文化科技融合,打造数字创意主阵地,推进数字技术创新与文化创意产业有效衔接,体现了北京市委、市政府对提升文化创意领域"互联网+"创新发展水平的决心和态度。在美国、英国、日本等发达国家,数字创意产业无一例外是国家经济的支柱产业,北京数字创意产业的蓬勃发展,也必将成为地区经济稳定增长和文化创意产业引领区建设顺利推进的有效助力。

一 数字创意产业的内涵、特征和重要地位

数字创意产业是以信息网络为平台、数字化技术为工具、知识文化为资源、创新创意为动力的新经济活动,是深度融合文化科技及相关产业、以满足消费者心理高阶需求为出发点、引领消费模式转型升级的新引擎。按照2016年《政府工作报告》的解读,数字创意产业"主要包含网络文学、动漫、影视、游戏、创意设计、VR(虚拟现实)、在线教育7个细分领域",均在文化创意产业范畴内(见图1)。

---

* 周蕾,北京清研灵智文化传播有限公司首席运营官。

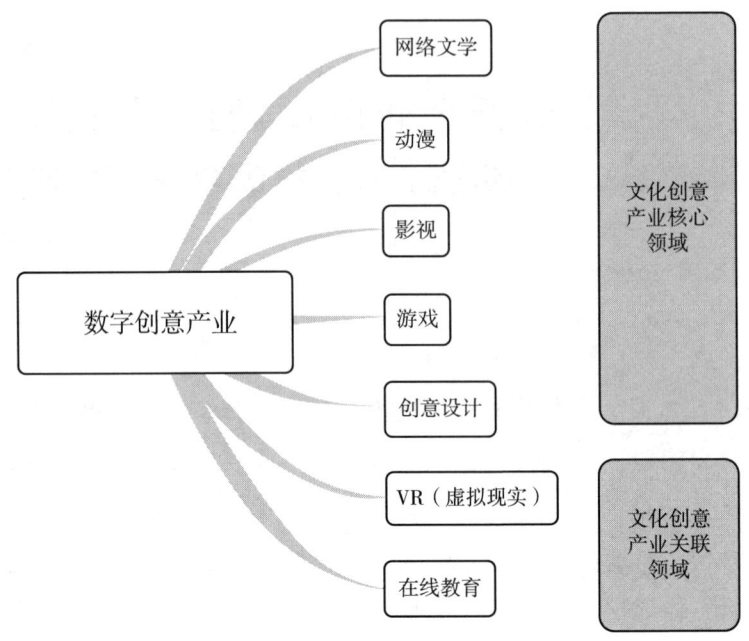

图1 构成数字创意产业主体的7个细分领域

从学术界对数字文化创意产业的更多阐述来看，数字艺术本身就是文化产业发展到一定阶段时发生的"间性转折"，即互联网平台的出现，使数字艺术在一定程度上得以消解传统艺术的主体交流壁垒，从而实现自我主体与对象主体之间平等共生的交流关系，这也就使数字创意产业具有"媒体间性""媒介间性""文本间性""创作主体间性""接受主体间性"等"间性"特征。①

另外，与传统创意产业相比，数字创意产业具有生产要素多元化、商业模式突破化、盈利模式高速化等特征。② 相较于文化创意产业的其他细分行业，数字创意产业对创意人才的依赖度更高，更重视在范式和实现手段上的

---

① 钟丽茜：《数字艺术诸"间性"特征初探》，《浙江传媒学院学报》2016年第2期。
② 丁文华：《中国数字创意产业的发展——在BIRTV 2017主题报告会上的演讲》，《现代电视艺术》2017年第9期。

突破式发展，这同时也使数字创意产业形成了独特的多级放大报酬递增盈利模式，令其发展速度和投资回报率远远快于和高于其他传统创意产业。

自国务院总理李克强在 2016 年《政府工作报告》中首次从国家层面提出"数字创意产业"这一概念以来，数字创意产业在全国范围呈现突飞猛进的发展态势。同年，在《"十三五"国家战略性新兴产业发展规划》中，数字创意产业正式被列为战略性新兴产业之一，目标是对标美国、英国、日本等发达国家，形成文化引领、技术先进、链条完整的数字创意产业发展格局，将其打造成产值为 8 万亿元的新兴支柱产业。2017 年 4 月，文化部发布《关于推动数字文化产业创新发展的指导意见》，定位目标为 2020 年我国在数字文化产业领域要处于国际领先地位，数字创意产业的重要地位不言而喻。

除了国家政策导向和支持外，以近两年益发兴勃的影视大数据产业为代表的文化创意产业数字化（数据化）发展，也从技术实践层面验证了数字创意产业的巨大发展潜力和美好发展前景。学者尹鸿曾指出，IP 概念崛起的根本在于 IP 用户群体在参与活动过程中，通过如阅读量、关注度、卷入度等数据指标所表现出的通用货币价值，这使无形的文化创意内容以有形的数据形式证明可以作为一般性商品进行流通交易。[1] 因此，在不久的将来，当数字技术实现与文化创意内容深度融合时，数字创意产业所能爆发的市场能量不可估量，而这也是其能够成为多个发达国家经济支柱产业的最主要原因。

二 数字创意产业链的发展现状和趋势

要想真正推进数字创意产业快速发展，必然离不开产业链的形成与完善。而数字创意产业链所指的，正是创意通过数字技术手段，从无形的概念、想法、理念转化为有形的文化创意内容和产品，再通过作品或商品的流

---

[1] 尹鸿：《IP 转换兴起的原因、现状及未来发展趋势》，《当代电影》2015 年第 9 期。

通和交易，实现由生产者向消费者的使用价值转移的完整过程。

横向来看，目前构成数字创意产业主体的7大细分行业领域的发展水平各不相同。其中，游戏和影视产业的发展一直处于产业领先地位，不论是产业结构的完整性，还是产品交易的流通性，都发展得相对成熟，接近或部分达到世界一流水平；网络文学、动漫产业发展较为平稳，并且具有自身特色，向上突破的空间较大，资本市场也较为看好；在线教育在过去几年发展迅速，但内部不同分支发展差距较大，与世界一流水平仍有一定差距；创意设计则是近年来逐渐被各方重视，同时受智能制造等关联产业的影响，进入飞速发展阶段；VR概念虽然一度十分火热，但受底层技术的限制，目前仍处于初级发展阶段，与世界前沿水平相比，还有非常大的发展空间（见图2）。

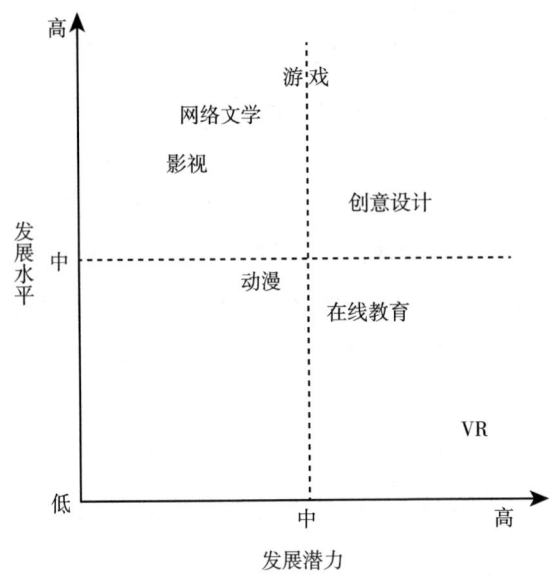

图2　数字创意产业7大细分领域的发展水平与发展潜力对比

纵向来看，作为产业结构的主要组成环节，内容创作者、内容生产平台、内容交易平台、内容消费平台和内容消费者5个主要参与方的发展水平也各不相同，并且各方之间的关联紧密程度与所面向的细分行业领域的发展成熟度密切相关（见图3）。概括来讲，细分行业发展越成熟，组成环节各方的关联紧密度也就越高。

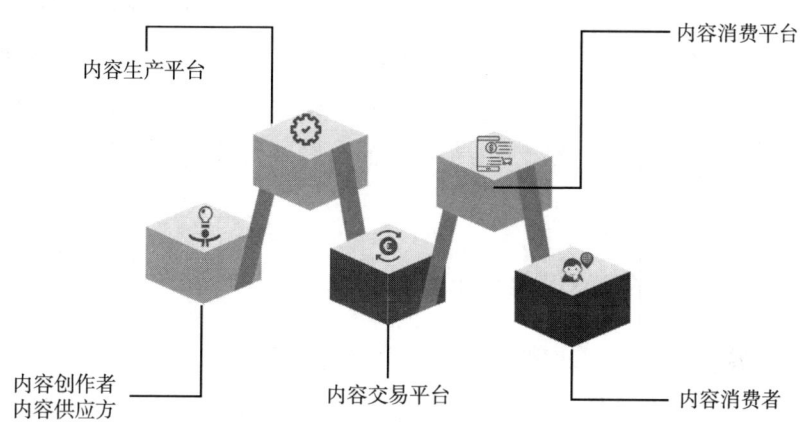

图3　数字创意产业结构的主要组成环节

（一）从"内容创作者"到"内容供应方"

作为数字创意行业的最初源头，内容创作者的内涵和外延都在不断扩大，从最原初的个体创作者发展为当下最流行的工作室概念，从自然人属性的创作者概念发展为包含IP、设计理念、软件技术等内容素材的可复制、可衍生、可自我指涉的生产资料属性的创作者概念。从某种程度上来说，一切可供数字创意产业发掘发挥的内容材料，都可以被称为"内容供应方"。

（二）生产、交易、消费的平台一体化

内容平台是通过数字技术手段为文化资源提供传播服务的重要媒介，也是数字创意从无形到有形的关键环节，还是数字创意产业实现产业价值的实质性的具体体现。受大数据、人工智能、云计算等技术手段和技术装备快速发展的影响，生产、交易、消费平台近年来越发呈现一体化的发展趋势，各类网络平台、应用软件甚至主题展会、主题商店（线上与线下皆

有）都在伴随着消费市场的扩张而不断发展壮大，同时又受资本驱动的影响不断进行内部的资源整合、重组和优化。在这一过程中，以腾讯、网易、完美世界、万达为代表的集团化发展渐成主流。考虑到自2016年下半年开始的资本寒冬，与海外市场同样表现突出的平台合并和产品收购案例，可以预见，未来数字创意产业的平台一体化发展趋势将更为明显，集生产承载、商品交易和产品消费于一体的内容平台也是产业集约化发展的内在要求。

（三）消费者需求细分和审美提升

作为数字创意产业的最终输出端口，内容消费者在过去的研究中往往被视为接受方而非产业链的一部分。但在近年来社交网络快速发展的影响下，消费者互动和意见反馈越发被各方所重视，甚至对内容生产开始产生直接影响，如养成类选秀的崛起和众筹式的造星运动。因此，笔者认为，在未来的数字创意产业发展中，消费者应当被视为不可或缺的产业链构成元素。在媒介分众化发展趋势下，消费者需求的表现也将更加精准细分，而全民审美培养也越发受到政府的重视，不断细分的消费需求和或主动或被动的消费者审美提升，都将对数字创意产业的发展走向产生重要影响。数字创意产业内容生产和商品流通过程见图4。

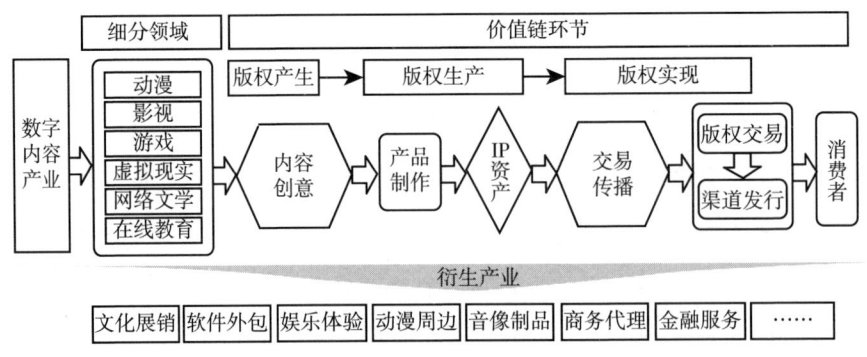

图4　数字创意产业内容生产和商品流通过程

三 北京数字创意产业发展现状及面临的问题

数字创意产业是科技和文化相互融合的高端产业。自2016年实施"十三五"规划以来，在中国互联网企业的带动下，中国数字化经济实现了飞跃发展，数字创意产业正在成为中国新一轮的经济增长点。作为全国文化中心的北京，坐拥"两院""985""211"等众多一流科研院校和研究院所，驻扎了腾讯、阿里巴巴、百度等一批引领移动、社交与电子商务行业技术的互联网巨头，并拥有完美世界、华谊兄弟、光线传媒等一批引领文化产业数字化革新的龙头企业，在技术和人才上有着显著优势，再加上近年来多个文化创意产业基金的相继崛起，为北京数字创意产业的快速发展奠定了科学基础，提供了技术保障、人才储备和资金支持。

（一）北京数字创意产业发展现状

1. 技术发展迅速

近年来人工智能和虚拟现实技术的突破式进步，极大地提升了情感感知等基础性技术的成长空间并加大了研发力度，让沉浸式体验、全息成像、裸眼3D、交互引擎等文化娱乐类数字技术得到了很大发展，为文化资源的数字化处理、文化创意的生产创作和内容服务提供了更多选择，也鼓励各类文化创意企业更多地运用数字创作、网络协同等技术手段提高内容生产效率。

2. 市场前景可期

在数字技术快速发展的大环境下，三网融合、大数据、云计算等技术的实现，提升了广播影视、艺术展演、文物保护等领域的数字化技术应用水平，丰富了数字文化创意的内容和形式，再加上《关于推动北京市文化文物单位文化创意产品开发试点工作的实施意见》等政策的出台，激发了全民文创众筹众包、传统文化资源开发、个性化文化服务等方面的创新活力，开拓了文化创意消费新领域。

3. 数据信息集聚

北京逐渐形成了以企业为主体、投融资和创业服务为内容、产学研用相结合的文化创意生产方式，协调建立了北京市文化创意产业的统计监测体系。2013年，在数字化技术的加持下，北京市文化创意产业领导小组办公室、北京市文化创意产业促进中心构建了"北京文化创意产业综合信息服务平台"，推进创意产业知识产权保护，建立公共技术服务、产权交易、中介服务平台。

（二）北京数字创意产业面临的问题

北京数字创意产业的发展已具备一定的基础，有着良好的发展势头，但仍然存在众多困难与问题。

1. 管理模式创新不足，多头管理互相掣肘

数字创意产业的发展，需要良好的文化生态环境，产业良性发展需要政府通过制度安排给予保障。但从北京目前在文化创意产业或数字创意产业的政府管理模式来看，管理思维还没有完全从"办文化"的管理模式中脱离出来，行业指导和协会管理能力较弱，对社会资本兴办的文化企业监管乏力。另外，由于数字创意产业分属文化、科技、信息、新闻、广电等多个部门，产业多头管理机制协同不易，甚至存在管理重叠和利益分割的问题，使得部门之间互成掣肘之痛。

2. 数字创意人才不足，原创产品开发乏力

人力资源要素是数字创意产业发展中最重要的生产要素，而北京数字创意产业人才明显短缺。根据发达国家文化创意产业的发展经验，纽约的从业人员占工作人口总数的12%，伦敦的占比达到14%，东京则超过15%。[①]但根据北京市统计局发布的2018年1~6月规模以上文化创意产业情况统计数字，文化创意产业从业人员数量为130.7万人，占同期全市法人单位从业人员总数的11.9%，其中"软件和信息技术服务""设计服务"两大数字创意核心领域的从业人员数量为82.1万人，仅占同期全市法人单位从业人

---

① 向勇、李天昀：《国外文化产业发展的主要模式》，《时事报告》2011年第10期。

员总数的7.5%，与国际一流文化创意城市还有一定差距。人才匮乏的直接影响就是原创产品太少，企业核心竞争力不足。

3. 产业链发展尚不完善，企业竞争受到制约

在英、美、日、韩等国，数字创意产业的产业链发展趋势已经十分明显。以动漫产业为例，从漫画、剧集、电影到真人电影、衍生品乃至主题公园，已经形成了非常完整的流程化、系统化的生产和经营模式，很多项目从创意开始就启动了产品开发和全链拓展，动漫作品一经问世，与之相关的书籍、游戏、玩具、食品、服饰等也会相继推出。目前，在英、美、日、韩等国，衍生品的产值占比一般可以达到55%~70%，远高于核心产品本身的市场收入。北京虽然坐拥众多动漫影视公司，但多局限于制作发行环节，关联产业发展迟缓，存在明显断裂，企业收入因此受限，再加上生产流通各个环节又要亲力亲为，往往导致企业难以承受协调各方资源的巨额成本，不仅影响了企业自身的发展，而且无法形成健康良性的产业链。

四 基于产业链视角对北京数字创意产业发展的一些思考

文化与科技融合是北京实现文化创新、科技创新"双轮驱动"战略的重要途径，也是北京数字创意产业发展、资源整合的重要途径。在不断完善数字创意产业链建设这一过程中，北京要持续优化产业环境，不断完善创新载体，加速推动业态集聚，重视培养龙头企业，持续提升品牌形象。同时，国家正在文化领域不断开放外资准入空间，北京也需要直面全球数字创意产业快速发展带来的国际化挑战。

（一）政策打底，积极开发文化资源

北京历史文化传统悠久，文物古迹遗存丰富，在"一核一城三带两区"全国文化中心建设要求中，针对历史文化名城保护和三条文化带建设给出了指导意见。同时，《关于推动北京市文化文物单位文化创意产品开

发试点工作的实施意见》《关于保护利用老旧厂房拓展文化空间的指导意见》等文件的出台,特别是其中的"文创开发净收入的70%可用于奖励开发人员""可从市政府固定资产投资中安排资金补贴"等条款,表明了政府对文化创意创新、文化资源开发的支持和激励态度。在这样的政策环境支持下,以"数字故宫"为代表的数字文化创意项目和产品会获得更多发展机会,相关文化科技企业也会有更为充足的市场信心。对此,北京应做好产业环境建设,通过鼓励龙头企业创意变现,激发中小企业的创新活力和个体创意工作者的创作热情,在数字创意领域尽快形成如"北京礼物"一类的区域品牌概念,做好以北京概念为核心的数字创意文化产品的海外输出。

(二)政企合作,加强知识产权保护

知识产权保护是文化创意产业生产和存在的基础,相较于传统的文化产品,数字信息产品更易复制,复制成本几近于零。因此,对数字创意产业需要更加强调知识产权保护,以保障创意主体的合法权益,激发企业创意创新活力。2017年北京更新了《文化创意产业分类》地方标准,从产业链角度界定了文创产业的概念,强调了知识产权的重要性。近年来北京不断加大打击盗版和非法出版的力度,规范行业秩序,对文化创意产业市场侵权现象起到了一定的打击效果。同时,在网络视频、网络音乐、网络文学等行业领域,以腾讯、阿里巴巴、网易等为代表的互联网企业也越来越重视版权保护,不仅积极参与政府主导的版权保护工作,而且开展了大量的自主版权维权工作。2018年6月北京市委、市政府印发的《关于推进文化创意产业创新发展的意见》再一次强调"加强知识产权保护和运用,扩大文化产品和服务的有效供给",为优质版权资源集聚、交易、增值提供了政策支持。完整的版权经济链条一旦形成,将对数字创意产业链发展带来极大助力。

(三)产研结合,深化文化科技融合

数字创意最大的特色就是在文化内容和艺术形式上突破了载体及空间的

限制，让文化创意生产更加高效，传播更加便利。文化与科技相辅相成，是数字创意产业发展的重要支撑和动力引擎。在这一方面，国际经验通常以产研相结合的方式为主，重视运用企业力量，注重激发企业活力。北京拥有中关村等众多科技高地，在科研资源和科技企业方面具有显著的引领优势和深厚的文化氛围，对于积极催生数字创意产业的新业态具有非常积极的推动作用。当前，基于互联网技术的迅速发展，直播、虚拟现实、全息成像等先进科学技术在泛娱乐文化领域已经形成了有效的市场消费模式，而5G、区块链等新兴技术的实际应用转化也提上日程。北京要更多地推动产研空间集聚和项目联合，促进文化与科技深度融合，推进数字技术创新与文化创意产业有效衔接，发展"高精尖"文化装备，推动大数据、云计算、人工智能等先进技术在文化创意产业的深度应用，进一步提升文化产业各领域的数字化、智能化、网络化水平。

（四）市场驱动，打造基于互联网的新型文化商业模式

自"互联网＋"概念提出以来，中国社会经济的变化之大有目共睹，由此产生的新兴文化商业模式和产业业态主要是由腾讯、阿里巴巴、百度等互联网巨头在文化产业地盘扩张过程中逐渐形成的。例如，文化投资类项目阿里娱乐宝、文化电商类项目爱奇艺泡泡、文化社群类项目腾讯doki，都是在这一轮"互联网＋"热潮中诞生的新型数字文化创意产品，其主控公司或产品部门均在北京。此外，北京还有很多互联网型文化企业，在企业或项目创立之初就利用互联网思维、技术和平台做文化产业，从一开始就实现了数字科技与文化产业的深度结合。该类企业具有与生俱来的互联网基因、强大的互联网技术以及专业的网络技术服务平台，能够为数字创意产业项目提供全新的商业盈利模式和创新发展的新产业链形态，如快手、喜马拉雅等。

（五）资本助力，加大数字创意技术研发力度

在技术层面上，与国际一流的互联网公司如谷歌、亚马逊、苹果、网飞

等相比，中国的企业更多地处于跟随发展阶段，原创研发技术较为薄弱。自2012年以来，我国文化产业一直保持高速增长，但数字创意产业一直未出现在国家统计局的统计分类中，由此造成了统计滞后，无法准确评估产业发展水平，也难以与国际发展水平进行精准比较。但从上市企业表现来看，无论是金额还是占比，国内龙头企业在技术研发上的投入都远不及欧美公司。对此，北京可以通过股权运作、基金投资、培育孵化等方式扶持战略性新兴产业企业，如旷视科技、APUS，对技术创新实力较强的"独角兽"企业加速进行融资与上市辅导。但同时还需要支持金融机构为数字创意产业提供更加完善的金融服务，并加强金融监管，防止数字创意产业的资本泡沫过快、过速挤压破裂。

B.20
北京乡村地区创意旅游发展研究[*]

田彩云 郭心义 刘 洋[**]

随着人们旅游观念的逐步成熟，人们的旅游需求发生了升级，旅游活动形式也呈现个性化和多样化的趋势。北京乡村地区原来单纯的观光休闲旅游方式也发生了变化，开始利用创意手段开发乡村旅游资源，发展乡村创意旅游，以更好地满足人们日益增长的文化需求。文化与旅游的创意融合，可以提升旅游品质和档次，促进乡村旅游目的地持续协调发展。

一 北京乡村地区创意旅游发展的背景

（一）国家宏观政策的引领

我国乡村地区发展旅游一直得到国家政策的大力支持。"十一五"规划提出要把建设社会主义新农村作为现代化进程中的重大历史任务。2006年被定为"中国乡村游"主题年，提出要更好地发挥旅游在"社会主义新农村"中的优势和作用。随后国家提出"旅游扶贫"等一系列政策要求。旅游业"十三五"规划指出乡村旅游要坚持个性化、特色化、市场化发展方向，促进乡村旅游健康发展。同时还指出要以创新推动旅游业转型升级，推

---

[*] 本研究获得北京市哲学社会科学规划项目（15JGB112）和北京联合大学社会科学类校级项目、人才强校优选计划（BPHR2017CS14）资助。

[**] 田彩云，北京联合大学旅游学院，博士、教授；郭心义，北京农业职业学院，硕士、副教授；刘洋，圣露庄园品宣部经理。

动旅游业从资源驱动和低水平要素驱动向创新驱动转变。这些政策为乡村地区发展创意旅游提供了强有力的政策支持。

（二）人们消费需求的升级

随着乡村旅游产品的不断丰富和人们消费水平的提高，特别是随着人们旅游观念的成熟，城市居民对乡村旅游产品档次、质量、品牌的要求越来越高，客观上要求旅游品质的提升。现今人们去乡村旅游，已经不再满足于旅游观光、休闲、参与和体验等一般性的需求，人们亟待观光游、民俗游、节庆游等旅游产品转型升级。人们更追求旅游产品的深层感知和文化体验等。北京乡村地区发展创意旅游可以提高旅游产品的文化含量，使旅游者产生文化共鸣，并获得富有文化内涵的创意旅游体验，提升旅游者的消费层次和水平。

（三）产业融合的驱动

社会经济和技术的发展使现代产业呈现交叉融合的发展趋势。乡村创意旅游是旅游业、农业和文化产业相互融合的产物，是农业和文化旅游业横向交叉所形成的一种新型业态。乡村创意旅游的发展不仅会成为北京旅游业产业波及效应不断发挥作用的有效手段，而且将有利于促进北京乡村旅游由观光休闲游向文化与旅游相结合的深度体验游转型，从而带动旅游服务接待能力的大幅提升，满足旅游者的新需求。

（四）乡村资源的外延拓展

社会的发展和人们需求的变化促使人们从新的视角来认识和利用各种乡村资源，乡村资源的外延也因此得以拓展。如今，乡村资源已不再仅限于自然风光、田间采摘、山水人家和农家餐饮等形式，借助现代高新技术，依靠创意工作者的智慧，对乡村资源加以提升和再创造，实现乡村资源不断创新的重要突破，不仅可以拓展乡村资源的功能，实现乡村资源附加性的有效利用，而且可以为社会公众提供独特的文化体验。

（五）创意旅游发展的国际影响

创意和文化是人类行为的一种动态力量，技术变革的深入会加速文化艺术与旅游业的创意融合。欧美、澳大利亚、新西兰、日本、韩国、新加坡、中国台湾等一些国家和地区率先将创意理念融入旅游发展中，通过发展创意旅游很好地满足了游客的需求，并创造了很大的社会效益和经济效益。在我国，越来越多的地区认识到发展创意旅游会带来资源利用的转型和产业的发展，也开始积极推动文化创意产业和旅游业的融合发展。

二 北京乡村地区发展创意旅游的基础

（一）丰富的乡村资源和深厚的文化

独特的自然景观和人文文化是发展乡村旅游的灵魂。北京乡村地区具有优美的自然景色，如人们进行农业生产和生活活动所依赖的土地、山水、树林、花卉和生物等，也具有劳动人民辛勤劳作所展现的人与自然的和谐之美、欢快之美，还有各式的乡村人居环境、古村落、乡村民俗文化、农村和农业文化、节庆文化等，这些资源和文化都可以成为创意旅游的基础条件，开发形成一系列既能有效保护和传承，又能彰显现代特色的创意旅游产品。特别是蕴含在劳动人民日常生产和生活中的传统文化，经过创意，可以给旅游者带来"原真性"体验。

（二）巨大的市场需求和潜力

从北京旅游市场情况来看，2017年，北京市旅游业继续保持平稳发展，实现旅游总收入5469亿元，同比增长8.9%；接待游客总人数为29746万人次，同比增长4.3%。国内旅游总人数为29354万人次，同比增长4.4%。外省来京旅游和北京市民在京游两个市场均保持了稳定增长态势。其中，外省来京旅游人数为17924万人次，同比增长4.7%；人均消费2607元，同比增长4.5%。北京市民在京游人数为11430万人次，同比增长4%；人均消费393元，同比增长4.8%。① 由此可知，北京乡村旅游市场具有广阔的市场需求。另外，京津冀一体化建设、人们经济实力的增强和市民对乡村旅游产品的偏好，为北京地区发展创意旅游奠定了良好的市场基础。

（三）旅游供给主体的内在驱动

北京乡村旅游有多种发展模式，如政府主导、市场主导、乡村社区主导等，这些供给主体在创意旅游需求的大浪潮中都会产生创造创新的内驱力。在保护资源的前提下，积极进行旅游产品的创意开发，设计有创造力、吸引力的产品，使旅游环境处处彰显创意和文化，以更好地满足人们对丰富而深刻的创意旅游产品的需求，实现旅游的可持续发展，创造良好的经济效益和社会效益。

（四）旅游配套要素的支撑

近年来，北京乡村地区以旅游者需求为导向，除了开发特色旅游产品外，还大力加强与旅游相关的旅行社、饭店、餐厅、娱乐场所的建设，完善交通、通信等基础设施，基本形成了能够满足游客一体化需求的具有一定规模和水平的产业体系。特别是京津冀一体化交通规划网络建设，以及京津石城际铁路的开通、高速公路的运行，将为北京乡村创意旅游的开展提供极大的便捷。

三 北京乡村地区发展创意旅游的基本思路

（一）将人文文化传承保护理念贯穿到乡村创意旅游发展中

北京郊区地域广阔，乡村文化资源丰富，郊区不仅拥有7处历史文化保

---

① 《全年旅游收入增长8.9%》，中商情报网，2018年2月28日。

护区，而且有地下文化埋藏区、历史文化村落、非物质文化遗产资源等品位和级别较高的旅游资源。此外，还有各类自然保护区、风景名胜区、森林、湿地和地质公园等，具有深厚文化内涵的农业文化、民俗节庆文化、自然山水文化分布在各个区县。这些特有的资源和文化是中华民族文化的精华，是旅游吸引力的重要来源。在发展创意旅游时，文化创意要以保护乡村资源、传承人文文化为前提。脱离其特有的人文文化内涵进行乡村旅游创意开发，将使乡村旅游发展失去灵魂。因此，应将人文文化的保护和挖掘置于核心地位，尽力维护人文文化内涵的真实性和完整性。

（二）将注重旅游者文化体验的理念贯穿到乡村创意旅游发展中

旅游本质上是以一定的旅游资源为凭借，以旅游设施为条件，为旅游者提供一种离开惯常居住地的经历。旅游者到乡村创意旅游地游历，更多的是想获得特定自然或人文环境下的精神满足。北京乡村地区展现了乡村居民朴实的生活和生产活动，是旅游者感受和体验农业文化和农业生活的独特天地。人们到乡村地区旅游，渴望通过视觉、味觉、嗅觉、听觉等多种形式体验乡村居民原真的生活和文化。

这就需要在创意旅游开发和发展过程中，通过设计场景和活动，开发展示性和参与性相结合的旅游项目与文化活动，形成具有一定文化内涵的体验性旅游产品，为旅游者提供文化体验。同时，旅游者也是生产者、文化创意的实践者和发展者，因此应注重设计能让旅游者参与实践的体验项目，实现创意性的合作生产。

（三）以挖掘乡村资源价值的理念进行创意旅游开发和发展

北京乡村地区旅游资源丰富，但目前存在资源文化挖掘和创意设计不足的问题，直接影响了旅游者的游览质量。要在对乡村地区古村落、民俗仪式、山形水系等进行调研论证的基础上，结合旅游者的创意旅游需求，将核心文化进行创作、创造和创新，并创设有形载体进行展示和传播，以更好地体现其文化价值。另外，可借助景观、建筑和空间等要素，对乡村地区的整体风格进行主体形象布置和意境氛围营造，释放文化活力，形成创意成果的核心价值，让旅游者学习并体验乡村地区的文化、艺术、传统、遗产及生活方式。

（四）以环境优化和绿色发展的理念进行创意旅游开发和发展

以循环经济理论为指导，牢固树立"绿水青山就是金山银山"的理念，将绿色发展运用在创意旅游开发、管理和服务的全过程，形成人与自然和谐发展的局面。通过清洁生产、资源和能源的循环利用、绿色旅游活动的开展、环境友好型活动的构建等途径，探索污染少、资源利用合理、经济效益高、社区和谐发展的乡村创意旅游循环经济发展新模式，最大限度地减少或消除乡村创意旅游对环境造成的直接或间接的负面影响，实现旅游经济增长方式从粗放型向集约型升级，从而实现京郊乡村旅游可持续发展。

四 北京乡村地区创意旅游发展的典型案例

北京乡村旅游兴起于20世纪90年代后期，历经自发发展、数量扩张、规范发展阶段。自2007年开始，北京市力促乡村旅游的结构优化与品质升级，完成了《北京市乡村旅游产业发展规划》的编制工作，创新乡村旅游新业态，同时进行了乡村创意旅游策划和实践，如通州区宋庄镇、昌平区下苑画家村等，这些区域将创意产业与乡村旅游有效结合起来，丰富了乡村旅游产品内容，增强了乡村旅游地的吸引力，是乡村旅游发展模式的重大创新，取得了较好的发展效果。

（一）北京密云古北口镇"紫海香堤"创意旅游

1. 基本概况

"紫海香堤"香草庄园（以下简称香草园）位于北京密云古北口镇汤河村，是一个集养生、度假、休闲、体验、艺术创作、婚纱摄影、影视拍摄于一体的现代创意农业旅游区。香草园距北京120公里，与中国长城之最——

司马台长城毗邻。园区总面积约为 300 亩，培育香草近 200 种，花期最长的可达 8 个月，主要以四季薰衣草、马鞭草、洋甘菊等为主，是北京市规模最大、品种最全的香草植物园。自 2008 年 9 月正式对外营业以来，吸引了大量游客的到来，在市场上具有较高的认知度和美誉度。[①]

2. 创意旅游设计

香草园根据纬度相近区域气候环境相似的原则，选择了与密云处于相近纬度的法国普罗旺斯进行考察。普罗旺斯以种植薰衣草闻名。在实地考察和试验田种植成功后，香草园最终选定香草为主要种植物。加之园区与司马台长城毗邻，因此提出"长城脚下的普罗旺斯"作为旅游吸引物。整个园区以"爱情"为主题，形成了一个集现代创意农业、情景式休闲度假和浪漫生活体验于一体的创意旅游体验区。

香草园以新婚夫妇、情侣、摄影爱好者、写生画家及中高端休闲体验的消费群体为客源，依托异域浪漫的香草园区，与古老的司马台长城、淳朴的古北口乡村资源相结合，打造了一系列具有时尚浪漫创意的独特旅游体验项目，很好地满足了这部分人群追求个性、时尚、浪漫的需求，丰富了休闲农业的内涵。香草园的创意旅游产品包括农业生态观光、香草休闲体验和浪漫爱情体验。

（1）农业生态观光。香草园拥有无垠的香草田、安静的汤河水和茂密的金山林，骑一辆自行车或徒步，行走在庄园的小路上，走进薰衣草世界，一眼望去，田地中垄垄种满了不同品种的薰衣草，羽叶薰衣草、狭叶薰衣草、齿叶薰衣草和甜蜜薰衣草，不同的花朵不同的味道。薰衣草世界大片紫色花海，非常雄伟壮观。远山近水，紫海蓝天，花香鸟语，让游客领略农业之美，感受生态的气息。

（2）香草休闲体验。香草园打造了风格各异的香草主题画面：典雅的装饰风格的香草画廊；香草 DIY，让游客亲手制作香草茶、香包、香皂、蜡

[①]《北京紫海香堤香草艺术庄园》，百度百科，https://baike.baidu.com。以下有关"紫海香堤"香草庄园的相关资料均为笔者调研和网络资料。

烛等；写生坊，一个画板、一张画布、五彩颜料，在画师的指导下画下您最美丽的"紫色记忆"，或者请画师为您留下照相机以外的独一无二的"紫色留念"；香草大讲堂，让游客了解香草的起源、应用、寓意、典故与传说；香草园环游，游客可以认知香草、感知香草。

（3）浪漫爱情体验。香草园为新婚夫妇、恋人设计了各式爱情体验场景和活动，如爱情墙、爱情渠、星座爱情柱和香海小木屋等，通过这些有形的创意产品让游客体验纯洁的爱情，体验爱的永恒，憧憬未来的幸福生活。游客在此可以体验超越现实童话般的浪漫氛围，感受喧嚣之外的二人世界，让爱最美好的瞬间定格，让爱的承诺留存。

（二）北京朝阳区崔各庄乡"圣露庄园"创意旅游

1. 基本概况

北京圣露庄园（以下简称圣露）位于朝阳区崔各庄乡，靠近一号地艺术区、赛特奥特莱斯、观塘别墅区，且紧邻京承高速，是距离北京市区最近的创意旅游园区。圣露总面积为540亩，种植葡萄220亩，绿化以及基础设施用地面积达到180亩，私家农场面积为60亩。另外，庄园还配套建设了1000平方米的中餐厅和800平方米的西餐厅、1000平方米的湖心酒窖和700多平方米的酿酒车间。自2008年开始，历时9年，圣露投入大量资金将一片无水无绿荫的石荒之地完美蝶变成一个碧草如茵、水脉盎然的生态庄园。圣露以其庄园式、花园式的情景，优美自然的景观体验感受以及浓厚的国际文化艺术氛围吸引了大量游客，获得了较多的市场品牌和较高的收益价值。

2. 创意旅游设计

圣露作为中国科学院葡萄试验与示范基地，独家首次培育220亩北玫、北红两种具有自主知识产权的酿酒葡萄，同时配备有湖心酒窖和酿酒车间，因此圣露以体验葡萄种植、葡萄酒酿造为主题，未来的发展愿景是携手全球酒庄红酒，打造世界葡萄酒体验中心及世界葡萄酒贸易平台。同时，引入TOP 100艺术家、创意家、设计师，打造以国际化视野、绿色生态和创新创意经济为核心竞争力的文化创意产业综合园区。

目前圣露以"田园、生态、科技、文化、创意"为核心理念，大力发展自然景观与文创艺术相融合的生态庄园型创意旅游，多元的经营让不同年龄的人群在这里可以享受到不同的旅游体验，获得身心的满足。圣露主要的创意旅游产品包括农业生产生活体验、酒文化学习体验、艺术文化交流体验和绿色生态体验。

（1）农业生产生活体验。占地220亩的葡萄园区和占地60亩的私家农场，主要种植葡萄、蔬菜等农作物。旅游者可参与葡萄藤的种植和养护，可亲手采摘成熟的葡萄，体验酿造成酒的过程，感受身体力行的乐趣，体验劳作丰收的喜悦。也可在60亩的有机农场体验田园生活，亲手种植、采摘并参与农事耕作的全过程，品尝亲手种植的蔬果，也可以在此学习插花、手磨咖啡、品茶阅读、静思冥想。

（2）酒文化学习体验。旅游者可以在此学习葡萄酒相关课程，了解每一瓶酒的酒精含量，也可尊享湖心酒窖中酒龛的使用权，并有专业侍酒员帮顾客精心打理和提供最妥帖的服务，大家可以在此交流学习葡萄酒文化。

（3）艺术文化交流体验。圣露通过举办文创会展、影视拍摄、企业聚会、奢华派对、明星厨房和高端餐饮文化体验，开展多元化的文化交流活动。2014年，圣露成为"第十一届世界葡萄大会"分会场。作为中国唯一的酒庄代表，圣露接待了来自世界上178个国家的500位外宾。

（4）绿色生态体验。圣露秉承回归自然、保护生态、美感生活之理念，环保和可持续是圣露运营发展的核心。游客可以在用堆肥及腐叶改良的土壤上体验种植的乐趣，而且不喷洒任何化学药剂。蔬菜成熟后，圣露将60亩菜地转化为超市，让游客亲手采摘、烹煮，享受绿色美食。游客可以利用纯天然发酵的苹果酵母制成的老面，配上柴烧果木的清香，制作不放任何添加剂的天然面包。游客还可以在亲手叠起的小土窑上以园区修剪下来的果木为薪，闷烧烹调有机无农药蔬果。游客在此可以体验一个安全、健康的生态之旅。

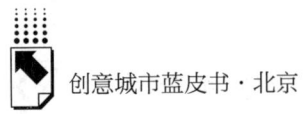

五 北京乡村地区发展创意旅游的对策建议

北京乡村地区发展旅游有助于提高乡村经济的贡献率，提高村民收入，缓解污染问题，解决农村就业。近年来兴起的创意旅游能够极大地提高乡村旅游的竞争力，带动旅游产品转型升级，为传统的乡村旅游注入新的活力。因此，北京乡村地区要着力用文化创意激活旅游资源的潜在价值，实现文化创意对旅游产品的重塑，对旅游产业链的渗透、辐射和增值，用文化创意引领北京乡村地区旅游业的发展。

（一）用创意挖掘旅游资源，创新旅游产品

北京乡村地区旅游资源丰富，乡村的饮食、服饰、风土人情、节庆、田园文化和农耕文化等，涉及社会和生活的方方面面，但这些资源的开发如果仅停留在农田漫步、住农家院、吃农家饭、田间采摘等观光游览及初级体验层面，实际上人们很难通过旅游获得真正的乡村文化的体验。因此，要对乡村旅游资源进行挖掘、整理和重塑。通过创意，将文化赋予旅游资源。在挖掘整理时，要突出乡情、乡俗、乡韵和乡愁的核心文化价值，同时借助有形的载体、无形的服务和乡村风貌以及可听、可感的体验展示传递核心文化。在用创意创新旅游产品时，要注意保留和传承文化的内核，不能肆意夸大和虚构，同时也要注意文化内涵的提炼和丰富，既要对既有旅游资源进行原真呈现，又要做深层的探索创新，通过主题设计、分层展示和系统优化，并采用协调、烘托、剪裁等创意手法，借助高科技和创意工作者的智慧，对旅游资源进行提升和再创造，创造出层次性、系列化和高品位的乡村创意文化旅游产品。

（二）以旅游环境优化促进乡村创意旅游的发展

乡村与周边环境应该是一个外观协调、功能和谐的整体。在乡村创意旅游产品开发过程中，也要特别注意旅游环境的优化。北京部分乡村，建筑老

旧，残垣断壁，乱搭乱建，道路等基础设施落后，导致乡村空间凌乱不堪，但这些建筑和村落又有独特的纯朴和文化气息。在未来创意旅游发展的过程中，要在保留原貌的基础上进行空间的改造和文化的塑造。同时，要注重周边环境及区域的协调和过渡，打造成吻合地域、具有文化特色，并有市场需求的创意旅游区。另外，要做好旅游卫生和旅游交通等方面的环境优化，提高旅游品质。

（三）出台相关优惠政策和鼓励措施

乡村是建设美丽中国的重要区域，是中华文明的发源地。党的十九大报告提出实施乡村振兴战略，并将乡村振兴战略列为七大战略之一。持续推进乡村旅游，是全国实施乡村振兴战略的重要保证。国务院机构改革方案公布，将原文化部、原国家旅游局的职责整合，组建文化和旅游部。乡村旅游没有文化做支撑将失去灵魂，创意是将文化转化为旅游的重要途径。面对现今乡村旅游存在的诸多问题，政府可以制定优惠政策，吸引文化、艺术和科技人员扎根北京乡村创意创业。同时，投入专项资金和社会力量，着力解决乡村旅游道路、停车场、旅游厕所和标识等公共设施建设问题。持续开展乡村旅游带头人培训，引导他们打造原生态的生活形态，向创意旅游发展。

B.21
京津冀影视基地联动发展路径探析*

丁 宁**

京津冀协同发展战略为三地影视基地的发展提供了契机。京津冀三地影视基地的发展建设亟待在地域、资源、人才、产业、文化等层面形成联动，实现协同发展，建构具有地域特色和国际影响力的"一体化"的产业链和产业集群。

自1987年央视无锡太湖影视基地建成以来，国内影视基地数量目前已经超过1000家。近年来，文化产业在整个国民经济中发挥着越来越重要的作用，其地位不断上升，影视行业发展势头强劲，逐渐成为文化产业整体发展中最具活力的部分，具有产业集聚效应的影视基地建设进入新的文化、经济环境，面临新的机遇与挑战。

京津冀三地目前在运营影视基地有40多个，其中影响力较大的包括中国（怀柔）影视基地、涿州影视城。在北京强化"四个中心"功能建设及京津冀协同发展重大国家战略的推动下，京津冀三地影视基地发展建设亟待突破零散化、同质化局面，构建三地联动发展新格局。

一 区域联动

京津冀协同发展要围绕北京的城市功能定位，充分发挥北京的辐射带动作用，使三地作为一个整体协同发展，打造以首都北京为核心的世界级城市

---

* 本报告系北京市社会科学基金项目"基于大学生群体的京津冀电影文化消费空间研究"（项目编号：17YTC031）阶段性成果。
** 丁宁，北京信息科技大学公共管理与传媒学院网络与新媒体系主任，副教授。

群。北京"四个中心"功能定位之一是"文化中心",北京市的文化创意产业一直保持高速增长并逐渐成为仅次于金融业的国民经济支柱性产业。影视产业是北京文化创意产业的龙头,北京作为全国广播影视创意策划、制作生产、宣推发行、国际传播的中心,影视机构总量、产业规模和产量居全国第一①,北京也在朝着"东方影视之都"的目标前进。

  影视基地是影视产业链中的重要一环,在北京市文化创意产业布局中,影视基地建设一直是重要的内容。随着首都城市战略新定位及北京创意文化产业的转型升级,集约化及京津冀协同发展成为新走向。《北京市"十三五"时期文化创意产业发展规划》提出,要根据各区资源禀赋和比较优势,形成各区梯次演进、有序衔接的发展格局,其中中国(怀柔)影视基地是"十三五"时期重点建设的影视产业功能区,已经成为首个国家级影视产业示范区。《北京市文化创意产业发展指导目录(2016年版)》指出,因为占用过多的土地资源及劳动密集型产业特征明显,北京市将禁止新建和扩建一般性的外景拍摄基地,但中国(怀柔)影视基地除外。为配合北京限制性政策的出台,在相关部门的协调统筹下,京津冀三地外景资源已经开展相关区域合作,走错位发展之路,以满足影视机构的拍摄需求。就目前而言,中国(怀柔)影视基地已经成为北京建设影视之都的主要承载地,其辐射力和影响力日益扩大,而北普陀影视城、八一影视基地、飞腾影视城在北京文化产业布局中的地位并无优势可言,中国(怀柔)影视基地一家独大是北京文化创意产业集约化、规模化发展的必然。

  自2014年京津冀协同发展战略提出后,京津冀三地在经济、文化等各层面积极探索跨区域协同发展,文化创意产业在京津冀协同发展中具有重要的引领和支撑作用。随着北京市对影视外景拍摄基地新建和扩建的限制,天津、河北成为影视基地建设的新空间区域。一方面,北京与河北展开影视基地共建项目。2015年底,河北唐山的曹妃甸区人民政府与东方梦蝶(北京)

---

① 《北京市影视机构总量和产业规模稳居全国第一》,中央人民广播电台网站,2018年4月18日,http://ent.cnr.cn/ylzt/2018bjdyj/kx/20180418/t20180418_524203010.shtml。

国际文化传媒有限公司开始合作共建大唐曹妃园影视基地。2017年底，为加快京津冀影视产业协同发展，北京市新闻出版广电局与河北承德市人民政府签约共建北京（承德）影视产业基地，双方将通过引导资金、优惠政策和重大项目对接等方式，共同推进两地影视行业资源整合、产业转型升级，促进北京和承德影视产业的协同发展，力争把北京（承德）影视产业基地打造成具有广泛影响力和品牌号召力的影视基地。[①] 另一方面，天津、河北两地在承接非首都功能疏解过程中积极发展影视文化产业。2017年，天津滨海新区中心商务区管委会正式发布《关于促进影视文化产业发展的意见》，已选址3000亩用地筹建距离北京近、规模大、品质高的保税影视拍摄基地。

随着京津冀文化协同发展的深入，三地在影视取景、影视拍摄、后期制作、影视旅游等方面的跨域合作将越来越密切。京津冀影视基地的区域联动发展有利于三地影视产业拓展新的战略空间，共建共享互补式发展格局，进一步拉伸影视产业链条，建成全国最全产业链基地。

二 资源联动

京津冀影视基地的协同发展，在一定程度上是对三地影视基地资源和发展诉求的重新厘清与整合。目前，北京大大小小的影视基地超过20个，包括中国（怀柔）影视基地、八一影视基地、北普陀影视基地、平谷飞龙影视基地等；天津区域内所属影视基地较少，以天津小站影视基地、天津华强3D立体影视基地等为主；河北省影视基地主要包括涿州影视城、鸡鸣古驿影视基地、卧牛山影视基地、张家口怀来天漠影视基地、易县战国影视基地、白洋淀影视基地、香河国华影视基地、黄帝城涿鹿影视基地、正定荣国府。这些现存的影视基地发展程度不一，只有中国（怀柔）影视基地朝着专业功能聚合型的国家级影视基地目标迈进，其他影视基地在定位、运营、

---

① 袁云儿：《北京与承德共建影视产业基地》，《北京日报》2017年12月11日，第3版。

规模、影响力等方面差距较大。整体而言，京津冀三地现有影视基地资源尚存在零散化、同质化、粗放型发展、重复建设等问题，现有资源并没有得到充分整合和系统利用，三地影视基地的集约化、差异化亟待强化。

提供影视取景地是影视基地的基本功能。从历史年代来看，京津冀三地影视基地涵盖了战国、汉、唐、明、清、民国等诸多时期的取景地，但这些取景地散落三地，同质化现象较为严重。以民国风情为例，天津小站影视基地主打民国风，国华影视基地也有民国街道；以明清风格为例，中国（怀柔）影视基地有以明清风格为主的飞腾影视城，涿州影视城有仿清代景点，国华影视基地有明清街，而以明清建筑风格为主的北普陀影视城已经没落；以唐代景点为例，涿州影视城有唐代景区，在建的大唐曹妃园影视基地主打唐文化；以战国风格为例，中国（怀柔）影视基地的春秋战国城以战国风格为主，易县战国影视基地主打战国文化；以红楼梦取景为例，中国（怀柔）影视基地有以"红楼梦"为主题的荣宁二府，正定荣国府当年为拍《红楼梦》而建，北普陀影视城也建有红楼梦园。这种各自为营、同质化发展的现状是由历史原因造成的，也导致了诸多影视基地竞争力不足及资源浪费。在京津冀协同发展背景下，一方面，京津冀三地影视基地建设要立足各自特色和比较优势，如北京的影视基地可以主打明清文化，天津的影视基地可以主攻民国风情，河北的影视基地则可以在春秋战国、汉、唐、宋等历史朝代寻求特色。另一方面，京津冀三地影视基地资源要在"一体化"战略布局中进行重新整合，现有同质化的影视基地要联合、互补，重新进行功能定位；新建影视基地应采取互补式发展的策略，避免同质化带来的重复建设和资源浪费。

在区域地理资源方面，京津冀三地影视基地可以通过资源联动聚集更多元的取景资源和旅游资源。北京、天津影视基地中的取景地以人工打造景观为主，自然景观方面并不突出。河北影视基地则更具地理资源优势，在自然景观方面已具特色，如张家口怀来天漠影视基地由群山、戈壁、沙漠、湖泊构成，具有西部风情；鸡鸣古驿影视基地拥有北京周边地区规模最大、保存最完好的古驿站；黄帝城涿鹿影视基地建在黄帝城遗址北侧山坡下；白洋淀影视基地以湖泊和水域风光为特色；在建的大唐曹妃园影视基地拥有海洋风光。在北京限制新建和扩建占地面积较大的外景拍摄基地的情况下，京津冀三地影视外景资源的相互合作必不可少。河北和天津两地在承接京津冀产业转移中应充分发挥地理资源特色与优势，本着"绿水青山就是金山银山"的理念，在影视基地建设中合理开发乡野、河流、湖泊、高原、丘陵、山地、滩涂、海洋等自然资源。

京津冀三地唯有加强横向沟通，推动资源共享，才能使三地影视基地资源得到充分整合和系统利用，形成特色互补，发挥最大效益，实现协同发展。

三 产业联动

产业联动是推进产业优化升级、促进区域经济发展的重要力量。"十三五"期间，文化产业的区域化发展，以及区域间和区域内部的联动将成为重要的发展引擎。① 作为集文化、旅游、城市建设等于一体的影视基地本身具有行业集聚效应，对区域产业发展具有积极影响。在京津冀文化协同发展背景下，三地影视基地需要在产业联动中通过合作实现共赢，从而在三地经济结构调整和产业转型升级中发挥作用。

作为首都和文化中心，北京拥有丰富的影视资源，成为中国影视文化产业领域的先行者，现已拥有中国（怀柔）影视基地、中国北京星光电视节目制作基地等影响力较大的影视产业集聚区。2014年5月4日，国家新闻出版广电总局批复同意设立中国（怀柔）影视产业示范区，星美今晟影视城和国家中影数字制作基地构成了示范区的核心资源。中影、星美、华谊、海润、博纳等400余家影视龙头企业和项目聚集于此，使示范区具备了引领全国影视产业发展的后期制作能力。作为国家和北京市重点建设的影视产业功能区，中国（怀柔）影视产业示范区旨在打造成一个集拍摄制作、投资

---

① 鲁元珍：《"十三五"：各地文化产业如何布局》，《光明日报》2016年4月7日，第14版。

策划、交易发行和旅游演艺、广告会展、衍生品开发等"产业链条完整、关联企业集聚、综合服务齐全"的国家级影视产业示范区。①

在京津冀文化协同发展背景下，三地影视基地的发展需要统一的谋划布局。一方面，北京影视基地的集聚发展需要汇集天津、河北的资源，将中国（怀柔）影视产业示范区的品牌做大做强。另一方面，北京影视产业要充分发挥辐射扩散作用，为天津、河北两地影视基地的发展注入新活力，让其在京津冀"一体化"的全影视文化产业链条上寻得特色定位与发展空间。以影视基地的取景地及摄影棚为例，北京的土地成本太高，北京市也出台相关文件限制大面积影视拍摄基地的建设，这导致北京影视基地的空间扩容有限。光线传媒总裁王长田曾指出，如果没有足够的拍摄基地，道具、特效、影视制作等资源就不会来此聚集，北京至少需要5个中影级别的拍摄基地。② 因此，土地资源相对丰富的河北、天津在影视基地摄影棚、取景地规划建设方面还有诸多空间，三地应加强共建。在影视交易、展览方面，中国（怀柔）影视基地建成了专门的影视评审及交流服务中心，为中国特色电影节、新片发布会、电影首映式提供举办场地，逐步成为国际电影节影片巡展、影片交流会、国内外影视研讨会和重要影视奖项的固定颁奖地，2017年第七届北京国际电影节开幕式和闭幕式都是在怀柔国家中影数字制作基地举行的。目前，电影首映式、新闻发布会、电影节等活动基本集中在北京，而且很多活动在非专业场所举行，天津、河北的诸多影视基地资源并没有得到充分利用。其实，在京津冀文化协同发展背景下，像北京国际电影节、北京大学生电影节等诸多活动可以选择天津、河北两地的影视基地进行，这样既可以突出影视文化特色，又可以推进文化、产业联动。京津冀三地影视基地发展规划需要打破以往各自为政的思维，进一步聚集产业要素，发挥集聚效应和规模效应，打造集创作、拍摄、制作、发行、交易、衍生品开发于一体的影视文化全产业链。

---

① 方彬楠：《怀柔瞄准影视产业生态链》，《北京商报》2016年11月21日，第4版。
② 卢扬、郑蕊：《京冀正协调共建影视拍摄基地》，《北京商报》2016年1月25日，第4版。

如今，影视基地的功能更为多元化，不再局限于提供影视拍摄场景，而是向更多的产业拓展延伸，如旅游、餐饮、酒店、购物、娱乐等。京津冀三地影视基地的发展要发挥北京的辐射作用，立足三地的比较优势，优化区域分工和产业布局。京津冀影视基地的影视旅游资源要与周边的传统旅游景点和其他旅游形式进行整合，打破区域格局限制，打造特色旅游线路，如明清游、民国游、红色游等，进一步发挥影视旅游的带动功能和载体功能。借助影视基地的产业平台，将京津冀三地的旅游观光、影视拍摄、文化传播、餐饮住宿、休闲娱乐、购物消费、衍生品开发等融为一体，实现产业跨界整合与跨界营销，打破传统影视基地功能单一、盈利困难的发展瓶颈，真正形成集聚效应和规模效应，从而实现京津冀三地产业的优势互补，实现区域产业的协同发展，增强产业竞争力。

四 人才联动

国内影视基地已基本走上加速影视特色产业集聚的发展路径，着力打造影视全产业链，这离不开人才的集聚。影视基地要发挥产业集聚效应，首先要将大量专业化的影视机构，导演、编剧、制片人、演员等从业者，以及影视投资、版权中心等产业主体在物理空间上集聚。[1] 对京津冀三地而言，人才的合作与交流是实现京津冀协同发展战略目标的智力支持和重要保障。目前，京津冀三地人才资源分布不平衡，影视人才的分布更是如此。作为全国广播影视创意策划、制作生产、宣推发行、国际传播的中心，北京的影视机构总量、产业规模和产量居全国第一，会集了大量影视领域人才。黄建新曾指出，北漂的电影人有40万人之多。[2] 因为地缘优势，天津、河北两地的影视人才大量流向北京，但两地对人才的需求是刚性的。在京津冀协同发展背景下，三地影视基地在人才引进、培养、专业布局和远景规划等方面需要

---

[1] 康琼艳：《影视基地：有"形"还得有"神"》，《人民日报》（海外版）2015年12月7日，第7版。

[2] 万旭明：《黄建新：湖北有最好的唐代影视城》，《长江日报》2016年11月27日，第8版。

加强联动，促进区域间人才流动。

京津冀人才的流动在很大程度上依赖于政策驱动及北京产业转型升级。在"十三五"期间，北京文化产业发展进入增速换挡期，从规模速度型粗放增长向质量效率型集约增长转变。根据工信部等制定的京津冀产业转移指导目录要求，北京的文化创意、体育休闲等八大类产业需要转出。除了中国（怀柔）影视产业基地和中国北京星光电视节目示范基地，北京市将禁止新建和扩建占地面积大、劳动力密集的影视外景拍摄基地，河北、天津正在建设大型的多功能影视基地，如北京与承德共建北京（承德）影视产业基地，天津滨海新区打造3000亩影视产业基地，这些影视基地将推动京津冀影视行业资源整合及产业转型升级，形成新的集聚效应，营造更加开放、更具竞争力的影视人才环境，会集一批影视人才，促进三地影视人才的流动。

影视基地的人才集聚还包括人才培养与孵化。北京高校集中，有北京电影学院、中国传媒大学、中央戏剧学院等专门培养影视人才的院校，北京的影视基地需要加强与这些高校的对接合作，一方面吸纳这些院校的专业人才，另一方面利用这些院校的师资进行人才的培养与培训，形成产学研用"一体化"发展机制。中国（怀柔）影视基地专业功能聚合的一个基本组成部分是影视教育培训，北京电影学院新校区落户怀柔新城也必将对把中国（怀柔）影视基地建设成全国影视专业人才和各类演艺学校的集聚地起到积极的促进作用。相较于中国（怀柔）影视基地，北京其他影视基地与相关高校的合作有限，在影视人才培养方面没有太大起色。天津、河北影视基地除了与当地高校加强合作之外，可利用各类人才政策吸引北京乃至京津冀之外的高校毕业生及影视人才，以人才带动影视基地的发展。此外，影视基地可以利用自身集聚的力量孵化影视人才，如后期制作人才、影视创作人才等。就目前情况而言，京津冀三地影视基地在国际化方面还有很大的提升空间，可以通过与国际高校及教育机构合作、利用海外高层次文化创意人才引进政策等培养、吸纳一批与国际接轨的高端人才，提升京津冀影视基地的核心竞争力。

京津冀影视基地协同发展的实现离不开三地对人才培养、交流、引进、反馈资源的共享。三地影视基地只有通过打破区域局限的"一体化"发展，建构起支撑整个影视生产链的影视基地集群，才能吸引、培养影视行业生产、建设、管理、服务一线所需的大批人才，打造具有国际影响力的产业集群。

五 文化联动

京津冀协同发展的最高层面是文化上的协同，最终实现文化的"一体化"和融合。影视基地发展通常以地域文化为基础，丰富的自然景观资源、历史人文资源和民俗文化资源为影视基地建设提供了必备保障。京津冀三地影视基地有着文化的交叉与融合，可以通过文化联动拉动共建，促进三地历史文脉的传承和发展，最终形成文化的整合、实现文化上的协同。

没有历史文化积淀的景点设施很难保持长期的吸引力。影视基地的发展要跳出对建筑场景"形"的模仿，站在对历史文化精髓再现的思维高度来经营，用传承历史精神的眼光来布局影视基地的未来发展。[1] 京津冀三地影视基地需要从共有的文化基因中寻求协同发展的诸多可能，从文化内涵上打造影视基地品牌。就年代主题而言，京津冀三地影视基地要在现有影视基地的基础上走互补与协同发展之路。明清文化应该是京津冀影视基地的主打特色，中国（怀柔）影视基地、涿州影视城、国华影视基地、北普陀影视城都有明清风格建筑，但这些影视基地的明清文化特色并不鲜明，相互之间并无太多联动，没有像上海影视乐园那样以老上海风情实景闻名于世。以燕赵文化为内核的春秋战国、秦汉取景地在京津冀三地并没有形成联动发展的格局，涿州影视城、易县战国影视基地、中国（怀柔）影视基地尚需强化"燕赵文化"特色。民国文化也应是京津冀影视基地的招牌，目前只有天津小站影视基地、国华影视基地等少数基地主打民国风，京津冀诸多影视基地

---

[1] 康琼艳：《影视基地：有"形"还得有"神"》，《人民日报》（海外版）2015年12月7日，第7版。

与相关历史遗迹的联动还不足。在红色文化方面，京津冀三地影视基地也有很大的联动空间，如八一影视基地、卧牛山影视基地、白洋淀影视基地等都有很多红色资源，这些影视基地还可以联合京津冀丰富的革命遗址、红色旅游景区发挥集聚效应。京津冀影视基地的发展需要发掘文化内涵，从而开发具有鲜明文化特色的文化旅游资源、文创产品等。整体而言，京津冀三地影视基地的文化特色尚不鲜明，文化的联动效应不足，在未来的发展中尚有很大的协同空间。

文化是京津冀影视基地保持可持续发展的动力之源。京津冀三地影视基地的发展要以文化为纽带，带动三地文创产业的协同发展，营造新的文化生态，成为传播和发展京津冀文化的利器。整体而言，京津冀协同发展战略为三地影视基地的发展提供了契机。京津冀地区的影视产业已经具备一定的关联度，三地影视基地资源也已经具备一定的互补性，三地影视基地要在地域、资源、人才、产业、文化等层面真正协同发展，形成具有地域特色和国际影响力的"一体化"的产业链和产业集群，带动并促进相关领域全方位"一体化"发展，为把京津冀城市群建设成为世界级城市群提供有力支撑。

B.22
移动游戏产业的创意劳动与协作生产

黄 佩 陈甜甜*

在新媒体环境下,创意作为文化产业的核心内容,被纳入劳动过程,与其他生产功能互相协作,促进了产业的发展。本报告从移动游戏的创意劳动这一微观层面切入,分析了游戏研发阶段所包含的三种创意劳动——美术、策划、程序的分工和劳动过程,重点分析了它们之间如何协作生产,在实现产业利润最大化的同时,也部分保存了创意劳动自身的独特性和自主性。本报告最后提供了关于创意劳动与协作生产之间动态关系的思考。

新媒体时代的到来,让人们的工作方式和工作内容发生了前所未有的变化,从事信息和知识生产成为新的劳动方式,传播活动成为一种重要的劳动方式。在信息和知识的生产与传播范畴里,创意作为一种极具冲击力的重要力量,尤其引人注目。创意,被看成文化产业中的核心内容,在新经济中,传播技术、品牌、信息和文化被看成核心。霍普金斯认为,各种各样的创意和创新,被看成未来经济生活建立的基础。[1] 创意还被看成下一个世纪社会和经济变迁的驱动者。[2]

从广义的创意来说,它包含了一系列的创造性思维、创新性解决问题的方法、利用专门且复杂的知识来进行创造的过程。从狭义的创意来说,它主要包含创意产业当中那些与艺术创作相关的独特而新颖的生产美及相关体验

---

* 黄佩,北京邮电大学数字媒体与设计艺术学院副教授,网络系统与网络文化北京市重点实验室副主任;陈甜甜,北京邮电大学数字媒体与设计艺术学院2015级新闻传播学专业硕士研究生。

[1] Howkins, John, *The Creative Economy*, London: Allen Lane, 2001.

[2] Hartley, John (ed.), *Creative Industries*, Malden, MA: Blackwell, 2005, p.1.

的过程。创意劳动,具有非物质劳动的特征。奈格里认为,一方面,非物质劳动主要涉及智力或语言的劳动,主要产生想法、符号、符码、文本、语言单位、形象和其他诸如此类的产品;另一方面,非物质劳动是情感劳动,它涉及精神,同时也涉及身体……情感劳动是一种生产或操控诸如轻松、愉快、满足、兴奋或激动等情感的劳动。① 大卫·赫斯蒙德夫更是进一步把创意劳动定义为专门从事符号形式生产的劳动。劳动者包括诠释、编译或改写故事、歌曲和图像的人②。它与"知识"密切相关,生产和制造的产品对人们理解日常生活、传递信息、供人娱乐和助人沟通都起着关键的作用,这些劳动生产的产品渗透于日常消费之中。

电子游戏是创意产业中一个具有融合性质的产业,它需要艺术、技术和文化各个方向人员的合作进行创意研发,同时还具备独特的文化传播属性,拥有广泛的使用者和消费者。这个行业中的生产者,更是被认为具有新一代创意劳动者的特点,如文化水平高、技术能力强、创造性强等。但是目前关注新型创意劳动的研究并不多,特别针对电子游戏不同阶段的生产方式和劳动过程的研究很少。关于电子游戏的劳动问题,研究较多的是工作和玩耍、专业劳动和志愿劳动之间的边界如何被打破,它们怎样配合起来产生新的生产方式,实现新的创意与生产过程。但是关于专业劳动内部,也就是具有正式雇佣关系的劳动本身,分工如何、工作方式有哪些,这些问题却很少受到关注。随着资本对游戏产业的进一步渗透,通过吸纳不同的管理方法,合理地将劳动细分,从而获取更大的利益,也变得更加重要。因此,理解电子游戏产业中的专业劳动也变得重要起来。

本报告从移动游戏的创意劳动这一微观层面切入,聚焦移动游戏的创意劳动,探讨在新媒体迅速发展以及游戏产业转型升级的大环境下,身处其中的劳动者日常工作的特点、劳动分工与劳动过程,考察在网络化技术、网络

---

① Antonio Negri and Michael Hardt, *Multitude: War and Democracy in the Age of Empire*, New York: The Penguin Press, 2004, p.108.
② 〔英〕大卫·赫斯蒙德夫:《文化产业》,张菲娜译,中国人民大学出版社,2016,第4~5页。

化社会的背景下，创意劳动如何通过协同生产，来配合移动游戏产业实现利润最大化的目标。其中，协同生产是重点描述的内容。

一 研究背景

中国电子游戏产业的蓬勃兴起始于网络游戏，历经页游，随着新兴信息技术和媒体形态的更迭创新，发展到如今的移动游戏，不仅创造了巨大的产业效益，而且创新了劳动形式和生产方式。

移动游戏的产业链，包括游戏研发、游戏发行、游戏分销以及终端玩家几个部分。其中，研发主要从事游戏的编程、策划、美工及测试等开发工作。这个过程是直接生产出游戏的重要阶段，也就属于最为重要的创意阶段。我们将这个阶段的劳动作为研究对象来进行详细的分析和描述。移动游戏中的创意劳动者，很多是经历了客户端游戏、网页游戏，继而投身于移动游戏的劳动者，他们的工作内容和劳动状态具有历史延续性，能够为我们展示创意劳动发展变化的纵向图景。

北京市的网络游戏发展有其独特性，从早期拥有诸多自主品牌的原创客户端游戏，到出现具有创新意义的网页游戏，再到现在依托领先技术而不断上升的移动游戏，北京市的网络游戏产业总是在不断地摸索新的发展路径。北京由于人才众多，科技力量雄厚，在游戏研发上拥有得天独厚的优势，因此在创意劳动上具有鲜明的代表性。本报告以北京的移动游戏企业为研究对象，选择其中的创意劳动者进行深入的接触和了解。

二 研究问题的提出

创意产业是伴随着信息社会的纵深发展而出现的。"创意"一词最早与艺术家和艺术创作紧密相关，强调艺术家的一种完全自主的创作过程，体现艺术家的个人创造力、灵感。随着社会的不断变化发展，我们遭遇了技术升级、文化全球化、经济发展转型升级等问题，文化创作与生产也受到了很大的影响。创意产业最早在英国提出，正是英国社会遭遇经济危机、发展模式受到挑战的时候。英国将创意产业视为源自个人创意、技巧和才能的活动，通过知识财产权的生成与利用，有潜力创造财富和就业机会的产业[①]，正是要将创意变为一种可衡量、可调控的劳动过程，能够生产出新的产品，从而将产品推向市场。创意产业不是纯粹依靠单个艺术家灵光一闪的随心创造，它需要大量具有专业知识和技能的劳动者，按照一定的理性化和组织化逻辑，来进行满足市场需求的生产。因此，在这种情况下，原来理想化的艺术家创作过程，在面对碎片化的市场时，就必须围绕协作生产来进行集体式的劳动。这种生产过程是不稳定的，在这个过程中充满了竞争、风险。但是，这样一个协作生产的过程，被称为充满乐趣、充满自由和个性化的过程。当前，协作生产被当成有别于"朝九晚五"的稳定工作，它被公司倡导为一种能够帮助个人实现自身优势、获得他人认可的工作方式。这种生产方式，又与艺术家的"创意"产生了关联，以至于在一些技术领域，协作生产被认为是能够实现类似于艺术家的独特性和自由度的生产模式。2014 年，在 Buzzfeed 这个非常流行的电子新闻网站上，列出了创意人士的 10 个习惯，其中"协作生产"位列第四，前面三个分别是流动、打盹、做白日梦。

对于创意产业和协同生产的关系，当前的研究有两个大的方向。一个方向是研究产业中的不同部分实现协同生产的方式，这是针对媒体生产而进行的研究。这一类研究主要是针对管理层面，如何使来自不同方面的媒体创意人员整合起来，使集体智慧大于个人能力的简单相加。例如，即使创意人员自己在工作，他/她也不是在真空里工作：导演有制片人的协助，艺术家有赞助商的协助，记者有着提供线索的群体。他们协同生产能够产生更好的结果。另一个方向是关于创意劳动的政治经济学分析。这个方向的研究关注劳动是如何被休闲化的，以及劳动和生活之间的边界是如何被模糊的。涉及创意劳动，则与新自由主义提倡的价值观念、自主性以及个人实现相关联。这

[①] "Creative Industries Mapping Documents 2001", https://www.gov.uk/government/publications/creative-industries-mapping-documents-2001.

些劳动与资本的积累密切相关,学者们关注资本如何改变了劳动方式和劳动过程,这些改变既吸引了大批的年轻人,也造成了新的问题,诸如劳动的不稳定、长时间的加班、短期合同的日常化等。

在20多年前,全球电子游戏兴起了第一次研发浪潮,涌现了大量优秀的作品。由于中国当时在技术及社会发展层面还未有合适的土壤,中国电子游戏创意研发没有赶上世界的步伐。而今,随着技术发展的快速跟进,以及消费者市场的迅速扩大,中国的电子游戏产业迎来了新的时期,身处其中的从业人员也从以往不被关注的后台慢慢走向了前台,被赋予了自由、有创意等颇具光环意味的特征。那么,除去这些各种各样的标签,在电子游戏产业中工作到底是一种什么样的状况?创意劳动具体的过程是怎样的?最终创意的形成到底经过了哪些方面的协作才能实现?这些都是本报告需要深入且具体探索的问题。

三 研究设计

程序、策划和美术是当前移动游戏产业研发工作中的三个重要分类。游戏程序是指利用计算机语言建立游戏世界中的逻辑、结构与行为准则,为游戏策划和游戏美术打下基础。游戏策划是指游戏开发人员所设计的具有创新性的游戏内容,包括故事背景、游戏规则、交互设计等,是游戏产业研发的核心部分。游戏美术则专注于游戏的视觉效果,分属不同岗位的美术师们运用各种软件和技术勾勒出完整的游戏画面,游戏美术是游戏制作中非常重要的一环。

本报告以从事上述三类工作的人员为研究对象,对他们的工作内容、工作状态以及工作感受进行研究。在研究过程中,对北京多家游戏公司进行了实地调查,并从多方面考虑,选取了代表性较强的游戏从业者进行调查。接受访谈的游戏工作者来自规模不同的公司,包括大中小型游戏公司,以及仍处于创业阶段的游戏工作室;女性与男性游戏从业人员均接受了访问。同时,访问对象的年龄为24~40岁,基本上囊括了游戏从业人员的年龄段。

根据劳动过程理论，结合本土的实际情况，本报告对创意劳动进入实际工作之后经历的劳动阶段进行分析，从创意劳动的培育、劳动过程的策划、专业劳动的细分协作三个方面进行研究结果的展示。

四 研究结果

（一）人才培训培育实现创意学习与初步实践的协作

当前我国游戏从业者的培训和培育大致来源于两种路径，一种是专业教育，另一种是产学结合。

所谓专业教育，是指国内高校开辟专门的专业以培养游戏从业者，并开设专门课程，制订相应的培养方案。《2016年中国动漫游戏产业年度报告》显示，近年来，国内已经有超过200家高校开设了游戏动漫相关专业，但企业对游戏人才的需求仍然难以得到满足。[①] 需求缺口存在的原因在于课堂教育与现实实践的脱节，"浮于理论，缺乏实践"仍是高校课堂中的通病，这往往会导致高校毕业生理论知识丰富，但是缺乏实践经验，很难适应游戏公司的日常工作，远远不能满足企业高速发展的需要，导致人才供给与游戏市场需求失衡。

产学结合是指游戏企业与游戏院校进行合作办学，以培养专业的游戏人才。由完美世界教育投资开办的像素种子数字与艺术教育基地便是一个典型代表，基地通过与国外院校合作的培养方式，致力于培育全面满足市场需求的专业人才。在教学过程中，完美世界教育的工作人员（如内训师，策划、程序、美术团队）都会担任讲师，传授工作经验，十分重视学生的实践操作能力。培养计划完成之后，学员可以直接进入完美世界等游戏公司工作，这样的合作模式实现了人才培养与产业需求的完美契合。

[①] "2016年中国动漫游戏产业年度报告"课题组：《2016年中国动漫游戏产业发展报告》，《出版发行研究》2017年第6期，第5~9页。

游戏公司对从业者的考察始于其进入公司的时刻,游戏从业者往往要通过相应的培训和考核,不符合游戏公司要求的劳动者主动或被动淘汰。在这个过程中,创意劳动者,无论是美术人员,还是程序人员,首先会接受关于公司规章制度、企业文化的培训,在这个阶段,非常强调游戏生产是一种集体创作的智慧,不能过分地脑洞大开,而是需要有团队配合精神。另外,这个阶段的创意劳动人员其实拥有很高的热情和巨大的工作动力,他们会释放出巨大的能量,尽管这个阶段的薪酬不一定很高,但是他们的产出是巨大的,这个阶段的很多劳动也为正式的企业生产做出了巨大贡献。

在培训阶段,创意劳动其实也存在不稳定性。刚进入公司的从业人员,要做很多基础的、重复性高的工作。以美术人员为例,刚进入企业,大多要按照师傅带徒弟的模式,边学边做,既要适应公司工作中应对市场需求的压力,也要调整自己原有的艺术审美风格。很多时候,美术人员需要接受美术主管的监督,同时还要面对来自同一时间进入公司的同事产生的竞争压力。很有可能在培训阶段,新人就已经由于不适应或者无法接受大量的工作而被淘汰掉。

培训尽管有压力,但是它也让新入行的创意劳动者看到了高手的水平,同时也会因为竞争而催生好的创意点子。企业通过好的培训制度,孵化创意劳动者脑海中的好想法,同时也能够识别出不同人的特点和水平。甚至有的企业在培训阶段就已经让创意劳动者加入正式产品的生产过程当中,使他们有机会马上接触到成熟的项目和热销的产品。移动游戏产业产品迭代很快,需要有源源不断的创意和劳动力的输入,这让培训阶段也快速地纳入了生产环节,让新人很快就感受到了这个行业的火热。恰恰是游戏产业的这种速度,使协同生产变得更为重要,也让创意劳动者感受到这个行业日新月异的变化,更能使其认同这种劳动是更具有活力的,是不守常规的。

(二)策划结合市场调控各个部分的创意设计

从调研的移动游戏公司来看,目前普遍采用项目制作为生产推进的方式。项目制本身就是一种需要有高度协调才能够完成的工作组织方式。由于要让不同的劳动内容整合起来实现一定的目标，包括专门的程序、策划和美术组成专门的项目小组，因此前期的整体策划十分重要。在项目组中，会有一个专门的项目管理者，负责统筹项目预算、项目进度并管理成员。从游戏本身的生产来说，策划者十分重要。

主要的策划者不仅要整体把握游戏的主题与设计框架，而且要根据以往的经验，随时监控项目进程并且及时做出判断和决策。在主策划者的总规划下，程序部分的负责人必须关心程序人员的工作是否能够响应游戏故事和机制的需求，美术方面的负责人则需要在考虑以往经验的基础上，对美术作品可能产生的影响进行评估，包括人物的刻画、动作的节奏与规律，以及特效的制作等，要听从策划关于市场反应的总结，调控美术人员的艺术实现尺度。

策划本身需要有对创意劳动全链条的深刻理解，同时还要对市场有充分的理解，这就需要策划本身既熟悉游戏世界的规则，也得对现实世界的各种要素进行系统的归纳和分析。策划方面的负责人需要将数值策划、文学策划等工作有效地分配下去。另外，策划方面的负责人知晓相关美术和程序的知识也是非常必要的，这样的策划更具可行性。移动游戏时代，软件开发更迭速度加快，对策划的技术知识又提出了相关要求。

（三）各部门内部分工及部门之间的协作实现创意生产

以往在一个带有创意文化的公司里，有个人能力的领导者常常对公司的组织有着绝对的领导权，进入信息时代，文化公司的组织方式和劳动过程也向着网络化的方向发展。传统的文化公司如果说是个人魅力来引领的话，那么现代的文化公司则更依托精细分工、规定职责以及建立严格的分级管理制度来进行管理。

移动游戏公司是精细分工的典型代表。由于移动游戏的研发周期短，为了能够准确地找准定位，缩减成本，所有项目组成员提出创意，畅所欲言，这是协作生产的重要步骤。在这个项目组里，除了创意阶段，再就是研发人员，通常还会加入市场人员对项目进行评估和观察。

在研发阶段，也就是我们所说的创意劳动阶段，策划、美术、程序需要具有很强的连贯性和紧密型，这样就需要有很好的分工和合作机制。

美术人员按照分工的不同，一般分为原画师，二维、三维建模师，以及动画与特效师、UI（用户界面）设计师等。其中，原画师可细分为角色原画师和场景原画师，负责游戏人物和场景最初的绘画和设定，原画师完成手稿之后，交给建模师，建模师主要负责游戏内模型的制作，建模师再把作品交给动画与特效师，通过一系列的动画效果和特殊场景让之前的模型动起来，制作出符合游戏设定的各种展示形象。UI设计师负责游戏界面内的平面美术工作，使用户在操作时能够感受到更加流畅的体验。

程序人员负责利用各种编程语言、开发工具等具体的知识和技能，实现游戏机制，搭建游戏世界的框架。根据游戏策划提出创意想法，程序人员负责游戏的技术性，美术人员负责游戏的艺术性。程序人员负责搭建开发工具，同时美术人员开始设计原画、模型、动画效果等一系列流程，并不断进行修改。两者之间也存在很好的互动关系，美术人员需要向程序人员解释自己需要的视觉效果，而程序人员则需要与美术人员沟通能否通过技术得以实现。这两者之间产生了一个新的劳动分类，称为技术美术。许多被采访者都提到，技术美术方面的人才很稀缺，因为他需要懂得两方面的基础知识，是一种融合的劳动类别。但是融合还有另外一个面向，那就是一些低端的工作被条分缕析，变成了不断重复和程式化的工作。

在分工协作的过程中，研发人员还时刻会感受到来自市场的压力。我们通常认为市场营销是文化产品完成之后的事情，但随着信息技术的发展，信息对市场的反馈变得极为迅速，生产从开始就受到市场之手的影响。在移动游戏生产中，更是体现了市场部门的重要性。市场部门的意见常常被当成策划时首要考虑的因素，有被访者表示，公司做什么项目都得听市场的，劳动者不是自己选项目，而是项目选人。创意劳动的雏形必须接受市场部门的评估，如果他们觉得不能接受，再有创意的想法也不能付诸实施。

五 创意劳动与协作生产：如何平衡？

通过上述的研究，我们发现，在大众认为具有独立创新、灵活自由性质的创意产业劳动者及劳动组织中，创意并非天马行空、随性自我的，它也受到组织目标和公司盈利压力的限制。以移动游戏为代表，尽管被打上"文化""创意""娱乐"的标签，但其最终目的还是要生产出符合市场需求的产品以获得经济利益，游戏产品的本质仍然是用于交换的商品，因而它必须以利润最大化为目标。在这一背景下，协作生产其实是作为一种有利于缩减成本、实现利润最大化的方式出现的。在考虑创意劳动和协作生产的关系时，有几个问题值得我们去思考。

首先，创意劳动和协作生产是否矛盾？如果说创意劳动需要发挥创造性和自主性，那么又如何在内部以及其他劳动之间进行协作？事实上，创意和产业结合之后，创意可以部分地通过劳动来实现，本身就已经拓展了创意的原有意义。创意不再是单个艺术家的独特创作，它已经成为一种分工的、集体的劳动过程。因此在这样的情况下，创意劳动和协作生产就是自然双生的。如果以往创意强调单个"作者"的话，那么现在的创意劳动则考虑的是一种集体的过程。电子游戏本身就是多种媒介以及多种产业的融合，因而本身就存在协同的可能性。在当前资本高度集中的移动游戏领域，其生产更是体现了资本逐利情况下的理性生产逻辑，那就是利用当前信息技术促成的网络化环境，促成劳动的协作化。

其次，创意劳动和协作生产产生了什么样的新型劳动方式和劳动过程？从劳动方式来看，强调沟通、多技能和终身学习被称为创意劳动者的一种理念。创意劳动不是一般的劳动方式，在这个过程当中充满了文化产品如何体现意义、文化产品如何到达终端用户的种种复杂问题，这一系列的问题都需要有更为直白的表达环境、更为扁平化的沟通机制来促进解决方案的形成，因此，创意劳动者未来的劳动方式仍然会强调表达、沟通等内容。从劳动过程来看，创意劳动是具有流动性和不稳定性的，因为不同的工作项目会游走在不同的管理方式之间,甚至游走在不同的雇佣关系之间。很多时候,我们从表面上看,从事创意劳动的人,如游戏从业人员,其工作看上去很自由、很放松,在一段时间内报酬还很高,但事实上他们承受着工作不稳定、赶工和加班等压力,很多时候增加了他们单位时间的工作强度,使其处于随时准备工作的紧绷状态。大多数创意劳动者是因为热爱才投入行业中的,如很多游戏从业者曾经是忠实的游戏玩家,他们有着满腔的热情,在工作当中潜在的满足感很容易被唤醒,因此很多时候,产业的不稳定性会被偶尔的成功和高昂的口号所掩盖,很多从业者在劳动的过程中尽管遭遇疲惫和挫败,但是不会过多考虑资本和制度的因素。

最后,创意劳动和协作生产到底能否催生更具有自主性的劳动状态?马克思曾经提到当劳动者与自己的劳动产品相对立、与自己的生产活动相对立,就是一种异化。创意劳动的理想状态是,劳动者从事的是自己热爱的劳动,他不是被迫的,而是主动去进行的劳动。但是当创意劳动被层层细分,同时还需要与其他链条进行协同生产,服务于利润追逐的时候,那么劳动的自主性就降低了。但是,由于创意活动本身无法被完全理性化,因此它仍然存在一定的自主空间,由此为劳动者提供了美好的愿景。就以此次研究的许多劳动者来看,大部分人对自己未来能够参与到好的游戏创意、做出一个好的游戏这个前景抱着积极的态度。创意劳动拥有一种希望,这种希望一方面来自劳动者对创意本身的热爱,另一方面来自创意能够带来更好的经济利益以及生活品质的提升。从这一点来看,一个创意企业如果要更好地实现自身的发展目标,就需要在创意自主劳动和追逐利润之间进行平衡,让劳动时时保有令人振奋的色彩,能够让劳动者进行自我开发,实现自我,而这些又能够促进协同生产,由此实现劳动对人的积极引导。

B.23
北京市社会资本投资文化创意产业现状及引导对策研究

王燕宇 梁小雨*

一 社会资本投资文化创意产业的政策基础

国家、北京市颁布的文化创意产业相关政策反映出其对文化创意产业发展的鼓励方向与支持重点。

(一)政策重点支持领域集中在内容端与技术升级

国家文化创意产业政策方面,文创领域数字技术和互联网技术等新技术的应用、传统工艺技术的传承与推广以及文创产业技术装备的升级是产业政策支持的重点,有利于优化文化创意产业发展的技术生态。从文化创意产业行业分类来看,文化艺术、广播电视电影服务、工艺美术品生产与销售服务、设计服务及文化休闲娱乐服务是国家重点支持的五大行业。从产业融合发展来看,文化创意与科技的融合尤其是数字内容产业的发展是政策鼓励的重点,文化创意与旅游、制造业、医药、农业及体育等产业的融合发展也是重要的支持方向。

北京市文化创意产业政策方面,文化创意产业传统行业的科技应用与升级、传统文化艺术、工艺的保护和发扬以及各类新兴业态的培育是政策的关注点。从文化创意产业行业分类来看,文化艺术、广播影视、新闻出版等传

---

* 王燕宇,北京蓝色智慧管理咨询中心政府咨询部事业二部主任;梁小雨,北京蓝色智慧管理咨询中心经济研究员。

统行业及广告会展、艺术品交易、设计服务等优势行业是北京市大力发展的重点行业。从产业融合发展来看，文化与科技、金融产业的融合发展是政策支持的侧重点。

（二）文化金融政策不断取得新突破

从国家、北京市文化金融政策来看，政策支持的重点主要包括以下几个方面。一是推进文化金融合作改革试点工作，探索创建文化金融合作试验区。二是提升各类金融服务的广度和深度。在广度上，支持成立各类文创产业基金、股权投资基金，鼓励设立文化融资租赁、融资担保、文化保险等金融机构，支持文创企业发行股票和各类债券，有效衔接文创产业与多元化融资渠道；在深度上，针对文创产业特征创新金融服务和产品，针对文创企业生命周期特征提供综合性融资服务。三是创新无形资产抵（质）押，完善无形资产和收益权抵（质）押权登记公示制度，探索开展无形资产质押和收益权抵（质）押贷款等业务。积极开发资产证券化产品，推动旅游项目等文化产业的发展。四是鼓励社会资本采用众创、众包、众扶、众筹及限量复制、加盟制造、委托代理等新形式参与发展文化创意产业。

除了政府文化创意产业政策的落实，北京市文投集团等国有投资机构也推出了相应的促进北京市文创产业发展的举措。一方面，经营、管理授权范围内的国有文化资产，推动北京市国有文化资产整合和优化配置，有效提高了政府专项资金使用效率，盘活了国有文化资产，促进了国有文化资产保值增值；另一方面，极大地推动了北京市文化金融政策的落实，北京市文投集团发起设立的北京市文化创意产业投资基金、北京市文化科技融资担保有限公司、北京市文化产业小额贷款股份有限公司、北京市文化科技融资租赁股份有限公司、北京市文化创新工场投资管理有限公司等文化金融机构，形成"投、保、贷、孵、融"多支点、全方位的服务体系，通过组建北京市文化产权交易中心，积极推进文化要素市场建设，有效地支撑了北京市文化金融政策的改革创新。

二 北京市社会资本投资文化创意产业的投资偏好及投资逻辑分析

社会资本投资可以分为股权投资、并购、上市、银行贷款、债券等类别,通过对社会资本投资现状及投资逻辑进行分类分析,可以看出,当前社会资本投资文化创意产业存在结构性失衡现象。例如,对于动漫产业,下游的衍生品制作端相较于上游的内容端更容易吸引社会资本。

(一)股权投资的投资偏好及投资逻辑

在投资偏好上,根据中国文化产业投融资数据平台统计,2017年1~7月,北京市共发生文创产业私募股权投资案例178起,涉及资金规模274.52亿元,占全国总规模的46%,无论是从案例数量还是资金规模来看,北京市均处于全国领跑地位。2017年1~7月,北京市私募股权投资领域涉及文创产业近20个细分行业,从融资规模来看,新闻业、软件业、互联网信息服务业最为"吸金",占据前三位,三者的融资规模分别达到73.15亿元、51.57亿元、33.71亿元。从投资案例数量来看,互联网信息服务业以38起投资案例"拔得头筹",体育产业和影视制作发行业并列第二,案例数量均为21起。[①]

在投资逻辑上,首先,投资机构从单纯的"投内容"或"投渠道",逐渐衍生出投资整个产业链,以降低投资风险。以君联资本为例,其在文化领域的投资注重从内容和渠道两端着手,其投资的人人网、科大讯飞等渠道类公司,如今正在走同文化娱乐内容相结合的道路,而万豪卡通、北洋传媒等投资标的,均具备了"内容+渠道"的平台优势。其次,互联网巨头旗下投资机构的投资会更多地从构筑集团文化生态圈出发,服务于母公司业务、战略布局。例如,阿里巴巴集团不断进入文化行业,从内容制作、发行到渠

---

① 数据来源于《2017北京市文化金融手册》。

道、终端均有布局,在文学、影视、视频、游戏 IP 等各个领域全面出手,着力打造阿里娱乐生态圈。阿里资本投资优酷土豆、华数传媒等文创企业,正是为阿里集团在整个文化领域的布局服务。同样,作为 BAT 三大巨头之一的腾讯也在积极布局文娱领域,并提出了"泛娱乐"的概念。腾讯力图在游戏业务的基础上,构建整合一个涵盖游戏、动漫、文学、影视、视频、音乐、电竞的泛娱乐业务体系。在"泛娱乐"战略布局的背景下,腾讯投资频频出手,于 2017 年上半年投资了 8 家文娱企业,其中游戏企业最多。

(二)并购偏好及逻辑[①]

在投资偏好上,2016 年,北京市文创领域的并购多发生在软件和信息技术服务、广播电视电影服务、广告和会展服务等领域;在产业链环节上,并购集中发生在内容环节,主要涉及影视、动漫、游戏、广告等领域。

在投资逻辑上,第一,有实力的文创企业往往以 IP 为核心,推动文学、游戏、动漫、影视等的跨界整合,打造泛娱乐化商业拓展模式。例如,2016 年,合一信息并购磨铁图书,就是看中其拥有《诛仙》系列、《盗墓笔记》系列等众多优质 IP,能够助力合一信息全面布局文娱新生态。第二,部分传统企业通过并购,加速向文化产业进行战略转型。例如,中南重工的主业原是研发工业金属管件,近年来,联合中植资本建立文化产业并购基金,并购大唐辉煌等多家影视企业,实现传统制造业向文化产业的战略转型。随着证监会对并购重组监管的趋严,以及对上市公司跨界并购的监管不断加强,该类型并购短期内会受到较大影响。第三,在"互联网+"、大数据的冲击下,企业纷纷布局软件和信息技术服务领域,提升企业数据信息处理能力与效率,掘金互联网蓝海。互联网广告、数字营销在互联网与移动互联网日趋成熟的大背景下,成为广告领域的新秀,有实力的广告公司通过并购该类企业,积极提升自身在这一领域的业务能力。

[①] 通过对万得数据库"中国并购库"2016 年数据进行整理、分析得出本部分并购偏好结论。

（三）上市挂牌偏好及逻辑[①]

从上市挂牌融资现状来看，2017年北京市A股上市文创企业达到10家，其中，软件和信息技术服务领域5家、文化用品设备生产销售及其他辅助服务领域3家、新闻出版发行服务领域2家。2017年，北京市共有107家文创企业挂牌新三板，其中软件和信息技术服务领域69家、文化艺术服务领域9家、广告和会展服务领域8家、文化用品设备生产销售及其他辅助服务领域7家、广播电视电影服务领域6家、文化休闲娱乐服务领域5家、设计服务领域2家、艺术品生产与销售服务领域1家（见图1）。

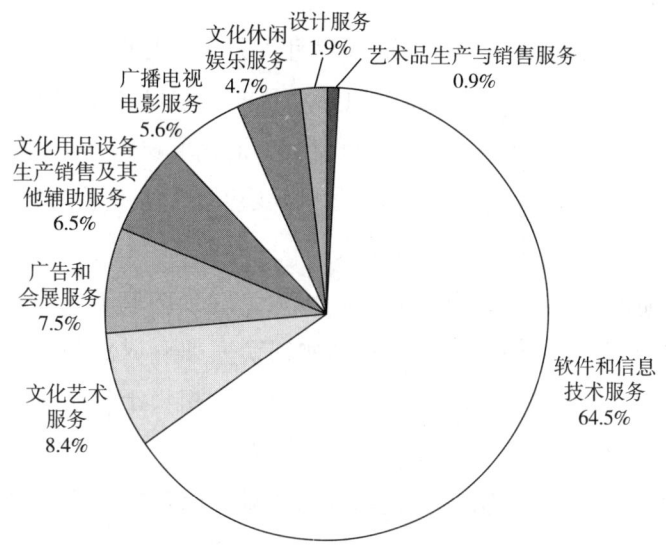

图1 2017年北京市文创企业挂牌新三板情况

目前我国文化企业以中小企业为主，存在规模小、经营能力不强、抗风险能力弱等特点，难以达到主板上市要求。相对于主板和创业板等市场，新三板的门槛低，只要企业经营满两年，主营业务明确，治理结

---

① 数据来源于蓝色智慧上市企业数据库。

构健全，运作规范，即可申请，对企业盈利水平没有硬性要求。而且新三板的手续和审批程序更加简单、快捷，减少了政府审批（尤其需要报备中宣部审批），挂牌新三板无疑成为中小文创企业实现在资本市场融资的更优选择。国家重视新三板对中小企业融资的作用，陆续出台了《全国中小企业股份转让系统有限责任公司管理暂行办法》《全国中小企业股份转让系统做市商做市业务管理规定（试行）》等一系列政策法规，推出做市商交易制度等，推动了新三板的健康发展，为中小文化企业挂牌新三板提供了良好的政策环境，也为企业转板主板 IPO 提供了可能。

（四）银行贷款投向偏好及逻辑

在银行贷款投向偏好上，截至 2017 年 5 月末，北京市中资银行文化创意产业人民币贷款余额（不含票据融资，下同）为 1424.1 亿元，同比增长 32.2%；2017 年 1~5 月累计放款 644 亿元，同比增长 37.9%，其中文化艺术，软件、网络及计算机服务，旅游休闲娱乐等子行业贷款余额增速分别为 59.7%、45.6%、95.1%[①]，增速惊人。

在投向逻辑上，银行发放贷款，对资金安全的要求较高。因此，对投资对象往往进行严格的筛选，更加倾向于向拥有成熟的商业模式、稳定的现金流、规范财务管理的企业发放贷款。相较于传统企业来说，文创企业固定资产很少，土地和厂房多以租赁为主，"轻资产"特征明显，在传统银行信贷思维和模式下获取贷款较难。但是随着投贷联动模式的推广，银行能够更多地参与到对科技文化类初创企业的支持中。而且随着文化产业的崛起与国家政策的导向，越来越多的银行开始为文化企业提供创业贷、主动授信、应收账款质押、信托资产买断等各项贷款服务，以企业拥有的电视剧、电影版权以及软件著作权等无形资产为质押，为企业匹配融资支持。

---

① 数据来源于《2017 北京市文化金融合作手册》。

(五)债券筹资偏好及逻辑

在筹资偏好上,据不完全统计,2017年1~7月,北京市文创企业共计发行12只债券,发行量高达110亿元,债券种类主要为超短期融资券(8只)和中期票据(4只)两种。发债主体归属新闻出版发行服务、广播电视电影服务、文化休闲娱乐服务等多个行业,其中新闻出版发行服务业发行债券数量最多,达到5只,且融资规模也最大,为47亿元。[①]

在筹资逻辑上,随着我国债券市场发展速度的加快,其融资和资源配置功能不断深化。债券融资发债期限灵活,降低了文化企业的融资成本,为文化企业在信贷融资之外开辟了新渠道。一般而言,规模较大、发展基础较好、固定资产较多、拥有稳定现金流的企业具备发行企业债的实力,大型国有文化企业发债成功的概率较高。但随着中小企业集合票据、中小企业私募债的推广,文化创意中小企业也将更多地参与到债券融资中。集合票据担保方式灵活,发行利率较低,有助于降低文化企业的融资成本。

(六)文化创意产业社会资本投资存在结构性失衡问题

当前,社会资本对文化创意产业的投资存在失衡现象。通过上述对社会资本投资文化创意产业的投资偏好分析可以发现,各类社会资本普遍倾向于投资渠道类公司,而作为整个文创产业头部的内容类公司获得的投资相对较少,与当前的政策导向并不完全相符。例如,在股权投资中,软件与信息技术服务行业获得的投资额、发生的投资案例数量均达到较高水平,占全部样本事件投资总金额的半数以上。而文化艺术服务、设计服务等政策鼓励的产业获得的投资数额较低。

---

① 数据来源于《2017北京市文化金融合作手册》。

三 影响社会资本投资文化创意产业的因素分析

造成北京市社会资本投资文化创意产业总投资额波动、投资结构性问题的因素主要有知识产权保护机制尚不完善、文化创意领域信用体系缺失、存在一定的政策风险与产业准入限制、国有资本投资存在"PE化"趋势。

（一）知识产权保护机制尚不完善

当前，国内知识产权保护的法律法规不健全，商业创意难以得到有效保护；知识产权保护机制不完善，法律诉讼过程漫长，诉讼成本高，维权存在较大困难，且侵权赔偿额度低，侵权行为难以得到有效遏制；知识产权评估体系不完善，知识产权价值难以有效衡量。知识产权保护不到位，影响社会资本投资内容端的积极性。

（二）文化创意领域信用体系缺失

当前，我国信用体系缺失现象较为严重，加剧了融资市场信息不对称程度，迫使银行等金融机构在面对中小文创企业的融资需求时，必须通过多方渠道搜集企业信用信息，极大地增加了投资成本。此外，信用体系的缺失也使VC、PE等金融机构无法对企业价值进行有效的评估，不利于吸引社会资本有效投资该类企业。

（三）存在一定的政策风险与产业准入限制

监管部门颁布政策的不确定性影响社会资本投资的热情。如近期监管机构对上市企业跨界并购审批持审慎态度，导致跨界并购存在较大的不确定性，严重影响了非文创领域企业实施跨界并购的积极性。部分领域对社会资本存在产业准入限制，如社会资本进入出版、电视等地方重要宣传媒介领域会遭遇"弹簧门"和"玻璃门"现象。

（四）国有资本投资存在"PE化"趋势

部分国有资本在投资过程中，出于资金安全、绩效考核等因素的考虑，往往会投向业绩较好、风险相对较小、处于上市前阶段的文创企业，即呈现"PE化"趋势。国有资本没有充分发挥投资社会资本不愿意投的产业链环节的作用，同时减少了社会资本的投资机会，不利于吸引社会资本。

四 吸引社会资本投资文化创意产业的对策建议

为进一步吸引社会资本投资文化创意产业，政府、国有资本、金融机构、文化产业协会等多方应形成合力。在拓宽社会资本投资文创产业的渠道方面，政府应重点营造良好的投资环境；金融机构应积极创新知识产权金融服务，探索投贷联动、投保联动、投债联动等新模式；文创产业协会应搭建区域或跨区域交流服务平台，帮助社会资本与优质项目实现快速对接。在有效引导社会资本投向方面，政府应积极运用PPP模式，引导社会资本投向文化公益、文化保护等领域；国有资本应重点投向社会资本较少投资、投资风险较大的早期企业及产业链关键环节，探索通过产业链投资模式加强与社会资本的合作。

（一）重点营造良好的社会资本投资环境

1. 加强信用体系建设

选择国家文化产业创新实验区为试点。在实验区建立文化企业信用体系，借鉴中关村信用体系建设经验，建立企业信用档案登记制度，规范企业信用评估机制，完善企业信用风险预警与失信惩罚机制。具体来说，搭建文创企业公共信用信息平台。聚集政府、银行、担保公司、信用评估机构等多方资源，建立文创企业公共信用信息平台，探索建立涵盖企业信用信息、信用评级信息、金融信息在内的综合信用信息数据库，利用互联网大数据，研发统计分析技术，自动形成企业信用档案。发展文创企业信用评级，使用信用报告制度。利用财政专项资金鼓励社会建立文创企业信用评级机构，引导芝麻信用、腾讯信用等商业评级机构开展文创企业信用评级业务，利用互联网大数据、互联网金融对信用信息数据库归集的信用信息对企业信用进行评级，并形成信用报告，将信用报告作为评价文创企业信用状况的重要依据。

2. 加强知识产权确权、评估、保护工作

以国家文化产业创新实验区为试点，在实验区文化系统全面开展知识产权清理和统计工作。在摸清"家底"的基础上，开展知识产权确权、登记、评估工作。深入基层开展调研，针对文化系统各领域的不同需求，制定知识产权保护指南，为文化系统企事业单位提供可供参考的"模板"。打造知识产权公共服务平台。打造融知识产权登记注册、交易、项目孵化和维权保障的全方位服务平台。积极利用OCR、图像识别及区块链等先进技术，为作品加盖时间戳进行确权，形成唯一有效识别的"DNA"，确权后可以在线上进行交易，完成商标、动漫形象、作品等的授权许可。建立大数据知识产权评估体系。利用大数据技术建立一套有效的基于市场交易状况的实时定价模型，改变目前市场中仅依靠收益法、成本法和市场法定向评估知识产权价值的方式。

3. 细化社会资本的投资领域与投资"禁区"

尽管北京市出台了《北京市文化创意产业发展指导目录》（以下简称《指导目录》），将文化创意产业各业态划分为鼓励类、限制类和禁止类，明确的业态类别为指导社会资本投资指明了方向。但由于文创产业业态众多，细分领域繁复，且处于不断创新的状态，因此，当前的《指导目录》在规定的细致程度方面还有待进一步提高。例如，广播电视电影服务业作为具有意识形态特殊属性的重要产业，如果能够做到尽可能明确该行业可以涉及的题材或不可涉及的题材，同时增强政策的稳定性，将能有效降低企业面临的政策风险，吸引社会资本投资文创领域。

（二）加强对风险投资、股权投资的支持

1. 减轻优秀投资机构的税收负担

配合《关于促进创业投资持续健康发展的若干意见》政策的颁布，对

投资种子期、初创期文创企业的创业投资按照其缴纳的税收给予一定的资金支持。认真落实北京市《关于促进股权投资基金业发展的意见》，对于以文创产业为主要投资标的的企业，可进一步采取适当的税收返还和减免政策，有针对性地促进文创类股权投资机构的发展。同时，通过税收优惠政策的设计，加强股权投资机构对文创类企业进行长期投资，延长中小文创企业的培育周期，或参考广州市对股权投资类企业实行税收优惠政策，即合伙制股权投资企业和合伙制股权投资管理企业不作为所得税纳税主体，应采取"先分后税"方式，以此减轻投资机构的税收负担。

2.加大对优秀投资机构的支持力度

第一，加大资金支持力度。政府可对投资种子期、初创期文创企业或文创产业内容端、"文化+"重点融合领域等的项目，且投资业绩表现优秀的风险投资、股权投资机构给予一定资金支持或房租补贴，引导社会资本向文创产业的关键领域流动。第二，优化投资机构营商环境。在人才引进、办公用地等方面给予相关投资机构以政策支持，优化政务服务，营造股权投资机构尤其是文创类投资机构易于集聚的便利化营商环境。推动建设股权投资机构集聚区，吸引和集聚本市股权基金及管理企业入驻发展。

（三）积极推广PPP合作模式

1.选取适当领域加大推广力度

在文化公益、文化保护、文化设施建设、文化场馆、文化旅游、文化产业园区开发等适合政府与社会资本合作的领域，以及大运河文化带、长城文化带、西山永定河文化带三条文化带的建设中积极推广PPP合作模式，鼓励政府拿出优质资产，综合运用BOT、BOO、TOT、ROT等运营方式，加强与社会资本的合作，将政府公共利益和企业经济利益绑定，让社会资本"敢于投"。一方面，政府作为项目发起方，初期可参与小部分投资作为项目启动资金支持；另一方面，后期可根据运营成果给予企业相应补贴，购买其服务。

2.完善文化产业 PPP 模式的投资环境和制度

加强对文化产业 PPP 模式的制度设计，从项目论证、合作伙伴选择、定价、协议规范和签订、风险承担、投资收益、政策补贴等不同层面完善制度，积极营造良好的政策环境，确保文化产业 PPP 项目能够按照规范、合理的制度安排来实施和推进。重点完善 PPP 项目相关公共文化产品和服务的价格调节机制及资金补偿机制，根据项目运营状况动态调整实施价格和资金补偿，确保文化产业 PPP 项目的正常运转，同时也为社会资本参与 PPP 项目投资提供坚实的制度和资金保障，更好地吸引社会资本参与文化产业 PPP 项目投资。

3.把握好社会资本投资与收益之间的平衡点

厘清社会资本参与文化产业投资的公益性与逐利性之间的关系，找出社会资本投资与收益的平衡点，既要考虑文化产业 PPP 项目自身的公益性特点，又要看到社会资本的逐利性特质。依据项目的投资额度及其投资回报率综合考量，在两者之间找到合理的投资回报利益平衡点，更好地吸引社会资本参与文化产业项目。同时，要对文化产品和服务进行合理定价，既体现其公益性质，又保证社会资本实现收益，从而鼓励社会资本更好地投资。

（四）引导国有资本投资带动社会资本投资

1.充分发挥国有资本投资的政策导向作用

明确国有资本服务产业发展、解决市场失灵的定位。引导国有资本投向社会资本较少投资、投资风险较大的早期企业及内容端、文化科技融合等产业链关键环节，避免投向市场上已经存在充分竞争的领域。以政府产业引导基金作为国有资本投资文化创意产业的重要工具，合理设置投资于初创文化创意企业的比例，积极吸引社会资本参与政府产业引导基金；推行负面清单制度，对政府产业引导基金具体筹资方式、投资领域等做出具体规定。

2.完善国有资本绩效考核制度

考核国有资本的投资绩效，应考虑以下两点：首先，部分文化创意创业投资项目回报周期较长，存在较大的不确定性，因此不适宜用短期投资回报率来考核；其次，在考核时，既要注重经济效益指标，又要突出社会效益指标。因此，建议采用年度考核与长期考核相结合的方式，年度考核重在考核业务指标，如资本收益水平、吸引社会资本投资额度、对重点文化创意领域的支持力度等；长期考核是在投资项目结束或政府引导基金到期后，对项目或基金的整体业绩和运行效率进行社会效益指标、财务指标等综合考核。通过完善国有资本绩效考核制度，有效引导其解决市场失灵问题。

3. 探索产业链投资创新模式

国有资本与社会资本积极展开合作，通过布局全产业链投资，降低投资风险。以动漫产业链为例，整合上游的动漫设计和制作企业、中游的专业版权代理或发行公司，以及下游的动漫产品销售和播映渠道、衍生品开发企业。国有资本可与社会资本合作，重点投资上游及中游企业，弥补上中游企业投资不足的问题，并通过产业链投资，引导投资企业之间加强合作，管理和监督上中下游企业在其专业分工领域精耕细作，实现良好的产业链互动，扶持动漫设计和制作重新成为整个产业的核心。

（五）鼓励金融机构"文化知识产权+金融"模式的发展

鼓励金融机构创新知识产权金融产品，支持建立文化知识产权质押融资风险补偿机制，支持金融机构推出如专利权质押、著作权质押、商标权质押等一系列文化知识产权创新产品，鼓励知识产权信托的发展，拓宽社会资本投资文创产业的途径。借鉴中关村科技金融发展经验，推进投贷联动、投保联动、投债联动。探索文化知识产权证券化，推动文化知识产权证券化试点业务。设立北京市文化知识产权运营基金，开展知识产权收储、开发、投资等商业化运营，吸引各类社会资本、社会化知识产权运营机构参与基金运作。

（六）发挥文创产业协会的桥梁作用

为解决优质文创项目与社会资本之间信息不对称的问题，减少文化企业跨地域兼并重组的障碍，应积极发挥北京市文创领域产业协会的作用，加强信息沟通有效渠道的建设。搭建具有政策发布、信息传播、融资对接等功能的区域或跨区域交流服务平台，满足区域或跨区域的文化企业之间频繁交流的需求。同时，积极对接金融资本，特别是引入文化基金，一方面，满足这些基金的投资要求；另一方面，为优秀的文创企业或项目注入发展所需的资金。与金融机构、智库研究机构合作，发布对文创产业细分行业的分析研究成果。通过协会网站定期发布协会与金融机构、智库研究机构的合作成果，支持社会资本捕捉投资机会。

B.24
北京文化创意产业与科技融合发展现状及路径研究

江光华*

正在加快建设全国文化中心和科技创新中心的北京，不仅历史文化底蕴深厚，文化资源丰富，文化设施完备，文化市场活跃，而且科技资源充沛，科技实力雄厚，科研机构众多，科技成果丰硕。因此，北京在推动文创产业与科技融合发展方面，具有得天独厚的优势和条件，同时也肩负着义不容辞的责任。

一 北京文创产业与科技融合发展面临的形势

文化与科技融合已成为当前文化创意产业发展的重要趋势。在文化与科技融合日益广泛和深入的时代背景下，以文化与科技融合促进文化创意产业发展已成为许多国家或地区推动经济社会发展的重要途径。当前北京正在疏解首都非核心功能，加快落实全国政治中心、文化中心、国际交往中心、科技创新中心"四个中心"城市功能定位，如何促进文化与科技融合、抢占文化创意产业发展的制高点，已成为北京实施创新驱动战略、构建"高尖精"经济结构、实现文化创意产业高质量发展的必然选择。

（一）全球文化科技融合为文化创意产业与科技融合发展带来新契机

文化与科技相互作用、相互影响、融合发展是人类文明发展的重要特征

---

* 江光华，北京科学学研究中心副研究员。

之一。科技是文化形态演进的催化剂,是文化创意产业发展的重要引擎和新型文化业态形成的核心动力。印刷技术让书、报、刊等印刷品大量出现,促进了出版产业的产生和发展,推动了教育的发展、文化的普及和科学的启蒙;留声机、摄影、光纤通信、无线通信、CD、VCD、激光彩排、广播、电视、电影等技术,使音像、广播、电影、电视、新闻出版等产业得以形成和发展,使文化传播突破了时间和空间的限制,使文化走向普通大众;卫星技术、网络技术、数字技术、多媒体技术等技术的发展,催生出动漫游戏、数字出版、数字影视、数字音乐、网络直播等新兴文化业态,并改造和提升了传统文化产业,使绿色、低碳、可持续发展的文化理念成为主流。互联网技术、数字技术、3D打印、虚拟现实、新材料等新技术浪潮对文化领域的颠覆性影响已经初露头角,互联网技术正在深刻变革人与人、人与信息、人与商品、人与服务之间的关系,数字技术正在深刻改变文化内容的生产、传播和接受方式,3D打印技术将带来文化制造的创客革命,VR/AR等新技术催生新一轮文化体验革命,新材料技术使智能织物与智能服饰引领潮流。[①]随着互联网、大数据、云计算、人工智能、VR/AR等新兴技术的兴起和发展,人类的文化生产、传播、消费和服务方式正在发生深刻变革,文化创意产业的产业形态、商业模式也随之发生根本性变化,使娱乐产业出现泛娱乐化和IP化,信息传播更加人格化、数据化、个性化、智能化、体验化,未来必将诞生出许多新兴的文化服务和文化消费业态。

文化和科技融合已成为当今的时代潮流,通过文化与科技融合推动文化创意产业发展已经成为全球性共识,世界各国尤其是发达国家纷纷将其作为发展的重点方向。美国采用版权保护等措施促进文化科技融合发展,为了适应数字化时代对版权产业发展的要求,美国积极实施数字化版权保护战略,于1998年10月通过了《跨世纪数字版权法》,为大众和版权产业界提供数字化版权保护。英国利用信息技术、资金资助等促进文化科技融合发展,

---

[①] 《十大文化科技融合的产业发展趋势:未来将诞生新兴的文化服务业态》,亿欧网,2017年11月18日,http://www.myzaker.com/article/5a0f87691bc8e04539000001/。

2009年发布《数字英国白皮书》，为数字化通信传播、数字内容和服务确定了方向；2017年颁布《产业战略绿皮书》，将创意产业与生命科学、节能汽车、数字工业、核工业一道作为政府重点支持的五大战略产业。日本提出了"文化立国"战略，主要通过促进研究开发等措施促进文化科技融合发展，自2001年起日本每年发布《数字内容白皮书》，当前日本在漫画、动画片和游戏软件等领域在国际市场的影响力巨大。

面对当今世界文化与科技融合的新趋势和国际文化产业发展的新变化，中国也紧紧抓住文化与科技融合发展的新机遇，将促进文化与科技融合作为国家的一项重要战略举措，出台了一系列促进文化产业与科技融合的政策。《"十三五"国家战略性新兴产业发展规划》首次提出发展数字创意产业，计划到2020年数字创意产业相关行业产值规模达到8万亿元。大力发展数字创意产业及相关产业，促进动漫游戏、网络文化、数字文化装备、数字艺术展示、数字出版等产业发展，有助于推动文化创意与科技创新互动发展，为北京文化创意产业与科技的融合发展带来新的契机。

（二）我国文化强国建设为文化创意产业与科技融合发展创造新机遇

习近平总书记在党的十九大报告中72次提到文化，明确指出"文化兴国运兴，文化强民族强。没有高度的文化自信，没有文化的繁荣兴盛，就没有中华民族伟大复兴。要坚持中国特色社会主义文化发展道路，激发全民族文化创新创造活力，建设社会主义文化强国"。当今时代，文化与科技融合已成为一种必然趋势，这种趋势使文化发展日益需要科技创新的支撑，科技发展则日益离不开文化的引导和融入。实施文化强国战略呼唤文化与科技融合发展，又为文化与科技融合提供了难得的机遇。加快文化与科技融合发展，实现文化与科技协同创新、互动发展和共同提升，对于推进社会主义文化强国建设具有重大而深远的意义。

党的十九大报告提出，要"健全现代文化产业体系和市场体系，创新生产经营机制，完善文化经济政策，培育新型文化业态"。文化产业是我国经济高质量发展形势下的重要产业。近年来，我国经济增速虽有所放缓，但文化产业保持了强劲的发展势头。据国家统计局初步测算，2017年文化及相关产业实现增加值35462亿元，比2016年的30785亿元增加4677亿元，增长15.2%，继续保持两位数增长；文化及相关产业增加值占GDP的比重达4.29%，比2016年的4.14%上升了0.15个百分点。截至2017年12月31日，沪深股市共有文化上市公司192家，总市值达23675.96亿元，分别占沪深股市上市公司总数和总市值的5.5%、4.1%。[①] 随着文化与科技的深度融合，我国文化产业继续保持快速发展的良好势头，整体产业的规模实力和竞争力、影响力进一步提升。

为有效推进文化与科技融合，更好地促进文化产业发展，国家还出台了一系列政策文件。2017年5月中办国办颁布的《国家"十三五"时期文化发展改革规划纲要》明确提出，要强化文化科技支撑作用，落实中央财政科技计划管理改革的有关要求，通过优化整合后的科技计划（专项、基金等），支持符合条件的文化科技项目。文化部发布的《"十三五"时期文化科技创新规划》，为"十三五"时期文化科技融合创新发展绘制出明确的路线图，提出实施文化创新、文化科技重点研发、文化大数据、文化装备系统提升、文化标准化、文化科技成果转化六大重点工程和到2020年建成文化科技创新体系的目标。文化部发布的《关于推动数字文化产业创新发展的指导意见》明确提出，要把推进数字文化产业创新发展作为推进文化产业和战略性新兴产业发展的重要工作内容，培育文化产业发展新动能。2018年5月，科技部、中宣部、中央网信办、文化和旅游部、国家广播电视总局五部委联合印发《国家文化和科技融合示范基地认定管理办法（试行）》，对文化和科技融合示范基地的定义、申请标准和认定结果提出了明确要求。这些政策文件的出台，有利于促进文化与科技的融合发展及创新互动，为北京文创产业与科技融合发展创造了难得的机遇。

---

① 《2017文化产业最新"成绩单"：增速保持两位数增长》，光明网，2018年5月30日，http://news.gmw.cn/2018-05/30/content_29037531.htm。

（三）北京城市功能定位为文化创意产业与科技融合发展提供新空间

2014年2月，习近平总书记明确提出北京"四个中心"的新功能定位——政治中心、文化中心、国际交往中心、科技创新中心。为了落实"四个中心"战略定位，2017年9月发布了《北京城市总体规划（2016～2035年）》，提出大力实施以疏解北京非首都功能为重点的京津冀协同发展战略，转变城市发展方式，完善城市治理体系，有效治理"大城市病"，不断提升城市发展质量、人居环境质量、人民生活品质、城市竞争力，实现城市可持续发展。

北京自2015年开始实施疏解和调整非首都功能工作以来，对一般性制造业、区域性物流基地和区域性批发市场，以及部分教育、医疗机构和部分行政、事业性服务机构等"凡是不符合首都城市战略功能"的产业、领域，通过控增量、疏存量等方式进行了重点疏解。为配合非首都功能疏解工作，北京市还制定并修订完善了全国首个以治理"城市病"为目标的《北京市新增产业的禁止和限制目录（2015年版）》，全市禁限行业占国民经济行业分类的比重达到55%，城六区达到79%。《北京市文化创意产业投资指导目录》的制定，明确了在鼓励、允许、限制和禁止投资的基础上，积极引导非公有资本及海外资本进入文化创意产业的新闻出版发行和版权服务，广播、电视、电影服务，文化艺术服务等领域，为产业发展注入新鲜血液。

通过疏解非首都功能，北京不断降低传统工业和低附加值服务业的比重，集中发展高端制造业、金融业、文化创意产业等产业，加快构建"高精尖"经济结构步伐。随着非首都功能疏解的推进，文化创意产业发展的空间有所增大，将疏解腾退空间优先用于补充完善国家文化等"四个中心"的功能，为文化创意产业借势发展营造了良好的空间环境。

"四个中心"功能定位是北京城市核心职能的发展目标与方向，对文化与科技融合发展提出了新要求。《北京城市总体规划（2016～2035

年)》指出，文化中心建设要充分利用北京文脉底蕴深厚和文化资源集聚的优势，发挥首都凝聚荟萃、辐射带动、创新引领、传播交流和服务保障功能，把北京建设成为社会主义物质文明与精神文明协调发展，传统文化与现代文明交相辉映，历史文脉与时尚创意相得益彰，具有高度包容性和亲和力，充满人文关怀、人文风采和文化魅力的中国特色社会主义先进文化之都。科技创新中心建设要充分发挥丰富的科技资源优势，不断提高自主创新能力，在基础研究和战略高技术领域抢占全球科技制高点，加快建设具有全球影响力的全国科技创新中心，努力打造世界高端企业总部聚集之都、世界高端人才聚集之都。文化中心建设与科技创新中心建设，直接为文化与科技融合发展提出了新要求，在文化中心建设过程中，既要充分利用科技手段促进文化发展，又要为科技创新营造良好的文化氛围。近代科技发展史表明，世界科学中心在其形成的过程中，均无一例外地伴随着深刻的思想解放和文化嬗变，如意大利科学中心与其文艺复兴、英国科学中心与其清教徒革命、法国科学中心与其启蒙运动、德国科学中心与其古典哲学的发展、美国科学中心与其民族精神形成等密不可分，科学中心也往往是文化中心。

政治中心是北京最重要的特色，政治中心建设要为中央党政军领导机关提供优质服务，全力维护首都政治安全，保障国家政务活动安全、高效、有序运行。国际交往中心要求北京充分提高政治、经济、文化等方面的发展水平，提升国际交往能力，肩负着代表国家形象参与国际交往、举办大型国际会议等重要使命。为此，政治中心建设和国际交往中心建设也在一定程度上对文化与科技融合发展提出了新要求，需要通过促进文化与科技的深度融合，不断增强文化自信，维护国家文化安全，打造具有国际影响力的中华文化品牌，推动中国文化"走出去"。

因此，在文化与科技日益融合的今天，落实"四个中心"功能定位，需要充分发挥北京的两大优势——科技和文化，以先进文化理念引领科技创新，以科技创新支撑文化繁荣发展。在充分利用现代科技手段促进文化事业、文化产业发展的同时，加强文化建设，大力弘扬科学精神，营造良好的创新文化环境，能够更好地"让文化插上科技的翅膀、让科技注入文化的灵魂"，开创文化与科技融合新时代，形成首都发展新动能。

二 北京文创产业与科技融合发展的现状及特点

近年来，北京高度重视推进文化与科技融合发展工作，将文化与科技融合发展作为全国文化中心、科技创新中心建设的重要内容，依靠文化与科技融合促进北京文化创意产业快速发展，取得了显著成效。

（一）科技支撑文化创意产业发展壮大

在科技的支撑下，北京文化创意产业规模持续扩大，就业形势向好，已成为北京的重要支柱产业，成为满足人民美好生活需求的幸福产业。2017年，北京文化创意产业实现增加值3908.8亿元，比2016年的3581.1亿元增加327.7亿元；文化创意产业占GDP的比重为14.0%，与上年持平。[1] 截至2016年底，北京市文化创意产业法人单位已经超过23万家，其中规模以上文化创意产业法人单位有8033家，收入在亿元以上的文化创意产业法人单位有1908家，收入超过10亿元的文化创意产业法人单位有235家。北京文化创意企业的科技创新能力不断增强，截至2016年底，全市在文化领域认定的高新技术企业达3047家，约占全市高新技术企业总数的两成。[2]

自2006年以来，北京文化创意产业增加值占GDP比重稳步提高，由2006年的10.1%上升至2017年的14.0%（见表1）。未来，随着非首都功能疏解和构建"高精尖"经济结构的推进，文化创意产业与科技的融合将会更加深入和广泛，文化创意产业的支柱地位将更加稳固，成为拉动首都经济发展的重要增长极。

---

[1] 《北京市2017年国民经济和社会发展统计公报》，北京市统计局网站，2018年2月27日，http://www.bjstats.gov.cn/tjsj/tjgb/ndgb/201803/P020180302397365111421.pdf。
[2] 《北京拟出台促进文化科技融合发展若干意见》，搜狐网，2017年10月15日，http://www.sohu.com/a/198147749_148781。

表1 北京文化创意产业相关指标情况

年份	文化创意产业增加值(亿元)	文化创意产业增加值占GDP比重(%)	文化创意产业增加值增速（按可比价格计算）(%)	第三产业增速(%)
2006	823	10.1	16.1	13.9
2007	1008	10.2	14.0	15.4
2008	1346	12.1	29.8	12.5
2009	1490	12.3	11.3	10.1
2010	1698	12.0	7.8	9.4
2011	1990	12.2	8.1	8.3
2012	2205	12.3	8.1	8.3
2013	2578	13.0	14.7	7.8
2014	2826	13.3	6.2	7.6
2015	3254	13.7	9.7	8.2
2016	3581	14.0	80.0	7.0
2017	3909	14.0	9.2	7.3

资料来源：根据北京市统计局公开数据测算。

（二）科技促进文化创意产业结构优化升级

近年来，北京文化创意产业各行业在保持稳步增长的同时，产业内部结构不断深化调整，文化科技融合业态的引领作用更加明显，与数字技术、"互联网＋"等紧密相关的新领域、新业态、新模式蓬勃发展，推动文化创意产业转型升级，"高精尖"产业结构趋势越发明显。北京文化创意产业中文化艺术、新闻出版等九大行业的增加值、资产总计、收入合计、从业人员平均人数及其各自的占比情况见表2。

2016年，软件、网络及计算机服务业继续保持较快增速，体量规模上主导地位更加明显。2016年，软件、网络及计算机服务业实现增加值2109.4亿元，同比增长11.0%，占全市文化创意产业增加值的58.9%。该行业规模以上资产总计11418.3亿元，从业人员平均人数为67万人，收入合计6131.7亿元，分别占全市规模以上文化创意产业的45.8%、53.3%、40.3%，体量上近半壁江山。

表2 2016年北京文化创意产业九大领域相关指标情况

领域	增加值 绝对值（亿元）	增加值 比重（%）	资产总计 绝对值（亿元）	资产总计 比重（%）	收入合计 绝对值（亿元）	收入合计 比重（%）	从业人员平均人数 绝对值（万人）	从业人员平均人数 比重（%）
文化艺术	161.2	4.5	1344.5	3.5	502.8	2.8	10.3	5.2
新闻出版	322.8	9.0	2493.7	6.6	923.0	5.2	11.1	5.6
广播、电视、电影	231.5	6.5	3698.2	9.8	1002.8	5.6	8.1	4.1
软件、网络及计算机服务	2109.4	58.9	16801.8	44.3	7010.7	39.2	98.3	49.6
广告会展	221.8	6.2	2729.4	7.2	2548.3	14.2	17.3	8.7
艺术品交易	65.6	1.8	1181.8	3.1	1329.6	7.4	3.2	1.6
设计服务	163.5	4.6	1562.2	4.1	757.6	4.2	14.6	7.4
旅游、休闲娱乐	119.1	3.3	1836.1	4.8	1253.8	7.0	13.6	6.9
其他辅助服务	186.2	5.2	6273.5	16.5	2557.2	14.3	21.6	10.9
文化创意产业合计	3581.1	100	37921.3	100	17885.8	100	198.1	100

资料来源：根据《北京统计年鉴2017》相关数据测算。

文化艺术、新闻出版、艺术品交易、设计服务四类行业呈现稳中有升的良好发展态势。2016年，文化艺术业实现增加值161.2亿元，同比增长16.1%；新闻出版业实现增加值322.8亿元，同比增长14.5%；艺术品交易业实现增加值65.6亿元，同比增长2.0%；设计服务业实现增加值163.5亿元，同比增长21.2%。根据2016年1~12月可比数据，文化艺术、新闻出版、艺术品交易、设计服务四类行业规模以上企业收入分别增长4.3%、0.1%、9.0%、11.0%，与2015年2.2%、0.8%、6.9%、4.1%的收入增速相比，实现稳中回升。[①] 特别是设计服务业，积极适应"文化创意+"融合发展趋势，成为北京新的经济增长点。据初步统计，2016年北京共有设计机构（法人单位）2.3万家，收入超过2000亿元，2011~2016年设计产业收入年均增速已超过11%，快于GDP增速5个百分点，高于第三产业年

---

① 北京市国有文化资产监督管理办公室、中国传媒大学文化发展研究院：《北京文化创意产业发展白皮书（2017）》，2018。

均增速7个百分点。①

广播、电视、电影，广告会展，旅游、休闲娱乐，其他辅助服务四类行业稳步发展，收入增速放缓。2016年，广播、电视、电影业保持稳步增长态势，实现增加值231.5亿元，同比增长2.9%；广告会展业实现增加值221.8亿元，同比增长2.0%；旅游、休闲娱乐业实现增加值119.1亿元，同比增长10.6%；其他辅助服务业实现增加值186.2亿元，同比增长1.5%。根据2016年1~12月可比数据，广播、电视、电影，广告会展，旅游、休闲娱乐，其他辅助服务四类行业规模以上企业收入分别增长3.6%、9.5%、1.0%、0.3%，与2015年5.4%、19.2%、15.1%、24.1%的收入增速相比明显放缓。

（三）涌现了大批具有较强竞争力的文化科技融合龙头企业

近年来，北京"文化+科技"模式取得新突破，随着"互联网+"、云计算、大数据、虚拟现实、人工智能、3D打印等高新技术的融入，诞生了数字出版、互联网+电影、动漫旅游、网络文学、网络视听等跨界融合的文化新业态，涌现了一大批优秀的文化科技企业代表，如百度、新浪、搜狐、中文在线、滴滴打车、春雨医生、去哪儿网、汉王科技、北大方正、爱国者、开心麻花、阿姨帮、爱大厨等。在文化与科技融合发展的推动下，华录百纳、保利文化集团、完美世界、北京文投集团等9家文化企业进入第十届"全国文化企业30强"名单。从这些上榜企业来看，大多注重应用高新技术、"互联网+"，其产业链趋于完善，文化产品的科技含量大大提高，品牌影响力得到有效提升。

（四）文化科技创新载体与平台建设持续推进

目前，中关村国家级文化和科技融合示范基地包括海淀园、雍和园、德胜园、石景山园、朝阳园五个分基地，形成了东城新闻出版与版权交易、西

---

① 《北京设计产业年均增长超11% 人均创收超百万元》，《北京日报》2017年9月23日。

城设计创意和设计出版、海淀数字内容、石景山数字娱乐、朝阳文化传媒等各个园区产业定位鲜明、优势互补的协同发展格局。为促进中关村国家级文化和科技融合示范基地建设，自2012年开始，北京市科委设立了文化科技融合培育专项，搭建了东城版权交易、西城设计创意、海淀海量数据挖掘、朝阳传媒技术成果集成与信息消费、石景山动漫游戏等一系列公共技术服务平台，支持了150余个文化科技融合示范关键技术和成果转化项目，各个区县也出台了相关的配套政策，中关村国家级文化和科技融合示范基地取得了长足的发展。

为促进文化与科技有效融合，北京陆续建立了版权综合服务平台、创意产业共性技术开发平台、动漫技术服务平台、数字出版信息公共服务平台等文化科技创新服务平台。与此同时，北京还充分利用每年举办的科博会、文博会、国际设计周等大型展示交流活动，为文化科技等各种融合类新业态、新项目提供展示平台。

在2018年5月举办的第二十一届科博会上，首都文化科技融合发展成果展重点展示了文化创意产品设计、工艺美术设计、传统文化保护技术等内容，项目涵盖创意设计、动漫游戏、移动互联网、数字内容等多个文化科技融合类产业，文化科技融合发展成果亮点纷呈。"北京8分钟"的特效团队——Framestore也来到科博会，对其利用地屏投影和冰屏CG制作技术以提高中国影视特效行业水平做了推介。北京掌聚互动游戏软件有限公司带来了"动漫主题AR互动软件"，北京唱吧科技股份有限公司展示了可连接App的智能K歌麦克风，利亚德集团展示了可任意拼接的智能电视，北京全景客信息技术有限公司的VR文化旅游体验、微景天下（北京）科技有限公司的亿级像素商用全景相机展示等产品，均使用了新科技以改变文化的生产和体验方式。此外，北京歌华文化发展集团下属的未来艺术实验室利用数字化AR智能系统，全新展示了中华世纪坛艺术馆镇馆之宝——中华千秋颂环形浮雕壁画。[①]

[①]《北京文化科技融合成果亮相科博会》，《新京报》2018年5月19日。

（五）文化科技融合政策保障体系不断完善

近年来，北京市出台了一系列推动文化科技融合的政策文件。北京市委十届十次会议通过的《关于发挥文化中心作用加快建设中国特色社会主义先进文化之都的意见》提出了文化创新、科技创新"双轮驱动"战略，将文化与科技融合工作纳入首都文化建设的重点工程，做出了推动文化科技融合发展和构建文化技术创新体系两个方面的部署安排。

2014年出台的《北京市文化创意产业提升规划（2014~2020年）》（京政发〔2014〕13号）将文化与科技融合作为一项重要任务，提出完善以企业为主体、市场为导向、应用为先锋的产学研用相结合的文化科技创新体系，广泛运用现代信息技术，提高企业的先进技术装备水平和文化产品的科技含量；加快高新技术成果向文化领域的转化应用，重点培育动漫游戏、移动互联网应用、视听新媒体、3D打印和绿色印刷等新兴文化业态。

2015年出台的《北京市推进文化创意和设计服务与相关产业融合发展行动计划（2015~2020年）》将推进文化与科技融合列为重要的产业融合方向，要求科技创新与文化创新相结合，加快培育文化与科技双向深度融合的新型业态。

2016年出台的《北京市"十三五"时期加强全国文化中心建设规划》明确提出"推动文化和科技深度融合，让文化插上科技的翅膀，让文化创新在首都蔚然成风"的发展目标，将"大力推进文化创意产业传统行业的科技应用与升级""发展和培育动漫游戏、3D打印、移动多媒体、网络电视、绿色印刷、虚拟会展、艺术品网络交易等文化科技融合新业态，开发文化科技融合衍生产品和服务"作为文化中心的重要任务。《北京市"十三五"时期加强全国科技创新中心建设规划》也将文化与科技融合作为其重要内容，从推进"设计之都"建设、提升科技支撑文化发展水平、鼓励新型文化业态发展、推进中关村国家级文化和科技融合示范基地建设等方面做了规划安排。

为充分发挥政府政策对推进文化与科技融合的杠杆作用，北京市政府正在研究制定《北京市促进文化科技融合发展的若干意见》[①],拟通过奖励、项目资助、财政补贴等多种方式,支持企业开展文化科技创新,促进文化创意与科技创新的交融发展。随着这些规划和政策文件的出台,北京文化创意产业与科技融合的政策保障体系也将不断得到完善。

三 北京文化创意产业与科技融合的现存问题

虽然北京文化创意产业与科技融合发展态势不错,但作为全国的文化中心、科技创新中心,文化与科技融合的深度和广度相对于北京高质量发展的需求来说还很不够,存在一些亟须解决的问题,主要体现在以下几个方面。

(一)文化科技融合体制机制不完善

由于文化与科技分属于不同的领域,长期以来,文化产业由文化部门来管理,科技产业则由科技部门来管理。北京市政府虽然非常重视文化与科技融合发展工作,但由于机构设置等原因,尚未形成有效联动机制,存在统筹协调不足、多头管理的问题,亟须在文化与科技融合的制度层面有所突破。

(二)文化科技创新能力尚待提升

一是科技对文化创意产业发展的支撑驱动不够。与美国纽约、英国伦敦、法国巴黎、日本东京等世界发达城市相比,文化产业领域的关键技术和核心技术明显不足,各类科技资源、科技成果在文化创意产业和文化遗产保护等领域的转化应用相对不足。例如,电影领域中的3D技术应用,其中的文化内容与3D技术没有深度匹配;动漫游戏领域中的渲染技术、电脑绘图技术等关键技术长期被国外垄断,存在本土应用不足等问题。二是文化科技创新的智力支持亟待加强,缺乏既懂科学技术又懂文化创新规律的复合型人

---

① 《北京拟出台促进文化科技融合发展若干意见》,搜狐网,2017年10月15日,http://www.sohu.com/a/198147749_148781。

才，能够引领文化科技融合发展的领军人才和高层次人才更是奇缺。三是缺乏具备国际领先创新能力的文化科技融合型企业，具有高品质和高品牌特征的高科技含量文化产品较少，主要依靠移植国际高科技行业底层技术体系，引进国际核心技术成果，自主创新技术少，商业模式创新不够。

（三）针对文创产业与科技融合的政策供给不足

从国家层面来看，虽然出台了国家高新技术企业、国家技术先进型服务企业、国家软件企业、国家动漫企业等认定管理办法，对经认定的国家高新技术企业、国家技术先进型服务企业、国家软件企业、国家动漫企业给予税收优惠政策，但是这些政策不能覆盖文化产业的所有行业，尤其是文化艺术、新闻出版、广告会展等传统文化产业。从北京市来看，市科委设立了"北京市科技文化融合示范基地建设与产业培育"专项，但这个专项的总金额也不高，主要是面向各区县科委的，用于支持各区文化领域的公共服务平台、共性关键技术攻关及产业化应用示范；市文资办也设立了"投贷奖"政策，主要用于支持文创企业发展，缓解文创企业融资难、融资贵、融资慢等问题，到目前为止尚未出台鼓励文化与科技融合发展的专项政策。

（四）有利于文化科技的融合环境较为缺失

一是承载文化科技融合的市场体系不够完善。由于文化与科技融合创新资金投入大、市场风险高，缺少跨文化与科技领域发展的市场主体，对推进文化科技融合发展的基地、功能平台支持不足。二是在知识产权保护方面，与传统产业相比较，文化科技融合产品极易遭受侵权，当前在知识产权尤其是著作权和商标权保护方面存在缺失，致使科技与文化融合的动力不足。三是科技与文化融合发展的相关理论和实证研究比较缺乏，这在一定程度上影响了科技与文化融合发展的速度、广度及深度。四是文化科技融合发展的社会氛围尚未形成，从目前来看，文化与科技融合还未成为一种自觉行动，融合还未成为一种社会共识，重视和鼓励文化与科技融合创新的社会氛围还没有形成，倡导学术自由、探索冒险的科学精神仍然受到种种限制，没有贯彻到整个社会，尚未形成"鼓励创新、宽容失败"的社会文化环境。

四 北京文化创意产业与科技融合发展的路径与对策

根据文化与科技融合发展的形势需要，结合当前北京文化创意产业与科技融合的现状特点以及存在的问题与不足，对促进北京文化与科技融合发展提出以下建议，以实现北京文化创意产业高质量发展。

（一）完善文化科技融合体制机制

一是理顺促进文化与科技融合的组织思路。推进文化与科技融合，需要进一步理顺政府、市场和社会之间的关系。遵循顶层设计、统筹领导、协调管理、跨界联动的组织原则，进一步深化文化与科技主管部门之间的协调与互动，积极探索跨部门、跨区域、跨领域、跨行业、跨所有制的文化科技合作新机制，形成有利于文化和科技融合发展的工作机制。

二是建立和完善文化与科技融合领导决策机制，依托推进全国文化中心建设领导小组办公室和北京推进科技创新中心建设办公室，统筹中央和地方文化资源、科技创新资源，在推动全国文化中心建设和科技创新中心建设的同时，注重两个中心之间的协调发展以及文化资源、科技资源的整合利用，加强对文化与科技融合工作的统筹决策。

三是建立跨部门协调工作机制。成立由市委宣传部、市科委、市文化局、市经信委、市新闻出版广电局、市文资办、中关村管委会等部门参加的文化与科技融合工作联席会议机制，负责统筹协调全市文化与科技融合工作，以及国家级文化和科技融合示范基地建设、国家文化产业创新实验区建设等重大事项，促进文化与科技的深度融合。

四是建立体制内外沟通协调机制。加强文化与科技融合领域的智库建设，通过相关智库建设，吸纳国内外文化界、科技界、产业界、社会界和金融界等高层次专家，对文化科技融合发展战略规划、文化科技体制机制改革、文化科技重大专项设置等提出咨询意见，为相关政府管理部门提供决策参考。同时，受领导小组或相关部门的委托，对文化科技政策、文化科技重大专项论证等开展科学评估、调研论证等。

（二）提升文化科技创新能力

加强文化领域的关键共性技术突破。围绕全国文化中心建设，以文化艺术、新闻出版、广播影视、文物保护等重点文化领域为突破口，抓住影响和制约文化发展的技术瓶颈，支持一批全局性、战略性、基础性课题，集中开展技术攻关，努力在核心技术、关键技术和共性技术研发方面取得新突破。

加强科技成果在文化领域的转化运用。强化现代信息技术、数字技术、广电技术、人工智能技术、虚拟现实技术、3D打印技术、高端装备技术等高新技术在文艺演出、广播影视、新闻出版、工艺美术等传统文化产业中的转化与运用，实现技术升级、设备升级与服务升级。围绕长城文化带、大运河文化带、西山永定河文化带建设，加强现代科技在文化保护和发展中的应用。促进高新技术与传统工艺有机结合，在传承民族传统工艺特色的基础上推陈出新。

建立健全文化科技创新体系。立足文化领域的产品创新、服务创新，引导文化创意企业、科技企业、科研院所、研发机构、产业联盟等主体建立文化科技融合的"政产学研金"一体化机制和创新体系，挖掘与对接文化领域的技术需求，加强科技的开发与利用，为北京公共文化服务体系建设、文化创意产业发展提供科技支撑。

聚集文化科技融合跨界人才。落实各类人才政策，积极引进海外文化创意、文化科技研发等高端人才。鼓励文化创意企业引进高技术人才，特别是国家"千人计划"、北京市"高创计划"所支持的高层次人才。支持带资金、带项目的高级人才在重点文化科技产业园落户创办企业。建设文化与科技融合方面跨学科、跨专业、跨领域的项目与平台，为文化科技融合型人才提供锻炼成长的空间和机会。

（三）加大对文创产业与科技融合政策的支持力度

出台针对文化与科技融合发展的相关政策。为了促进文化与科技融合发展，国内许多地方出台了相关政策措施。例如，上海市出台了《上海张江国家自主创新示范区促进文化与科技融合产业发展资助办法（试行）》，江苏省出台了《关于促进文化科技融合发展的二十条政策措施》，深圳市出台了《关于促进文化与科技融合的若干措施》，广州市出台了《促进我市文化与科技融合的实施意见》，杭州市出台了《关于促进文化和科技融合的若干政策意见》，武汉市出台了《关于推进文化科技创新加快文化与科技融合发展的意见》，北京市海淀区出台了《海淀区文化科技园区及孵化器认定和管理办法（试行）》，等等。这些政策措施包括提升文化科技创新能力、加强对文化科技融合示范基地与示范企业的支持、培育文化科技创新主体、搭建文化科技融合平台、加强文化科技人才队伍建设等方面。

北京是全国的文化中心、科技创新中心，为了更好地整合文化资源、科技创新资源，有必要制定出台针对文化与科技融合的专项政策措施。通过制定专项政策措施，设立文化科技创新基金，鼓励企业加大对文化科技的研发投入，加强文化科技融合的孵化器和创新空间建设；出台文化科技融合示范基地、示范企业认定管理办法，通过认定一批文化科技融合示范基地、示范企业，促进文化科技融合产业集聚发展，做优做大文化科技融合企业，助推文化企业"走出去"，扩大北京文化产业的品牌影响力。

另外，可以开展文化与科技融合示范企业认定试点工作。通过比照《国家高新技术认定管理办法》等有关企业认定管理办法，设置文化科技融合企业认定标准，将"作品著作权""创意强度""成长性"等要素纳入认定条件中，选择北京中关村国家级文化和科技融合示范基地进行试点，对经认定的文化科技融合企业给予一定比例的税收优惠。

（四）营造有利于文化科技融合的创新环境

一是建设科技和文化融合载体平台。推进中关村国家级文化与科技融合示范基地建设，促进海淀、东城、西城、石景山、朝阳分基地形成数字内容、艺术品交易、设计创意、动漫游戏、文化传媒等特色鲜明的产业集群。加大市级文化和科技示范基地建设力度，开展市级文化科技融合示范基地认定工作。鼓励和支持文化科技园区对文化科技企业进行孵化和上市辅导，并鼓励民间资本投资共性服务平台。

二是加大对知识产权的保护力度。落实国家和北京市在推动知识产权保护方面的各项法律法规，完善著作权、专利权、商标权等知识产权法制体系和保护机制。以版权保护促进文化创新，推进原创文化作品的版权保护，规范网络使用。完善版权运用的市场机制，推动版权贸易规范化。发展版权产业，形成全产业链的版权开发经营模式。培育有利于创新的知识产权文化，提升知识产权创造、运用、保护和管理能力。

三是营造良好的文化科技创新氛围。一方面，要充分发挥省内高等院校、文化企业技术联盟、科技智库、文创智库等平台作用，对于文化科技融合领域的理论与实践课题研究，市哲学社会科学基金予以优先立项。另一方面，要强化先进社会文化建设与科普工作的联动，提升公众的参与率。在普及科学技术知识、传播科学思想与科学方法、弘扬科学精神的同时，普及人文社会科学领域的知识和弘扬优秀的传统文化，使文化与科技融合的理念深入人心，使文艺作品与科技知识、人文情怀与科学思想、文化业态与科技方法、文化素养与科学精神等不断融合，进而促进文创产业与科技走向深度融合。

B.25
京沪穗杭文化创意产业发展对比分析

王燕宇 梁小雨*

本报告选取产业规模、经济贡献率、消费需求三个角度对北京、上海、广州、杭州四地的文创产业发展整体情况进行对比分析,另外选取重点行业进行分析,结果显示,北京、上海在影视行业竞争激烈,北京、广州在动漫游戏领域各有千秋,而上海或凭高端会展拿到设计服务行业更多的话语权。此外,本报告还着重分析了北京市文创产业发展的情况、优势及不足,并从聚集重点领域、强调品牌意识、激发产业活力等方面提出了北京市文创产业发展的对策。

一 文创产业统计口径对比分析

北京市文化创意产业包含文化艺术服务、新闻出版及发行服务、广播电视电影服务等九大类。上海市对文化创意产业的定义与北京略有不同,主要包含媒体业、艺术业、工业设计业、建筑设计业、时尚创意业、网络信息业、软件与计算机服务业、咨询服务业、广告及会展服务业、休闲娱乐服务业、文化创意相关产业(主要是文化装备制造等)共十一大类。杭州市将文化创意产业分为核心层和外围层,核心层包括信息服务业、动漫游戏业、设计服务业、现代传媒业、艺术品业、教育培训业、文化休闲旅游业、文化会展业八大类,外围层包括文化装备制造、医疗、教育、体育等门类。广州

---

* 王燕宇,北京蓝色智慧管理咨询中心政府咨询部事业二部主任;梁小雨,北京蓝色智慧管理咨询中心经济研究员。

市的文化创意产业分类以国家统计局颁布的《文化及相关产业分类》为依据。由此可见，北京、上海、广州、杭州四地对文化创意产业的定义基本相同。上海市将咨询服务业纳入统计范围，以及杭州市文化创意产业外围层包含的医疗、教育等内容较为特殊。

二 文创产业发展整体情况对比分析

鉴于北京市、上海市、广州市和杭州市对文化创意产业的定义基本相同，因此将四地数据从产业规模、经济贡献率、消费需求三个角度直接进行比较。

（一）产业规模对比①

由于2017年数据普遍缺失，因此搜集2014~2016年数据进行对比分析。从图1可以看出，北京市与上海市的文创产业增加值差距不大，杭州市、广州市分别位列第三、第四。从图2可以看出，文创产业对杭州市经济发展的支撑作用排在首位，2016年北京市、上海市与广州市的差异不大，均在13%左右。近年来，北京、上海、广州、杭州四地的文创产业发展如火如荼，北京市与上海市优势明显，呈领跑态势，杭州市、广州市发展向好，大有后来者居上的趋势。

（二）经济贡献率对比

计算地区文化创意产业增加值增量/GDP增量，作为文化创意产业经济

---

① 本部分北京市数据来源于历年《北京文化创意产业发展白皮书》；上海市数据来源于《2015年上海文创产业实现增加值3020亿元》（http://www.ce.cn/culture/gd/201605/04/t20160504_11181549.shtml）、《上海举行〈关于加快上海文化创意产业创新发展的若干意见〉发布会》（国务院新闻办公室网站）等；广州市数据来源于《广州文化创意产业发展报告（2016）》《2017广州文化创意产业发展报告》等；杭州市数据来源于《2017杭州文创产业实现十大新突破 增加值3041亿》（http://hznews.hangzhou.com.cn/jingji/content/2018-01/31/content_6787824.htm）。

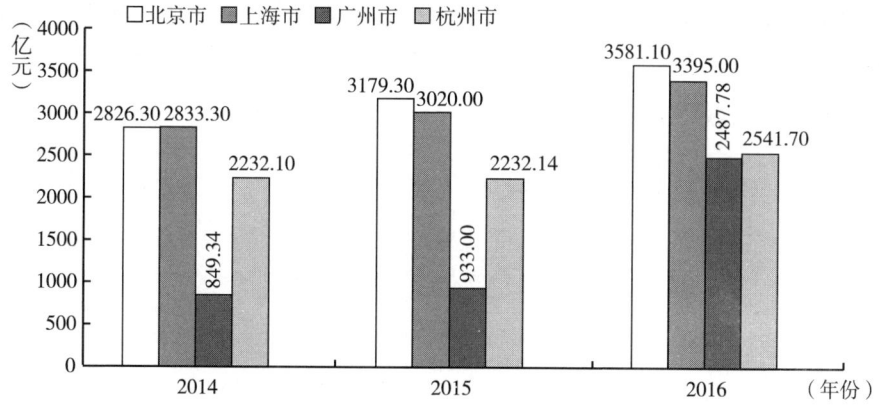

图1 2014~2016年北京市、上海市、广州市、杭州市文创产业增加值

注：广州市2016年统计口径发生变化，因此与2014年和2015年数据差异显著。

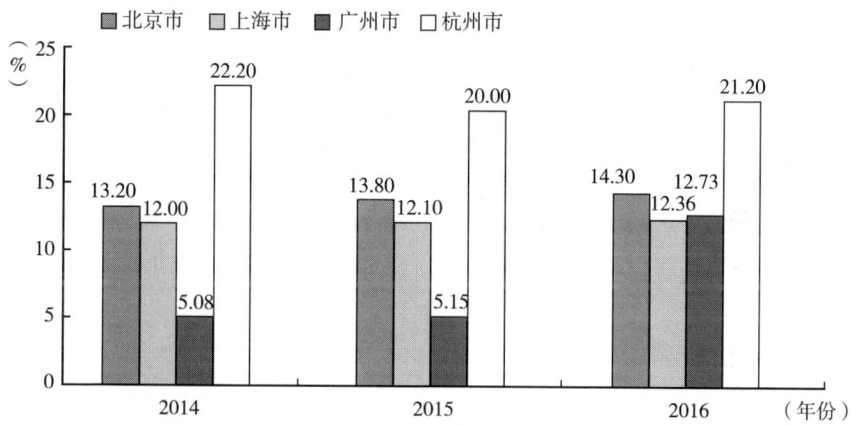

图2 2014~2016年北京市、上海市、广州市、杭州市文创产业增加值占GDP比重

注：广州市2016年统计口径发生变化，因此与2014年和2015年数据差异显著。

贡献率的衡量指标。如图3所示，北京、上海、杭州三地2014~2016年的文化创意产业经济贡献率均呈现一定的波动，但总体来看，杭州市的经济贡献率最高，北京市略高于上海市。杭州市凭借文化创意产业起步较晚所带来的"后发优势"，以及发达的互联网技术基础，成为区域经济增长中重要的产业引擎。随着各城市对文化创意产业的重视程度越来越高,制定各类产业规划和扶持政策,创新产业发展模式,北京、上海、杭州三地的文化创意产业将不断驱动区域经济增长。

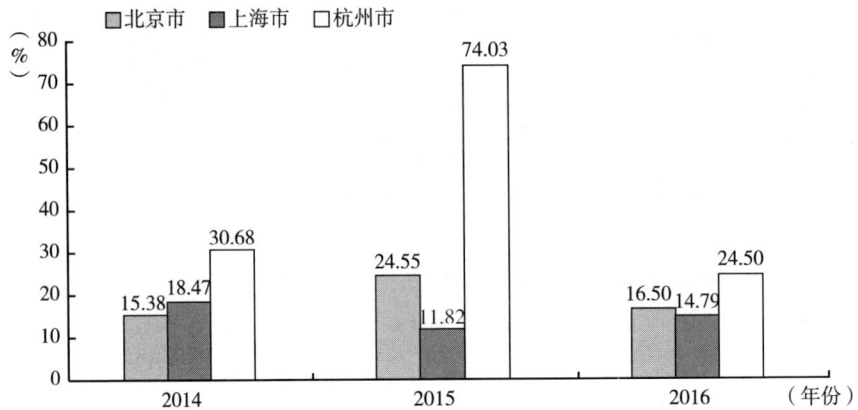

图3　2014~2016年北京市、上海市及杭州市文创产业
增加值增量/GDP增量

注:由于广州市统计口径发生巨大改变,且缺失2013年文创产业增加值数据,因此没有纳入比较。
资料来源:产业增加值、GDP数据来自2016年的《北京统计年鉴》《上海统计年鉴》《杭州统计年鉴》。

(三)消费需求对比[①]

从图4可以看出,2016年,四个城市除北京市外,教育文化娱乐消费支出占人均总支出比重都有所上升。其中,杭州市提升最快,比2015年提升1.30个百分点(见表1),这与杭州市近年来推出的《杭州市创建国家文化消费试点城市的实施意见》等一系列促进文化消费的切实举措密不可分。虽然北京市教育文化娱乐消费支出占人均总支出比重稍有下降,但仍在10%以上,四地的文化消费需求都呈现较为高涨的状态。

---

① 本部分数据全部来自2014~2016年的《北京统计年鉴》《上海统计年鉴》《广州统计年鉴》《杭州统计年鉴》。

总体而言，目前北京市、上海市、广州市的文化消费需求较强烈，杭州市的文化消费需求增长迅速，与北京市、上海市、广州市之间的差距快速缩小。

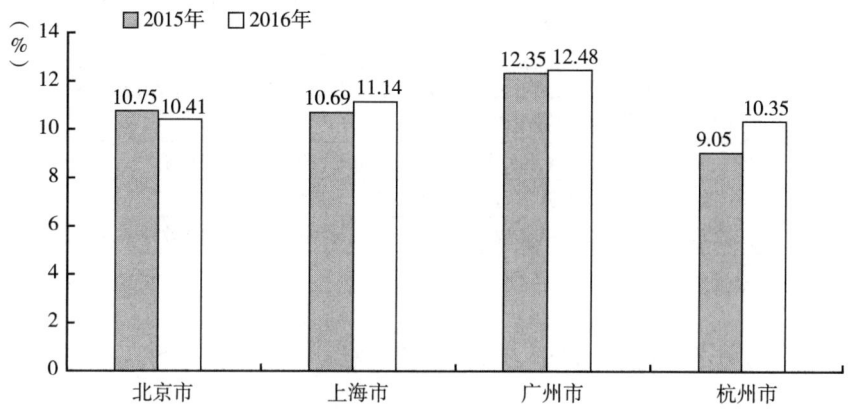

图4　2015~2016年北京市、上海市、广州市、杭州市教育文化娱乐消费支出占人均总支出比重

注：由于北京市2015年在教育文化娱乐消费方面的统计口径有所调整，所以2014年及之前的数据未予以分析。而且广州市统计口径不同于其他三地，因此广州市数据在城市居民数据的基础上进行了调整，而其他三地使用的均是全市居民数据。

表1　2015~2016北京市、上海市、广州市、杭州市教育文化娱乐消费支出占人均总支出比重变化情况

单位：百分点

指标	北京市	上海市	广州市	杭州市
比重变化情况	-0.34	0.45	0.13	1.30

三　文创产业重点行业对比分析

从表2可以看出，北京市、上海市、广州市和杭州市对文化创意产业的重点支持领域既有共性，又有个性。因此，选取影视、动漫游戏、设计服务

等各城市文创产业共同的重点关注领域进行分析,对比北京市与其他地区的差异。

表2 北京市、上海市、广州市和杭州市文化创意产业的政策重点支持领域

地区	重点支持领域
北京市	文化艺术、广播影视、新闻出版、广告会展、艺术品交易、设计服务等文化科技融合发展类业态和创意密集的高端服务类业态
上海市	影视、演艺、动漫游戏、网络文化、创意设计、出版产业、艺术品交易等
广州市	平面传媒、广播影视、出版发行、演艺娱乐、文化会展、动漫游戏等
杭州市	信息服务、设计服务、现代传媒、动漫游戏、文化休闲旅游、艺术品、教育培训、文化会展等

(一)影视行业:北京、上海竞争激烈[①]

北京市作为我国电影行业的中心,在行政、院线、媒体、人才等资源方面拥有天然的优势,北京市的电影创作生产总量,获得"五个一"工程奖、金鸡奖、金像奖、金马奖等的作品数量以及年人均观影场次等都高居各城市榜首。但必须注意到,继2016年之后,上海蝉联全国年度城市票房冠军,且影院数量和银幕数继续位列全国各城市第一,2017年的观影人次和放映场次均超过北京市,发展势头非常迅猛(见表3)。与上海市相比,北京市的电影政策支持力度相对较小。从2014年起,上海市先后颁发《关于促进上海电影发展的若干政策》《关于促进上海电影发展的若干政策实施细则》《促进上海电影发展专项资金申报指南》等政策,从资金支持、土地规划、金融税收等七个方面对电影产业链上的各个环节给予扶持,并设立上海影视摄制服务机构服务窗口,为各类主体来沪拍摄影视剧免费提供四大类116项咨询和协调服务,前者包括政策解读和相关影视类信息咨询等服务,后者包

---

① 本部分涉及的上海市数据来源于《2017年,上海电影交出一份漂亮成绩单》(https://www.baidu.com/link?url = fTM7LHX2I4n4Sg2eda20RkbgELE9fgz6zg1fc89UV8xLKGYCiINdOwbvxgwHIzwfVhc3I3qTxX2 - tpoOd - PqcKcpmZjTT3S0bgx8EHa8NPW&wd = &eqid = d9e3961d0001c155000000035aab361e)。

括影视拍摄涉及的政府管理事项和拍摄服务等内容。上海"文创50条"更是明确提出将影视产业作为上海文化创意产业发展的着力点，推进全球影视创制中心建设。与上海市相比，北京市在2017年颁布《关于2016年北京市奖励放映国产影片成绩突出影院的通知》，对电影业的支持力度相对较小。北京市在金融支持电影发展方面的优势不如上海市。上海市设立了电影企业三大补偿金制度，包括代偿损失补偿金、贷款贴息补偿金、企业完片担保费用补偿金，通过直接补贴有关担保、保险机构等金融机构，降低其投资风险，切实提升了金融机构投资上海电影企业的积极性。此外，凭借上海国际金融中心的优势，上海市积极引入美国电影金融公司（全球最大的电影完片担保公司）等企业，为影视机构服务。上海市影视企业自身也比较重视开展影视投资业务，许多公司会在筛选优质项目的基础上参与投资，并且注重对潜力影视企业的股权投资。

表3 2017年北京市、上海市影视行业发展情况对比

指标	北京市	上海市
电影票房（亿元）	33.95	35.02
放映场次（万场）	273.71	337.23
观影人次（万人次）	7636.31	8305.97
新增影院（家）	26	67
新增银幕（块）	211	419

（二）动漫游戏产业：北京、广州"各有千秋"[①]

2016年，北京市动漫游戏产业产值达521亿元，上海市为644.6亿

---

① 本部分北京市数据来源于《北京文化创意产业发展白皮书（2017）》；上海市数据来源于《ChinaJoy跃升全球规模最大 上海深挖动漫游戏产业发展潜力》（http://www.shanghai.gov.cn/nw2/nw2314/nw2315/nw4411/u21aw1275977.html）；杭州市数据来源于《杭州日报》等（http://www.hzxcw.gov.cn/wccy/content/2016-12/29/content_6106175.htm）；广州市数据来源于《广州日报》等（http://www.sohu.com/a/195759693_100020210）。

元,广州市为500亿元,杭州市为60亿元。从细分行业来看,动漫产业产值最高的是广州市,最低的是北京市;游戏产业产值较高的是上海市和北京市,合计占年度游戏产业产值的近2/3,最低的是杭州市(见图5)。

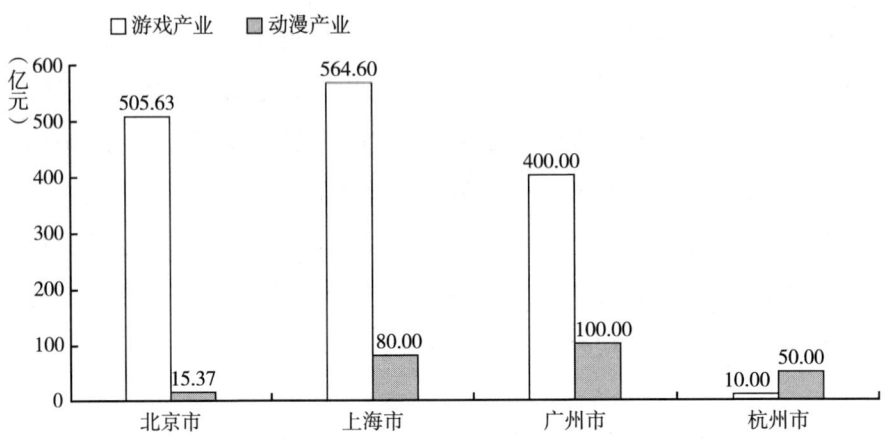

图5 2016年北京市、上海市、广州市、杭州市动漫游戏产业产值对比

北京市动漫游戏产业覆盖全产业链,原创研发优势明显,出口额增速显著。作为全国动漫游戏产业的研发中心,近年来北京市涌现了一批享誉全国的动漫游戏企业和优秀的动漫游戏产品,实现了创作、出版、运营、发行、产品开发的产业链全覆盖。2017年,北京市原创研发企业网络游戏出口金额约为116.1亿元,与上年的60.2亿元相比增长了近1倍。广州市主打原创动漫精品。广州市约有30家核心企业生产原创动画片,年产动画片近200部,时长近3万分钟,年播出动画片24万分钟,产量和播出量在全国领先,推出了《喜羊羊与灰太狼》《猪猪侠》等在国内知名度非常高的优秀动漫作品。

(三)设计服务:上海或凭高端会展拿到更多行业话语权

北京市与上海市先后被评为"设计之都"。近年来,北京市设计服务业发展态势良好。2016年，北京市设计服务业实现增加值163.5亿元，同比增长21.2%。① 但与上海市相比，设计领域高端会展业逐渐向上海市转移。例如，亚洲地区规模最大的时尚服装专业展会——中国国际服装服饰博览会自2015年起转移到上海举办；再如，有中国室内设计发展"风向标"之称的中国室内设计周也自2017年起从北京转移到上海，与上海国际室内设计节合并举办。上海"设计之都"建设在家居行业再迈新台阶。

四 北京市文创产业发展的优势与不足

（一）优势

1. 文创产业效率水平高②

近年来，北京市文创产业规模不断扩大，对规模以上文创企业的统计数据显示，文创产业收入不断增长，而从业人员平均人数基本保持平稳，因此北京市规模以上文化创意产业的效率水平呈上升趋势。2016年北京市规模以上文化创意产业人均收入（即收入合计/从业人员平均人数）增速为10.1%，实现了两位数的增长。2017年北京市规模以上文化创意产业人均收入为129.5万元，即将突破130万元（见图6）。

2. 科技创新活跃为文化科技融合创造良好条件③

依托中关村科学城、怀柔科学城、未来科学城、创新型产业集群和"中国制造2025"创新引领示范区建设发展带来的雄厚科技资源优势，"互联网+"、大数据、物联网、VR、AR、人工智能等新科技广泛应用于北京市文化创意领域，催生了围绕IP布局各类文娱业态、大数据精准营销等众

---

① 北京市国有文化资产监督管理办公室、中国传媒大学文化发展研究院：《北京文化创意产业发展白皮书（2017）》，2018。
② 数据来源于北京市统计局。
③ 数据来源于北京市统计局。

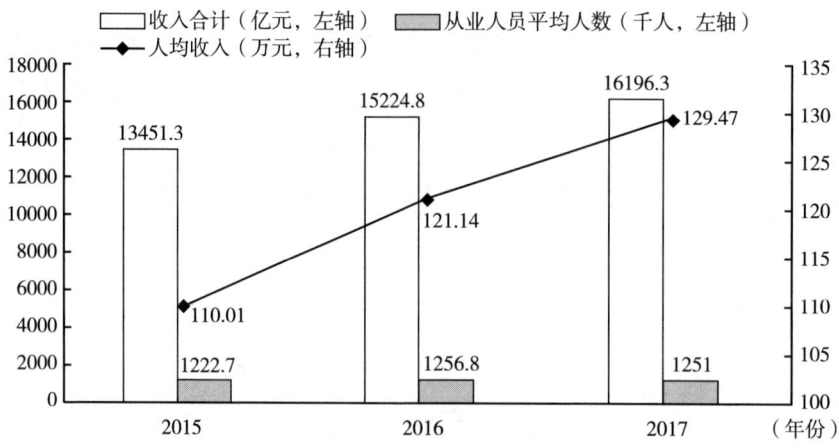

图6 2015～2017年北京市规模以上文化创意产业发展情况

多新型商业模式。北京文化创意产业科技引领和科技融合发展的态势越发明显。以中关村示范区为例，2016年，2516家规模以上文化创意产业法人单位共创造收入7639.0亿元，较上年增长12.7%，比全市文化创意产业收入增速高出5.4个百分点。其中，海淀园发挥了重要的支撑作用，1652家规模以上文化创意产业法人单位共创造收入5456.6亿元，较上年增长15.8%，拉动中关村文化创意产业收入增长11.0%。丰台园、大兴园、门头沟园和怀柔园虽然规模较小，但收入增长明显，增速分别为16.2%、17.2%、35.3%和28.8%，成为新的增长点（见表4）。

表4 2016年中关村示范区规模以上文化创意产业法人单位数量、收入及其增速

园区	单位数量(家)	收入合计(亿元)	增速(%)
海淀园	1652	5456.6	15.8
丰台园	94	187.6	16.2
大兴园	17	35.1	17.2
门头沟园	13	20.1	35.3
怀柔园	11	40.2	28.8
合 计	2516	7639.0	12.7

3. 社会资本投资活跃为文创产业发展提供强大引擎

北京市作为国家金融决策中心、金融管理中心、金融信息中心和金融服务中心，汇集了国家主要的各类核心金融机构，金融服务不断创新，对文化创意产业的辐射和带动作用具有显著的优势。据不完全统计，2014～2016年，北京市文化创意产业共发生融资事件3131起，占全国的32.5%，资金流入量为4091.52亿元，占全国的32.5%。2016年，北京地区共有3家文化创意企业成功上市，上市首发融资规模为58.47亿元，占全国的25.1%。新增新三板挂牌文化创意企业224家，新增数量在全国的占比为29.1%。2016年，北京地区共发生文化创意产业并购事件67起，涉及资金规模达1108.13亿元，占全国并购融资规模的79.1%，并购规模居全国之首。

（二）不足

1. 缺乏文创产业重点支持领域的专项政策

近年来，上海市发布《关于促进上海电影发展的若干政策》，每年安排不少于2亿元的扶持资金，促进电影产业发展；广州市出台《关于加快动漫游戏产业发展的意见》，扶持动漫产业发展。与这些城市相比，尽管北京市围绕文创产业出台了一系列政策，但在影视、设计等文创产业重点领域还缺乏专项政策，使该类行业无法凭借政策红利实现快速发展，缺乏吸引企业的政策优势，增大了本地企业迁出的可能性，容易造成税源、人才等的流失，下一步应加强重点领域专项政策的制定。

2. 传统文创领域有待转型升级

近年来，随着数字科技、互联网等新兴业态的迅速崛起，北京市文化创意产业中新闻出版及发行服务、广播电视电影服务等传统领域的收入占比不断下降，文化艺术服务、设计服务等领域的收入占比也一直处于较低水平（见图7），文化创意产业结构需要进一步调整优化。新闻出版、文艺演出等文创产业传统领域的发展活力不足，需加强与新兴科技的融合，从而实现自身的转型升级。

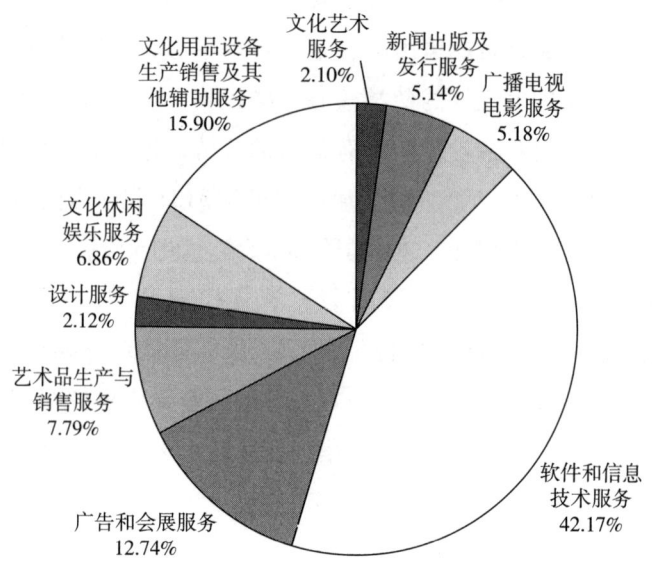

图7　2017年北京市规模以上文化创意产业收入占比

3. 文创产业国际竞争力不足

上海市积极通过"文创50条"推动文创产业提升国际竞争力,从而实现更高程度的国际化。此外,与伦敦、纽约等文化创意领域的国际大都市相比,北京市文化创意产业的国际竞争力仍显不足,缺少具备全球引领作用的行业领域,缺乏国际知名的文化创意企业、领军文化人物和文化创意产业集聚区。北京市应立足区域国际资源,培育具有国际影响力的文化企业、文化品牌,塑造文创产业分项领域优势,力争打造类比英国伦敦西区、美国好莱坞等世界级文创产业集聚区。

五　北京市文创产业发展对策

(一)聚焦重点领域,推动精准化施策

围绕创意设计、出版发行、广播影视、演艺娱乐、媒体融合、动漫游

戏、艺术品交易以及文博非遗等重点行业领域发展，以及产业链中内容创作、技术研发应用等高端环节，坚持统领性政策与分类施策相结合，健全完善各重点行业，以及文化科技融合、文化金融融合等"文化+"领域的专项政策措施，保障土地、资金、人才等要素资源供给，形成多层次、差异化的产业政策体系。

（二）树立品牌意识，助推国际化发展

发挥首都国际交往中心优势，着力培育首都国际文化创意品牌，加强具有北京特色、中国风格的文化产品输出。合理引进一批国际高端文化创意企业，推动知名文化企业和文创品牌朝国际化方向转型，鼓励企业通过新设、收购、合作等方式进军国际市场。围绕"一带一路"倡议，依托中国（北京）国际服务贸易交易会、中国北京国际文化创意产业博览会、北京国际电影节、北京国际设计周等大型文化交易、交流平台，加强文化创意领域的国际交流与合作。注重以国际市场为导向培育高质量文化创意人才，加强复合型高端文化创意人才的引进，凝聚一批熟悉国内国际市场运作的创新型、专业化人才，推进文化创意产业的国际化发展。

（三）激发产业活力，科技与内容引领

加快文化创意产业结构优化、业态创新，以科技创新支撑、内容价值引领首都文化创意产业转型升级。鼓励新闻出版及发行服务、广播电视电影服务、文化艺术服务等传统领域融入数字技术，不断激发产业活力，推动大数据、人工智能、虚拟现实、全息成像等技术及"互联网+"的深度应用。以内容价值提升产业发展内涵，鼓励企业深挖首都历史、区域文化等特色资源内涵，促进产品精品化发展，加大文化衍生品开发力度，促进传统文化资源创造性转化、创新性发展。加强知识产权保护，鼓励原创，助推更多文学、音乐、动漫游戏、戏剧等IP的诞生，形成以IP为核心的文化创意产业联动发展态势。

B.26 参考文献

[1] 白硕源:《产业链视角下的中国手游产业发展研究》,重庆工商大学硕士学位论文,2016。

[2] 池建宇、姚林青:《北京市文化创意产业集聚效应的实证分析》,《中央财经大学学报》2013年第8期。

[3] 何玉梅、刘修岩、李锐:《基于连续距离的制造业空间集聚演变及其驱动因素研究》,《财经研究》2012年第10期。

[4] 李坤望、蒋为:《市场进入与经济增长——以中国制造业为例的实证分析》,《经济研究》2015年第5期。

[5] 刘军萍、张磊:《"紫海香堤"创意农业发展模式》,《北京农业》2010年第2期。

[6] 〔美〕大卫·赫斯蒙德夫:《文化产业》,张菲娜译,中国人民大学出版社,2016。

[7] 〔美〕丹·席勒:《传播理论史:回归劳动》,冯建三、罗世宏译,北京大学出版社,2012。

[8] 牟恩民:《政府扶持大学生创业政策绩效评价——以武汉市青桐计划为例》,《经济师》2016年第1期。

[9] "2016年中国动漫游戏产业年度报告"课题组:《2016年中国动漫游戏产业发展报告》,《出版发行研究》2017年第6期。

[10] 祁述裕:《近十年北京市文化创意产业政策实施情况绩效评估研究报告》,清华大学出版社,2016。

[11] 邱林川:《新型网络社会的劳工问题》,《开放时代》2009年第12期。

[12] 邵宜航、李泽扬:《空间集聚、企业动态与经济增长:基于中国制造

业的分析》,《中国工业经济》2017年第2期。

[13] 石美玉、叶晓、尹贻梅:《京津冀乡村地区创意旅游发展探析》,《北京联合大学学报》(人文社会科学版) 2016年第7期。

[14] 田彩云:《旅游引领三山五园文化保护与发展的对策研究》,《北京联合大学学报》(人文社会科学版) 2016年第1期。

[15] 王晖:《北京市与纽约市文化创意产业集聚区比较研究》,《北京社会科学》2010年第6期。

[16] 文东伟、冼国明:《中国制造业产业集聚的程度及其演变趋势: 1998~2009年》,《世界经济》2014a年第3期。

[17] 文东伟、冼国明:《中国制造业的空间集聚与出口: 基于企业层面的研究》,《管理世界》2014b年第10期。

[18] 肖斌:《我国网络游戏产业人才现状、原因与对策》,《广州市经济管理干部学院学报》2005年第1期。

[19] 谢季坚、刘承平:《模糊数学方法及其运用》,华中科技大学出版社,2006。

[20] 邢权兴、孙虎、管滨、郑金风:《基于模糊综合评价法的西安市免费公园游客满意度评价》,《资源科学》2014年第8期。

[21] 〔英〕弗兰克·韦伯斯特:《信息社会理论》,曹晋等译,北京大学出版社,2011。

[22] 袁海红、张华、曾洪勇:《产业集聚的测度及其动态变化——基于北京企业微观数据的研究》,《中国工业经济》2014年第9期。

[23] 张炜:《网络游戏行业员工离职影响因素研究——基于北京地区企业的研究》,首都经济贸易大学硕士学位论文,2014。

[24] 周峥、廖旻、吴大龙:《2014年北京文化经济政策绩效评价》,载杨松主编《北京经济发展报告 (2015~2016)》,社会科学文献出版社,2016。

[25] 朱军:《技术吸收、政府推动与中国全要素生产率提升》,《中国工业经济》2017年第1期。

[26] Aghion, P., Akcigit, U., Cagé, J., Kerr, W. R., "Taxation, Corruption, and Growth", *European Economic Review*, 2016, 86 (3).

[27] Aghion, P., Akcigit, U., Howitt, P., "What Do We Learn from Schumpeterian Growth Theory?", Working Paper, 2013, 2.

[28] Antonio Negri and Michael Hardt, *Multitude: War and Democracy in the Age of Empire*, New York: The Penguin Press, 2004.

[29] "Creative Industries Mapping Documents 2001", https://www.gov.uk/government/publications/creative-industries-mapping-documents-2001.

[30] Girons Lopez, M., Seibert, J., "Influence of Hydro-meteorological Data Spatial Aggregation on Stream Flow Modelling", *Journal of Hydrology*, 2016, 541.

[31] Hartley, John (ed.), *Creative Industries*, Malden, MA: Blackwell, 2005.

[32] Howkins, John, *The Creative Economy*, London: Allen Lane, 2001.

[33] Lu Chao, "Beijing Cultural and Creative Industry Policy Effect Evaluation Based on Fuzzy Comprehensive Evaluation", *Cluster Computing*, 2015.

[34] Zhang, Jiaming, Wen, Zhong, Chen, Jianhui, "Industrial Spatial Agglomeration Using Distance-based Approach in Beijing, China", *Chinese Geographical Science*, 2015, 25 (6).

B.27
附录 中国创意产业研究中心"创意书系"出版书目

2006年

《中国创意产业发展报告（2006）》，中国经济出版社。

2007年

《中国创意产业发展报告（2007）》，中国经济出版社。
《创意为王——中国创意产业案例典藏》，科学出版社。
"奥运·创意"丛书之《科技奥运》，科学出版社。

2008年

"奥运·创意"丛书之《绿色奥运》，科学出版社。
"奥运·创意"丛书之《人文奥运》，科学出版社。
"奥运·创意"丛书之《和谐奥运》，科学出版社。
"奥运·创意"丛书之《安全奥运》，科学出版社。
"奥运·创意"丛书之《财富奥运》，科学出版社。
"奥运·创意"丛书之《创意奥运》，科学出版社。
《北京——创新之都》，科学出版社。
《中国创意产业发展报告（2008）》，中国经济出版社。

2009年

《中国创意产业发展报告（2009）》，中国经济出版社。
《思想力》，中国人民大学出版社。

2010年

《中国创意产业发展报告（2010）》，中国经济出版社。
《首都文化创意产业标准化》，科学出版社。
《创意起步——中小型创意企业创业指导》，中国经济出版社。
《注意力——创意产业案例之影视戏剧篇》，中国城市出版社。

2011年

《中国创意产业发展报告（2011）》（上、下），中国经济出版社。
《文化创意产业集群发展理论与实践》，科学出版社。
"创意城市蓝皮书"之《北京文化创意产业发展报告（2011）》，社会科学文献出版社。
"创意城市蓝皮书"之《青岛文化创意产业发展报告（2011）》，社会科学文献出版社。

2012年

《中国创意产业发展报告（2012）》，中国经济出版社。
"创意城市蓝皮书"之《北京文化创意产业发展报告（2012）》，社会科学文献出版社。
"创意城市蓝皮书"之《青岛文化创意产业发展报告（2012）》，社会科学文献出版社。

2013年

《中国创意产业发展报告（2013）》，中国经济出版社。

《工业遗产的保护与利用——创意经济时代的视角》，北京大学出版社。

《中外文化创意产业政策研究》，科学出版社。

《中国创意产业发展战略》，中国计划出版社。

"创意城市蓝皮书"之《北京文化创意产业发展报告（2013）》，社会科学文献出版社。

"创意城市蓝皮书"之《无锡文化创意产业发展报告（2013）》，社会科学文献出版社。

"创意城市蓝皮书"之《武汉文化创意产业发展报告（2013）》，社会科学文献出版社。

2014年

《中国创意产业发展报告（2014）》，中国经济出版社。

《北京文化创意产业功能区发展研究》，中国经济出版社。

"创意城市蓝皮书"之《北京文化创意产业发展报告（2014）》，社会科学文献出版社。

"创意城市蓝皮书"之《武汉文化创意产业发展报告（2014）》，社会科学文献出版社。

"创意城市蓝皮书"之《无锡文化创意产业发展报告（2014）》，社会科学文献出版社。

"创意城市蓝皮书"之《台北文化创意产业发展报告（2014）》，社会科学文献出版社。

"创意城市蓝皮书"之《青岛文化创意产业发展报告（2013~2014）》，社会科学文献出版社。

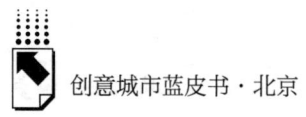

"创意城市蓝皮书"之《重庆创意产业发展报告（2014）》，社会科学文献出版社。

2015年

《中国创意产业发展报告（2015）》，中国经济出版社。

"创意城市蓝皮书"之《北京文化创意产业发展报告（2015）》，社会科学文献出版社。

"创意城市蓝皮书"之《武汉文化创意产业发展报告（2015）》，社会科学文献出版社。

《北京文化创意产业功能区发展报告（2014）》，中国经济出版社。

《中国创意城市指数评价体系研究》，中国城市出版社。

《文化产业（文化企业）案例分析》，经济日报出版社。

2016年

《中国创意产业发展报告（2016）》，中国经济出版社。

"创意城市蓝皮书"之《北京文化创意产业发展报告（2016）》，社会科学文献出版社。

"创意城市蓝皮书"之《天津文化创意产业发展报告（2016）》，社会科学文献出版社。

"创意城市蓝皮书"之《武汉文化创意产业发展报告（2016）》，社会科学文献出版社。

2017年

《中国创意产业发展报告（2017）》，中国经济出版社。

"创意城市蓝皮书"之《北京文化创意产业发展报告（2017）》，社会科学文献出版社。

"创意城市蓝皮书"之《武汉文化创意产业发展报告（2017）》，社会科学文献出版社。

2018年

《中国创意产业发展报告（2018）》，中国经济出版社。

"创意城市蓝皮书"之《北京文化创意产业发展报告（2018）》，社会科学文献出版社。

"创意城市蓝皮书"之《武汉文化创意产业发展报告（2018）》，社会科学文献出版社。

"创意城市蓝皮书"之《天津文化创意产业发展报告（2017～2018）》，社会科学文献出版社。

"创意城市蓝皮书"之《成都文化创意产业发展报告（2018）》，社会科学文献出版社。

权威报告·一手数据·特色资源

皮书数据库
ANNUAL REPORT(YEARBOOK) DATABASE

当代中国经济与社会发展高端智库平台

所获荣誉

- 2016年，入选"'十三五'国家重点电子出版物出版规划骨干工程"
- 2015年，荣获"搜索中国正能量 点赞2015""创新中国科技创新奖"
- 2013年，荣获"中国出版政府奖·网络出版物奖"提名奖
- 连续多年荣获中国数字出版博览会"数字出版·优秀品牌"奖

成为会员

通过网址www.pishu.com.cn访问皮书数据库网站或下载皮书数据库APP，进行手机号码验证或邮箱验证即可成为皮书数据库会员。

会员福利

- 使用手机号码首次注册的会员，账号自动充值100元体验金，可直接购买和查看数据库内容（仅限PC端）。
- 已注册用户购书后可免费获赠100元皮书数据库充值卡。刮开充值卡涂层获取充值密码，登录并进入"会员中心"—"在线充值"—"充值卡充值"，充值成功后即可购买和查看数据库内容（仅限PC端）。
- 会员福利最终解释权归社会科学文献出版社所有。

卡号：689692814977

数据库服务热线：400-008-6695
数据库服务QQ：2475522410
数据库服务邮箱：database@ssap.cn
图书销售热线：010-59367070/7028
图书服务QQ：1265056568
图书服务邮箱：duzhe@ssap.cn

中国社会发展数据库（下设12个子库）

全面整合国内外中国社会发展研究成果，汇聚独家统计数据、深度分析报告，涉及社会、人口、政治、教育、法律等12个领域，为了解中国社会发展动态、跟踪社会核心热点、分析社会发展趋势提供一站式资源搜索和数据分析与挖掘服务。

中国经济发展数据库（下设12个子库）

基于"皮书系列"中涉及中国经济发展的研究资料构建，内容涵盖宏观经济、农业经济、工业经济、产业经济等12个重点经济领域，为实时掌控经济运行态势、把握经济发展规律、洞察经济形势、进行经济决策提供参考和依据。

中国行业发展数据库（下设17个子库）

以中国国民经济行业分类为依据，覆盖金融业、旅游、医疗卫生、交通运输、能源矿产等100多个行业，跟踪分析国民经济相关行业市场运行状况和政策导向，汇集行业发展前沿资讯，为投资、从业及各种经济决策提供理论基础和实践指导。

中国区域发展数据库（下设6个子库）

对中国特定区域内的经济、社会、文化等领域现状与发展情况进行深度分析和预测，研究层级至县及县以下行政区，涉及地区、区域经济体、城市、农村等不同维度。为地方经济社会宏观态势研究、发展经验研究、案例分析提供数据服务。

中国文化传媒数据库（下设18个子库）

汇聚文化传媒领域专家观点、热点资讯，梳理国内外中国文化发展相关学术研究成果、一手统计数据，涵盖文化产业、新闻传播、电影娱乐、文学艺术、群众文化等18个重点研究领域。为文化传媒研究提供相关数据、研究报告和综合分析服务。

世界经济与国际关系数据库（下设6个子库）

立足"皮书系列"世界经济、国际关系相关学术资源，整合世界经济、国际政治、世界文化与科技、全球性问题、国际组织与国际法、区域研究6大领域研究成果，为世界经济与国际关系研究提供全方位数据分析，为决策和形势研判提供参考。

法律声明

"皮书系列"(含蓝皮书、绿皮书、黄皮书)之品牌由社会科学文献出版社最早使用并持续至今,现已被中国图书市场所熟知。"皮书系列"的相关商标已在中华人民共和国国家工商行政管理总局商标局注册,如LOGO( )、皮书、Pishu、经济蓝皮书、社会蓝皮书等。"皮书系列"图书的注册商标专用权及封面设计、版式设计的著作权均为社会科学文献出版社所有。未经社会科学文献出版社书面授权许可,任何使用与"皮书系列"图书注册商标、封面设计、版式设计相同或者近似的文字、图形或其组合的行为均系侵权行为。

经作者授权,本书的专有出版权及信息网络传播权等为社会科学文献出版社享有。未经社会科学文献出版社书面授权许可,任何就本书内容的复制、发行或以数字形式进行网络传播的行为均系侵权行为。

社会科学文献出版社将通过法律途径追究上述侵权行为的法律责任,维护自身合法权益。

欢迎社会各界人士对侵犯社会科学文献出版社上述权利的侵权行为进行举报。电话:010-59367121,电子邮箱:fawubu@ssap.cn。

社会科学文献出版社